反恐戰略與文明衝突

俞力工 著

序

1990年迄今，筆者自覺唯一稍具意義的工作，即是盡可能地翔實記錄、評析國際重大事件。這本文集，既收集了學術論文、教學講義、專欄短評、採訪大綱，新聞譯稿，也納入了一些雜文筆記。因此，就文體而言，難免五味雜陳，雅俗不一。或許，雖然無心插柳，卻能讓讀者各取所需。

許多文稿係針對中國大陸讀者而撰寫，儘管如此，並不願讓人歸類於任何「民族觀點」、「階級立場」。筆者一向堅信，視野無國界，持平有良知。

大體上，每篇文稿都可視為各有主題、因果兼顧的評論。不幸，若干信息卻交錯重疊。筆者一向力主言簡意賅，彙輯過程中，竟發現自己也成為「信息爆炸」的共犯，因此深感不安與歉然。

評論界，筆者素有「反美作家」之惡名。其實古往今來根本就不存在任何完美世界，更何況後冷戰時代堅持單邊主義的美利堅。阿諛屬宣傳範疇，非評論所應有，對多餘的話實無需要做過多辯解。

期盼讀者能夠透過這本文集拓寬視野，進而檢視自己在這浪濤洶湧的大千世界如何接軌。果真如此，十七年的辛勞算是獲得最大的嘉勉。

目錄

第一章　恐怖主義與原教旨主義

一、美國與巴基斯坦為何培養恐怖分子

十九世紀英國在南亞的勢力不斷向北擴張，由是為了領土糾紛與阿富汗打了數次的仗。1893年在英國的高壓下，與阿富汗劃定了所謂的「杜蘭線」（即當前阿富汗、巴基斯坦之間的國界）。阿富汗一方答應「杜蘭線」東南部廣大普什圖族的生活範圍交由英國管理；英國一方則答應於100年後將這塊相當巴基斯坦一半的領土歸還阿富汗。

1947年英國勢力退出南亞，臨走前卻刻意埋下兩條導火線：一是在阿富汗與印度之間建立了巴基斯坦這個新國家，其領土則包括根據上述協定應當於1993年歸還阿富汗的土地；一是在印度與巴基斯坦之間留下一塊引起兩國爭議的克什米爾地區。這種「先天」的安排注定了巴基斯坦與印度、阿富汗紛爭不休的命運。一方面，巴基斯坦為了佔據克什米爾，對抗蘇、印聯盟，而成為美、中的天然盟友；另一方面，為了防止阿富汗提出領土要求，而刻意培植伊斯蘭教原教旨主義勢力。如此，既可鼓勵原教旨勢力奪取阿富汗政權，並建立一個受巴基斯坦控制的傀儡政府；又可在「超越民族」的伊斯蘭教幌子下壓制任何民族主義和地方主義勢力，由是，又與推銷伊斯蘭原教旨主義（瓦哈比）的沙烏地阿拉伯建立了盟友關係。

二十世紀的五十年代與七十年代，阿富汗當局曾二度提出歸還領土要求，而幾乎與巴基斯坦兵戈相見。1979－89年期間，當蘇聯直接派兵支持親蘇的阿富汗民主人民黨政府時，巴基斯坦便在美國

的主導下，連同沙烏地、中國給予阿富汗各地的反蘇「聖戰者」大力援助。89年蘇聯不堪國際壓力與重大損失而決定退兵。此際，正值冷戰即將結束，阿富汗的戰略地位遽然一落千丈。美國、中國，首先放棄了對阿富汗的關注。巴基斯坦與沙烏地，則在1992年阿富汗親蘇政權崩潰時，與取而代之的伊斯蘭社（Dschamiat，1992－96年主政）和阿富汗伊斯蘭黨（Hezb，為美國的主要支持對象）交惡，原因是前者受到伊朗、印度的支持；後者則除了公開支持伊拉克之外，還提出了極其敏感的普什圖民族問題。巴基斯坦、沙烏地為了控制阿富汗，便決定由巴基斯坦情報局（ISI）帶頭策劃，透過農村最保守的原教旨神學校，召集大量難民，並向其提供軍訓、武器、糧食和灌輸原教旨擴張思想，而這就是所謂的「神學士」（Taliban）和1996年塔利班新政府的來由。

1996年塔利班掌權前後，阿富汗再次成為全球的注目焦點，主要原因是中亞國家紛紛獨立，而該地區的巨大石油與油氣資源（佔全球第二位），不只是將來會決定能源需求不斷增加的中國與印度等國的命運，以後輸送管是否通過阿富汗，或伊朗鋪設，也與所有周邊國家的利益息息相關。再加上以阿富汗為主要基地的恐怖分子已在全球蔓延，同時該國鴉片產量佔全球50%以上，均引起國際社會的極大不安。

隨著塔利班勢力的坐大，北方各武裝力量於1996年隨即組成北方聯盟（下稱北盟）。獨立國家聯合體（包括俄羅斯）、伊朗、印度既感到遜尼派瓦哈比原教旨主義的威脅，又不贊同美國、巴基斯坦的構想，讓中亞的石油、油氣通過阿富汗、巴基斯坦而後出海，因此積極支持北盟。巴基斯坦、沙烏地分別出於資源、領土與宗教原因，繼續支持塔利班。美國則為了創造一個開發中亞能源的和平環境，既對塔利班政權容忍，又設法施加壓力促使塔利班減少宗教

狂熱、剷除鴉片種植。中國，儘管對那些在阿富汗接受游擊訓練的疆獨恐怖分子頭痛萬分，卻出於對巴基斯坦的傳統友誼，也只能對其控制阿富汗的策略採取不干預態度。

塔利班本身，實際上包括兩大團體，無論是流亡至巴基斯坦的衣食無著的難民，或是抗蘇期間的聖戰者（其中包括大量伊斯蘭黨成員），絕大多數均為目不識丁、走投無路的流民。但自從加入塔利班之後，豐衣足食之外還賦予了征服異教者的神聖使命，結果自然是對塔利班政權拼死效忠。問題是，塔利班代表著農村、山區、部落的最落後文化，一旦以統治者身份進入城市，便只能用最簡單、原始、蠻橫的辦法發泄其對都市民眾的不滿。

至於賓拉登所領導的「基地」恐怖主義集團，嚴格說來在阿富汗的複雜環境中並不具有舉足輕重的地位。如果不是發生911事件，國際社會只消對巴基斯坦、沙烏地和塔利班施加壓力，並凍結「基地」的經濟資源，便不難在短期內連根剷除。

賓拉登原是個在土耳其伊斯坦堡負責為其沙特權貴家族作買賣的商人。八十年代初美國決定利用伊斯蘭狂熱分子的力量滲透中亞、削弱蘇聯，1982年便由中央情報局出面，央求賓拉登在伊斯蘭教圈內招募國際敢死隊（此批人多為知識份子）前往阿富汗接受游擊、爆破訓練。此後，他便開始運用美國、英國、沙烏地、巴基斯坦情報組織提供的經費、訓練及武器（其本人也在巴基斯坦接受過培訓），在巴基斯坦、阿富汗建立了數十個軍事培訓營。有趣的是，同一性質的培訓營甚至也一度存在於美國佛吉尼亞州。彼處除了外國人外，還培訓美國伊斯蘭教黑人教徒，以鼓勵他們參與都市游擊戰活動，削弱蘇聯、中國、印度等有「伊斯蘭教少數民族問題」的國家的力量。然而在波斯灣戰爭結束和蘇聯自阿富汗撤軍

後，賓拉登突然發現其母國沙烏地阿拉伯竟為美軍30萬大軍變相「駐紮」，因此便轉而對美國和所有的其他假想敵發動進攻。

據報導，單單在賓拉登主持的培訓營中，前後就訓練了35,000名恐怖分子（包括近千名疆獨分子。另有6至10萬人的估計。），無論是波黑、科索沃、車臣、蘇丹、阿爾及利亞、中亞、克什米爾、中國、中東、印度尼西亞、馬來西亞、菲律賓都曾發現「基地」恐怖分子的活動。1993年，直到紐約世貿大廈第一次受到恐怖分子（此批參與者均在美國接受培訓）的定時炸彈攻擊之後，美國才開始減少對賓拉登的支持，但美國中央情報局與賓拉登的直接接觸起碼還維持到2001年7月初。

911事件促使美國攻擊阿富汗塔利班政權後，巴基斯坦一時陣腳大亂。此際攤明的情況是，一旦北方聯盟取得上風，則隨時可利用普什圖民族問題和土地歸屬問題削弱巴基斯坦，如果此時印度再趁機奪取西克什米爾，激化宗教狂熱分子的情緒，巴基斯坦這國家便可能永遠消失。然而美國為求穩定，始終設法調解巴、印之間的關係，對財政拮据的巴基斯坦政府更是透過各種渠道大力支持。

如果問題僅僅限於阿富汗基地培訓的恐怖分子，如前所述，美國只消斷絕財政、軍事、技術支持，嚴加約束巴基斯坦、沙烏地阿拉伯等國的行動，逐步縮小包圍圈，便可順利解決問題。但是，如果開闢的戰場越多，打擊面越大，恐怖分子就越是能夠輕易擴散，越是可能順理成章地與各地反侵略戰爭結為一體。

此項培訓恐怖分子的策劃人即是卡特總統的安全顧問布熱辛斯基。兩年前，當某記者對布進行採訪時，問及他對該策劃直接導致911事件有何感想。布竟然理直氣壯地說，這點微小損失與削弱蘇聯的巨大成功無法比擬（大意）。蘇聯是否由於阿富汗戰爭及恐怖

分子之類的外在原因拖垮，至今沒有一個一致的看法。不過，如今西方國家把恐怖主義視為頭號敵人已是個不爭的事實。

2002/01/21

後記：塔利班政權1996年主政後，該國的鴉片產量曾翻了一番，1999年最高峰時達到4565公噸。經過聯合國的不斷交涉與外來壓力，塔利班政權於2000年將產量壓低到3276公噸；2001年甚至減少到空前的185公噸。這現象，說明塔利班政權的果斷與有效性。然而，經美國將該政權摧毀，其鴉片產量便攀高至2003年的3600公噸，此後又不斷提升，這意味著，該國的鴉片產量又超過全球的3/4。

2006/03/04

又，此文發表後，獲知賓拉登父子與布希關係甚是密切，小布希擔任總統前的石油公司的主要合夥人也是賓拉登家族。老布希曾擔任過中情局局長，這就不難理解為何八十年代會物色賓拉登前往阿富汗主持培訓恐怖分子一事。

2006/10/08

二、恐怖主義與伊斯蘭教恐怖主義

911事件後，一般媒體對「伊斯蘭教」、「伊斯蘭教原教旨主義」（或稱「基本教義派」）、「伊斯蘭教恐怖主義」常有混為一談傾向。

實際上，佔全球十億人口的伊斯蘭教教徒的絕大多數，就像基督教、天主教徒（以下通稱基督宗教）一樣，均是樸素的信仰者，

關心的也只是其個人與上帝之間的關係，而不是執著於解決人與人之間的思想問題。至於原教旨主義的概念，最早還是指十九世紀美國東岸的某些反現代化基督教團體。這些人反對現代化、資本主義、自由主義，反對商品文化的擴張與衝擊，反對傳統社會結構的脫序，主張嚴格地按照聖經、教會的指示，維持社會固有的穩定與和諧。就此意義而言，雖然原教旨主義守舊甚至封建，但無論是猶太教、基督宗教的原教旨主義或伊斯蘭教的原教旨主義，多數可視為本地區的少數激進分子、保守分子的反潮流、反現代化運動。而如果該運動在一定條件下形成龐大勢力，則可形成「政治化的宗教運動」。

　　「伊斯蘭教恐怖主義」，嚴格說來也與猶太教、基督宗教恐怖主義大同小異，除了把宗教作為政治訴求的工具之外，還主張透過暴力手段，把自己帶有宗教色彩的政治主張轉變為世界性或區域性的普遍真理。需要強調的是，帶有宗教色彩的恐怖主義在歷史上從來都是非主流，其活躍期也都有特殊的社會原因，如饑荒、經濟危機、被軍事佔領。遠者，有十字軍、排猶活動；近者，有伊斯蘭遜尼派瓦哈比流派、以賓拉登為代表人物的「基地」恐怖組織。

　　就一般情況，所謂的「伊斯蘭教運動」只要是脫離暴力手段，最好是稱呼其為「原教旨主義運動」或「政治化的伊斯蘭教運動」，其特徵在於具有建立政教合一的伊斯蘭教世界的政治意圖。只有在受到嚴重刺激的情況下，才會轉化為使用暴力的恐怖主義行動。有鑒於此，單從策略角度考慮，要想有效對應原教旨主義運動，似宜儘量縮小對抗範圍，如果肆意擴大事體，不只是有悖於國際法禁止濫用武力與自衛權的規定，同時也會刺激非暴力性的政治化宗教運動以及地方性的原教旨主義。

伊斯蘭教原教旨主義復興的社會背景

　　談及七十年代末期以來伊斯蘭原教旨主義運動的再度崛起，似應首先簡短地勾畫一下二十世紀初伊斯蘭教奧斯曼帝國瓦解的過程。當時，以英法為首的列強，為了瓦解伊斯蘭教世界，以鼓勵該帝國治下的各民族爭取獨立為手段。及至奧斯曼帝國分崩離析，列強又違背民族自決原則，刻意把阿拉伯民族劃分為12個國家，並扶植一些懦弱無能的家族，使其擔任維護西方利益的代理人。就一系列官方文件揭露，列強如此安排的目的，主要是造成分而治之，從而輕易取得廉價（或免費）石油的結果。及至第二次世界大戰爆發，列強又意識到，取得廉價石油，不止是有助於本國經濟發展；控制石油資源，便意味著控制全球經濟命脈。

　　不料，二次大戰結束之後，全球掀起一陣民族解放熱潮。許多國家相繼把傀儡政權推翻，其後甚至還提出石油生產國有化的主張。於是乎，整個冷戰期間便基本維持著兩種局面：一為美國為首的西方世界繼續支持保守勢力、打擊民族主義；一為東歐集團則支持第三世界民族主義運動。

　　七、八十年代之交，東歐共產集團逐漸式微，國際資本突破石油危機後更是迅速擴張，世俗化的民族主義勢力再三受到美國愚弄和打擊，於是，傳統伊斯蘭教勢力便應運而生、再次成為此文化圈維護民族尊嚴與資源的中堅力量。例如，原教旨主義在伊朗的奪權，阿爾及利亞伊斯蘭政黨的勝選，伊斯蘭教勢力在非洲、巴基斯坦、黎巴嫩、巴勒斯坦的先後擴張，以及沙烏地阿拉伯封建領導階層為了卸除本地伊斯蘭教蔓延的壓力，轉而支持世界各地的伊斯蘭教瓦哈比運動（也包括支持抗擊蘇軍的阿富汗游擊隊與培訓賓拉登的「基地」恐怖分子），80年前成立於埃及的兄弟會的捲土重

來⋯⋯。這一切，說明了儘管該文化圈的教派、部族關係錯綜複雜，而伊斯蘭教上千年孕育的「文化認同性」，依然是促進團結、抵禦外侮的最大公分母。最起碼，在市場經濟擴張、勞動人民逐步邊緣化的過程中，貧苦大眾唯一所能指望的，便是教規對教徒所規定的「捐助收入的2.5%，以作為濟貧基金」。不言而喻，負責慈善工作的最基層教會組織，始終就是伊斯蘭世界的最堅強堡壘。

及至東歐集團徹底崩潰，對許多推行民族主義的第三世界國家說來，頓然失去了一個藉以支撐的靠山。美國保守勢力為了加強其全球霸主地位，便亟亟於填補政治真空，並試圖採取近似殖民主義時代的做法，直接控制更多的資源，由是給資源豐富的伊斯蘭地區造成更大的刺激。當前，原教旨主義已形成伊斯蘭教世界抵制霸權主義擴張的一場政治化的宗教運動。兩者之間實力對比固然過於懸殊，但卻是伊斯蘭世界維護主權與資源的最後手段。迄今為止，伊斯蘭教世界的鬥爭手法大體分為兩種，一是透過國家與政府（如伊朗、巴勒斯坦），以合法手段進行抗爭；一是採用恐怖主義暴力行為。

值得注意的是，九十年代以來所流行的恐怖主義活動（如遙控式汽車炸彈）與過去巴勒斯坦或黎巴嫩游擊隊所慣用的武裝襲擊截然不同。新形的恐怖主義活動，與世界各地（包括中國的疆獨）出現的「高科技」恐怖主義活動一樣，其執行者必須要有一定的文化程度、一定的專業訓練、一定的活動經費。這一切，沒有美國、英國、沙烏地阿拉伯、巴基斯坦的援助，根本不可能形成氣候。這些始作俑者，訓練恐怖分子原本是為了支使他們在「有伊斯蘭教少數民族分離主義問題」的國家製造內亂。如今，這批恐怖分子顯然是看透了美國的恐怖主義，於是，一發不可收拾。

2006/03/07

三、法西斯主義與原教旨主義

　　步入後冷戰時期，民族紛爭毫無疑問是個最令人關注的問題。談及民族主義以及在此基礎上所建立的法西斯思潮，似有必要介紹幾個基本概念：

1. 傳統帝國時代只有文明、野蠻，統治者、被統治者觀念，而無優秀民族、劣等民族。直到殖民主義時代，殖民主義者為了自我辯解，才刻意挑選一些學術研究結果（如社會達爾文主義），似是而非地編織了一套種族學說。嗣後，待民族國家紛紛建立，民族主義就像澳洲土人的回鏢一樣，給歐洲人自己造成極其嚴重的傷害。

2. 第一次世界大戰期間，戰勝國以「民族自決原則」為藉口，對戰敗國加以懲治、肢解，而實際上卻又違背「民族自決」原則，一方面保留自己的殖民地；二方面卻把許多戰敗國的土地劃割給其他民族，由是給國際間製造了新仇恨、新問題。

3. 法西斯主義之所以首先在義大利與德國產生，主要的原因是該兩國於一次大戰結束後均感到民族利益受損，生存空間不足，經濟停滯不前，因此唯一的出路便是重新佈局和建立國際新秩序。

　　德國的「法西斯主義」或稱「民族社會主義」（國人常將Nationalsozialismus誤譯為「國家社會主義」）與義大利的法西斯主義最大的區別除了執行得更堅決、果斷之外，還在於反猶太人。其共同點大體上可概括如下：

1. 把本民族神秘化，自詡為「××傳人」、「××之子」，由是擔負某種神聖使命。至於非我類，則屬應當受其擺佈、統治的下等人。

2. 利用擴大政府開支，增加基本建設和發展軍需工業的方式來解決經濟蕭條問題。

3. 把國家社團化，由是在「共同利益至上」的幌子下，排斥階級利益和私人權利。

4. 對外以捍衛「民族自決原則」為由收復失地，實際上卻是進行侵略、擴張生存空間，對內把一切的不幸的責任推諉至「內奸」身上（如猶太人、左傾分子），而實際上不過是踩在弱勢、無助群體的身上以拔高自己。

　　就討論法西斯主義的現實意義方面，筆者以為當今世界正處於全球化、區域化的緊迫階段。在此過程中，任何社會不知因勢利導便可能由於地方、本土、傳統利益受到衝擊而滋生法西斯主義思潮。以第三世界為例，絕非偶然地，原教旨主義（Fundamentalism）便呈越演越烈之勢；至於西方國家，其極右派所主導的民粹主義（Populism）也正甚囂塵上。值得注意的是，每當某地區的族群紛爭鬧到不可開交的地步，便難免受到國際勢力的干預。以波斯尼亞、科索沃為例，國際勢力之積極干預，目的顯然不是為了伸張民族自決原則，否則無法解釋為何絲毫不顧及該地區其他少數群體（如塞爾維亞族和吉普塞族）的自決權與生存權。

　　就此意義而言，南斯拉夫的四分五裂似乎又與民族自決無甚直接關係，更可能的原因是，霸權藉南斯拉夫問題擴充勢力範圍，限制主權國家與聯合國的權限，同時又為了主宰歐洲區域，在波斯尼亞、科索沃、馬其頓為今後埋下紛爭的種子。

四、從法律角度看世貿大廈事件

此次世貿大廈事件的性質不外兩種：一是有組織恐怖分子集團所從事的刑事犯罪事件；一是幕後涉及一國或多個國家的國際爭端。

就前者而言，國際間多有雙邊或多邊反恐怖主義協定，美國當局大可通過現有機制，如國際刑警組織及情報單位進行偵察並將所有涉嫌人逮捕歸案。

至於後者，美國則必須提出充分證據，證明某個國家或幾個國家涉及其中。在證據確鑿的情況下，根據《聯合國憲章》第33條的建議，美國應當透過譬如國際法院尋求司法手段的解決辦法。如問題性質涉及國家安全受脅，則應當提交聯合國安全理事會，由其斷定國際和平是否受到威脅與破壞，從而作出建議，是否採取非武力制裁辦法，或成立軍事參謀團對肇事方進行軍事制裁。

如果問題涉及侵略或受到敵對國家攻擊，受害國固然有進行自衛的自然權利，但依據《聯合國憲章》規定，必須將自衛辦法通知安理會。

迄今為止，世貿大廈事件究竟屬何種性質仍然不得而知；是否涉及外國政府的策劃也毫無憑據，然而已知的是美國政府已把該事件作為戰爭處理，同時又得到了北大西洋公約組織成員國的聲援。那麼，究竟侵略國在哪兒？如果無法舉證便把事件任意擴大，甚至把佔世界人口三分之一的伊斯蘭教文化圈裏的不順從分子均視為敵人，則所有的開放社會又如何自保，經濟如何自由發展？數百年來建立的國際法是否得改為文化圈際法？全球化是否轉變為半球化？統而言之，法制、開放是文明的基礎，與霸權主義、恐怖主義均難以和平共處。

2001/09/17

五、布熱津斯基與恐怖主義

布熱津斯基（Zbigniew Brzezinski）毫無疑問是美國當今影響力最大的戰略家。雖然由於其民主黨背景不為共和黨政府重用，但他對國際問題的廣泛瞭解，以及對美國的全球戰略部署所提出的一系列建議，始終深深影響美國朝野人士，而其若干地緣戰略專著，也早已是國際政治學不可或缺的參考讀物。

筆者前後彙集了一系列有關「情報與宣傳」的資料，卻發現遺漏了這篇重要採訪記錄。本以為可從中文網站信手下載，然而驚奇發現中文媒體裏甚至連提到該採訪內容的都鳳毛麟角，為填補此一空白，筆者特地將採訪記錄翻譯如下：

採訪單位：法國「新觀察」Le Nouvel Observateur, Paris

採訪對象：布熱津斯基，卡特總統時代的國家安全顧問，現為約翰斯‧霍普金斯大學高級國際問題研究學院教授，以及美國戰略和國際問題研究中心高級顧問。

時間：1998年1月15日

英文譯文見：http://www.globalresearch.ca/articles/BRZ110A.html

問：中央情報局前局長蓋茲（按：Robert Gates，現任國防部長）在其回憶錄（From the Shadow）指出，美國情報當局在蘇聯軍事干預阿富汗之前6個月即已開始支持阿富汗民兵。此期間你正擔任卡特政府的國家安全顧問，自然在此事件中起很大作用。事情真是如此嗎？

布：對，根據官方版本對這段歷史的介紹，中情局對民兵的援助始於1980年，這表示，遲於蘇聯進攻阿富汗的1979年12月24日。該真相至今對外密不宣佈，而實際情況卻是另一回事。卡特總

統早於1979年7月3日便簽署了第一道秘密援助喀布爾親蘇政府的反對派的命令。就那一天，我給卡特總統遞了張條子，說明據我判斷該援助計劃將誘使蘇聯進行軍事干預。

問：儘管冒著風險，你仍舊支持這個秘密行動計劃，或說明你根本就樂見蘇聯陷入戰爭，而刻意加以引誘？

布：也不完全如此，我們可沒逼迫蘇聯進行干預，而只是有意地提高其可能性。

問：蘇聯提出辯解，說是其干預行動的目的在於對付美國在阿富汗的秘密行動。儘管他們的辯解不能取信於人，卻說的是實話，今天你不覺得有些過意不去嗎？

布：過意不去？這又是為什麼？進行秘密援助根本就是個高招。它的結果就是讓蘇聯跌進阿富汗這陷阱。你怎麼會覺得我該過意不去？當蘇聯隊伍跨越邊境的那一天，我寫信給卡特總統說，我們終於等到個機會，讓蘇聯也淌入一場越戰。幾近10年時光，蘇聯果真陷入了一場令其政府無法支撐的戰爭，使得該帝國信心喪盡、分崩離析。

問：那麼你們支持伊斯蘭原教旨主義，使得這些未來的恐怖分子又有武裝，又有技術，你也毫不後悔嗎？

布：就世界歷程而言，究竟什麼是最重要？是塔利班重要呢？還是蘇聯帝國的崩潰？是些瞎鬧鬧的穆斯林重要呢？還是解放東歐和結束冷戰？

問：瞎鬧鬧的穆斯林？不是一再有人強調當前全球最大的禍患就是伊斯蘭原教旨主義嗎？

布：這是無稽之談！如果認為西方非得採取全球戰略來對付伊斯蘭，則是愚蠢不過。我們只要理性地加以觀察，不要煽情，不帶情緒，世上根本就不存在什麼全球性伊斯蘭教運動，伊斯蘭

只不過是個擁有15億信徒的宗教。難道在沙烏地阿拉伯原教旨
主義、摩洛哥溫和派、巴基斯坦軍國主義、親西方的埃及、或
世俗化的中亞之間有任何共同點嗎？他們之間的聯繫決不會比
基督教國家之間更多。（採訪完）

　　這段簡短的採訪裏，布熱津斯基透露了許多重要資訊。一是美
國如何利用特工活動支持某一國家的反對派；二是誘使敵國陷入深
淵；三是說明今天的恐怖分子不過是八、九十年代美國、英國、巴
基斯坦、沙烏地阿拉伯聯手培訓的塔利班民兵與特工。筆者需要補
充的是，透過塔利班經院招募和培訓的多為阿富汗難民，給與軍事
訓練後，主要任務為打擊蘇聯佔領軍。至於賓拉登受命主持的「基
地」組織，則是招募來自40多個國家的伊斯蘭知識份子，其培訓項
目專攻爆破技術，而肩負的任務不是對蘇聯正規軍進行作戰，而是
在敵後進行顛覆和破壞。在這前後培訓的35000恐怖分子中，也包
括千名左右的疆獨分子。這揭示了，在中美蜜月期間，還真有「背
後插刀」的事。不過，蘇聯於1989年阿富汗撤軍後，這批國際恐怖
分子就四下亂竄，以至於在印尼、菲律賓、克什米爾、印度、巴基
斯坦、中國、中亞、俄羅斯、巴爾幹、土耳其、東非、北非、歐
洲、美國都留下了恐怖主義犯罪的痕跡。不言而喻，受害最烈者，
自然是那些境內存在伊斯蘭教徒獨立運動的國家，如印度、蘇聯與
中國。鑑於此，培訓恐怖分子的目標其實是一石多鳥，只不過採訪
單位不太靈光，沒有打破沙鍋問到底。
　　言及此，筆者以為最重要的資訊在於最後一段對恐怖主義、伊
斯蘭教和原教旨主義的判斷。布熱津斯基既然是該培訓計劃的總設
計師，事前定然對後果有個估算。在他看來，所謂恐怖分子不過是
搗蛋分子，對付他們絕不需要大張旗鼓發動戰爭。此外伊斯蘭教團

體之間也無「軸心」可言，因此任何蓄意誇大的文化、宗教衝突，包括十字軍東征，目的決不在於對付恐怖分子和伊斯蘭教威脅，而在於布希政府正在實施一個連布熱津斯基都感到不可理喻的恐怖計劃。

2007/02/15

六、恐怖主義與游擊戰

賓拉登受美國政府之托，八十年代起招募全球敢死隊前往阿富汗接受特工訓練的目的究竟為何，大可從這批人究竟在何處進行破壞看得出來。起碼在九十年代，最激烈地區為俄、中、印、前南。

蘇聯撤退之後，「基地」繼續運作下去，也說明其目的不單是打擊蘇聯佔領軍，而是包括其他。如果美軍於1991年攻打伊拉克時，不順勢往沙烏地阿拉伯派駐30多萬部隊，美國本身（1993年世貿大廈第一次受襲時，肇事者為美國本土訓練的伊斯蘭教恐怖分子）應當不會轉化為恐怖分子打擊對象，更不會發生911事件。然而，反恐行動顯然是冷戰結束後的戰略需要，其目的不在於僅僅緝拿、剷除恐怖分子，而在於啟動軍工體系，並可隨著恐怖分子的足跡，四下進行軍事干預、控制資源。

有人拿柬埔寨紅色高棉做一對比，質疑中國對紅高的援助是否等同於美國培訓阿富汗基地恐怖主義組織。本人一向認為，有史以來，輕裝活動的游擊戰從來沒起過實質作用，原因是輕武器對敵方正規主力造成不了威脅；技術上無法統一指揮，因而容易流為匪寇；同時由於游擊力量無法帶著老百姓竄逃，便無從避免老百姓遭遇敵對力量的野蠻報復，因此難有持久性。

中共游擊時期，險象環生、慘不忍睹。嗣後的決定性突破，靠的是接收日本降軍裝備、收編大量偽軍、進行正規戰鬥、摧毀國軍主力，而非依憑打游擊。不過，為了粉飾歷史，全世界也只有中國把不入流的游擊戰提到戰略高度。自然，也因此對第三世界造成一定影響。綜觀數十年來國際上絕大多數仿毛游擊隊的悲慘下場，也可證明其理論與實踐的荒謬。反觀一系列成功的革命運動，不論菲律賓、伊朗⋯⋯華沙等等，多依賴群眾運動，而無需任何一槍一炮。

至於紅高問題，即便中國最初動機良好，當紅高廣泛肆虐之際，北京不加遏止，見死不救，包括先後棄廣大柬、越華人死活於不顧，實是永遠無法洗脫的恥辱。

遠的不說，從井岡山開始，至二次大戰期間法國、義大利的游擊隊表現，直到最近黎巴嫩真主黨的困境，單從老百姓所受到的巨大衝擊，與游擊戰、恐怖主義活動取得的有限成果加以對比，可清楚看到游擊戰、恐怖主義活動的局限性。

戴高樂在英倫主持「自由法國」流亡政府時，便曾再三透過電臺呼籲法國游擊隊放棄抵抗，以免使老百姓遭到德軍報復，並同時指稱游擊隊活動為「犯罪行為」。二次大戰勝利後，戴高樂卻為了標榜勝利為「法國人的功勞」，而高聲歌頌游擊隊的「偉大貢獻」。實際上，法國戰敗後，4000萬老百姓一致支持貝當維琪政權，游擊力量則微不足道。此段歷史直到七十年代才有人提出澄清。

義大利二次大戰尾聲，其當局因為游擊隊招惹德國佔領軍而導致德軍對無辜百姓的殘酷報復，判處了幾個游擊隊員的罪行。直到今日，即便其家屬一再申訴，義大利司法當局始終拒絕為這些游擊隊員平反。

游擊隊與恐怖分子之間，從來不存在一道萬丈鴻溝。受侵略方的自發抗敵者為宣泄憤怒、克制敵人，從來不加以區分打擊目標為

敵方武裝力量或平民，採取何種手段反擊也多臨機應變、純屬偶然。當前「基地」恐怖分子的特點，不過是受過西方特工傳授的作戰、爆破訓練，因此顯得比「土製」恐怖分子益加恐怖。恐怖主義儘管是個較新概念，實際上主流社會也傾向於將該定義「從寬處理」，因而多把游擊隊與恐怖分子混為一談。

　　本人向來不視此類活動為正途，但也不因此放棄對外來侵略者、國家恐怖主義的最嚴屬譴責，尤其不會去回應國家恐怖主義的「反恐」號召。

2007/07/10

七、殺雞用牛刀與美國的軍事預算

　　1月24日美國總統布希提出了20年來最高的國防開支預算（3,790億美元），以備打擊全球恐怖主義之需。

　　前不久，涉及阿富汗俘虜身份問題時，美國當局認為恐怖分子為刑事罪犯，不得依據《日內瓦公約》享受戰俘待遇。果真如此，處理刑事罪犯問題早有各國的刑警組織負責（包括聯邦調查局）。國際上，類似歐洲刑警組織和國際刑警組織的機構也在聯合打擊恐怖主義方面積累了大量經驗。如果美國政府願意向這些現成的機構提供哪怕是千分之一的經費，國際恐怖主義早就銷聲匿跡，而不需要美國軍方越俎代庖。

　　對此龐大的軍事開支預算，布希提出的理由是「現代戰爭使用的武器非常有效，但卻十分昂貴，尤其對打擊恐怖主義說來不可或缺。」

筆者近來常為文強調國際主流媒體在篩選新聞報導時，刻意避重就輕，以下，不妨重溫1999年春北約組織轟炸南斯拉夫所取得的戰果。

　　據瞭解，在長達兩個半月的轟炸過程中，北約組織共向南斯拉夫（包括科索沃）出動了32,000架次的轟炸，結果，南斯拉夫的重武器竟能全身而退。以6月底停火後南斯拉夫從科索沃安然撤退的47,000士兵與250輛坦克車，450輛其他裝甲車和800台火炮系統看來，所摧毀的裝甲車雖然可能超過南斯拉夫政府所承認的「13」輛，但至多不會達到北約組織所號稱的93輛坦克車。同時即便93輛的數字屬實，也與32,000攻擊次數不成比例。從此一側面，也說明為何北約組織利用最現代的各式武器、轟炸了數星期不見功效之後，突然惱羞成怒，不顧《1948年日內瓦公約》的《1977年附加條款》第I款，視「殺害平民與破壞民用設施為戰爭犯罪」的規定，全面地把南斯拉夫境內關鍵性民用設施（從橋梁、工廠、醫院、電臺到中國大使館）加以摧毀。南斯拉夫正是在這種極端的恐怖主義條件下才被迫接受從科索沃撤退的停戰條件。

　　綜觀冷戰結束後的國際事態發展，無論是科威特、科索沃或911事件，沒有任何一個爭端不可透過聯合國，採取政治、外交、經濟手段促成解決辦法，而不必大動干戈先後徹底破壞三個國家的元氣。如果在過去十年紛爭過程中無法理解美國的所作所為目的何在，如今從提出的天文數字軍事開支預算審視，便知道起碼對美國的軍工體系而言，戰爭絕對是個損人利己的行為，即便殺雞用牛刀。

2002/01/25

八、911事件兩周年有感

911事件迄今，無論是自由作家、記者、美國國會，司法部或中央情報局本身都先後指出，在恐怖分子攻擊之前，美國的情報單位已掌握大量資訊。除此之外，若干國家有關當局，如菲律賓、卡達爾、蘇丹、德國也都向美國情報單位提出詳細資料和警告。離奇的是，美國情報單位儘管知道恐怖分子將以民用飛機作為武器，政府當局卻以「不瞭解其具體攻擊對象為何」而袖手旁觀。

2001年9月20日，筆者曾在《誰是兇手？》一文中，援引美國布龍伯格財務投資公司Bloomberg的揭露，即在911事件之前，若干股市發生異常炒作現象。例如：在美國，遭騎劫的美國航空公司American Airline於10號的看跌選擇權交易量突然激增5倍；9月6日聯合航空公司United Airline的看跌選擇交易量突增90倍；在東京，10號日經指數的看跌選擇權交易量為平常的10倍；莫根斯丹利公司Morgan Stanley於6號至10號之間的看跌選擇權交易量為平常的27倍；美利爾林區Merrill Lynch公司於5至10號之間的看跌選擇權交易量為平日的12倍。同一消息來源又指出，激增的交易量不只是出現於櫃內交易，櫃外交易額應當也達到同樣金額。上述異常現象除了發生於美國、日本之外，德國法蘭克福、義大利米蘭與香港均有類似情況。經此消息發佈後，全球各大股市平均又暴跌了近15%。

筆者當時即判斷，能夠事前獲得911的情報，同時又能憑藉手頭上鉅額資金運用市場機制從中獲利，則整個犯罪行為不僅僅是個有組織、有計劃的行動，甚至是個超越賓拉登的能力的「高科技」活動，同時這批投機分子絕對是沒有後顧之憂，不怕揭發也不容許揭發的「有把握永不破案和逍遙法外」的人士。如今，兩年過去了，除了當時有人算過，投機倒把賺的錢要超過世貿大樓損失的好

幾倍之外，這事就沒有人再提及，自然更不能期待破案。不過，經過大量消息的揭發，倒是越來越讓人懷疑，美國當局不先發制人阻止恐怖活動的原因是否一方面認為破壞性不會太大，一方面覺得有利可圖？

談及恐怖分子，首先提提國際和平研究所創始人加爾同教授（Johan Galtung）所指出的資料，即二次大戰結束後，全世界共有1200-1600萬人死於美國之手。試想，受害人的親友就沒有矢志復仇的嗎？當然有，只不過不具備恐怖主義的手段和財政支持罷了。八十年代初，正是美國出於打擊蘇聯動機，向賓拉登集團提供了培訓、武器與資金，同時又縱容阿拉伯富豪（如沙烏地阿拉伯）資助恐怖主義活動，才導致如今不可收拾的亂局。

至於阿富汗與伊拉克一系列反恐戰爭，直到今日，美國政府無法舉出阿富汗塔利班、伊拉克政府與911事件有關的證據，更找不到任何「大規模毀滅性武器」，為進軍伊拉克自圓其說。面對西方大部分（中西歐佔80%）反戰的人民，美國政府雖想盡辦法（包括炮製假情報）進行瞞騙，但就不敢像希特勒當年那樣，把「反戰人士」一併歸類為「左派」。據本月9日消息，美國ABC電臺進行的民意調查揭示，伊拉克戰爭之前有70%美國人支持戰爭，如今只有54%；戰前，60%美國人認為戰爭會減少恐怖主義活動，如今只有30%仍抱此希望。一年前，布希的支持率為74%，如今，降至55%。筆者敢預言，不到兩年，美國人認為戰爭導致災難後果的比率至少為80%。

911事件最凸顯的一件事，就是儘管大多數人民反戰，其政府卻往往站在主戰派一邊。該現象起碼說明兩個問題：一是顧及民意只是競選期間的事；二是政府所代表的更多是利益團體的利益。只

有到了民眾明顯感到受騙上當之日（如越戰後期），政府政策方會有所改變。

2003/09/11

九、談歐盟境內的黑獄與兩種價值觀

　　一個月前，當美國在歐洲私設黑獄一事遭媒體揭發之後，美國當局先有布希總統出面聲稱：「為了使恐怖分子伏法，我們得採取一切必要手段」。爾後，各個媒體相繼指出波蘭及羅馬尼亞即為非法羈留嫌犯的國家，同時美國情報人員還涉嫌對嫌犯施加酷刑。數天前，美國國務卿利用歐洲之行，一方面設法「闢謠」，一方面與羅馬尼亞簽訂使用該國若干空軍基地的協定。賴斯除了再三讚揚羅馬尼亞為「分享共同價值觀的堅強盟友」之外，還強調美國政府「一向尊重盟國的主權，絕不會為了動用酷刑目的，利用任何歐洲國家的領空，把任何人帶到某處去」。

　　實際上，自911事件發生以來，美國即在全世界緝拿恐怖分子嫌犯，其中非法綁架者有之；透過友邦當局、私下將嫌犯交由美國處置的情況也有之。以瑞典政府為例，2001年底便曾不經任何正規法律程序（如引渡）、讓美國情報人員將兩名埃及人嫌犯押解到埃及。最近則由於傳聞該兩人在埃及受到酷刑，因此在瑞典引起極大風波。

　　另一個較具戲劇性的例子是，一名居住在義大利米蘭市的埃及人奧馬（Abu Omar），原本就受到義大利情報當局的注意，且正在進行調查中。不意奧馬於2003年2月17日突然不見人影。後經義大利當局向美國情報人員追問，美方人員卻謊稱「親眼看到他曾從陽臺逃逸」。實際上，美方人員已秘密將他押送空軍基地，並趁機偷運到埃及……。嗣後，當真相大白時，義大利檢察官便毫不客氣

地向涉案的11名美國情報人員發出通緝令。該事件究竟如何善後，目前還不得而知。

除此之外，當賴斯會晤德國新任總理莫克爾時，也曾談及「誤抓」黎巴嫩裔德國公民馬斯里（Masri）一事。話說2003年底，馬斯里正在馬其頓度假時，為美國情報人員誤認為恐怖分子而綁架至阿富汗某黑獄。次年5月，馬斯里獲釋回德，對外宣稱曾在拘留過程中受到酷刑，目前則正透過美國某人權組織向美國政府提出法律追究。本月6日，當賴斯離德前往羅馬尼亞時，德國總理莫克爾對外宣稱賴斯提及馬斯里事件時，承認那是個「失誤」。不料數小時後，賴斯身邊隨從便特地召喚德國記者，矢口否認賴斯曾承認錯誤。不論如何，美國人權組織表示將援引莫克爾的聲明，向美國政府提出賠償要求……。

為何歐洲輿論界對此問題緊追不捨呢？回答此問題不妨從兩方面進行探討：一是就歐洲聯盟的立場而言，他們頗引以為豪的是，歐洲人擁有全球唯一的一部能夠對所有簽字國產生法律約束力的「歐洲人權公約」，其中，最重要的規定便是成員國有義務保障境內人民的人身自由。因此，無論是私設黑獄，或非法綁架行為，不止是公然抵觸「歐洲人權公約」，藐視歐盟國家的司法管轄權，濫用使用軍用機場的雙邊協定，甚至還打亂歐盟國家本身的反恐部署。另一方面，歐洲聯盟十分惱火的是，2003年初儘管歐盟所屬的大陸「核心」國家多反對美國攻打伊拉克，但是美國卻爭取到若干新加入歐盟的前華沙國家的支持，因此歐盟內部發生了所謂「新歐洲」（支持美國）對抗「老歐洲」（反對美國）的摩擦事件。

如今，即便波蘭與羅馬尼亞矢口否認向美國提供黑獄，輿論界卻認為這「辯解」僅僅能理解為「波、羅政府對美國情報人員濫用特權的做法故作不知情狀」，至於歐盟，則正在考慮是否將展開調

查，直到水落石出。不言而喻，該事件給「老歐洲」提供了一個修理「新歐洲」的大好機會。畢竟，中西歐有著自己的法治傳統與價值觀，任何成員與外人分享「私設刑堂、綁架走私的價值觀」，則只存在使其趨同歸隊、或令其走路兩種選擇。

2005/12/8

後記：據報導，兩天前德國最高法院決定不受理馬斯里對德國政
　　　府提出的訴訟。

2007/10/10

十、黑獄事件欲蓋彌彰

　　去年12月8日，筆者曾以「歐盟境內的黑獄與兩種價值觀」為題，評析911事件以來美國情報人員在歐洲的不法活動。次日，德國媒體又揭露另一件令人感到吃驚的事體，即德國公民（Masri）於2003年底在馬其頓遭美國情報人員綁架、刑逼並在阿富汗非法關押長達5個月期間，曾經有德國方面的情報人員介入審訊，並與馬斯里有過數次的直接接觸。

　　該消息說明，此事件德國政府雖知情，非但不向美國提出交涉與抗議，甚至還給予某種程度的協助。照常理，德國的反對派與媒體定會緊追不捨，趁機讓執政黨下不了臺。然而出人意表的是，一個月下來，德國輿論界卻出奇的風平浪靜。其原因當然不在於時逢年終，大家歡歡喜喜好過年。而是，此事一旦追究下去，不但當時主事的總理、外交部長、內政部長、總理辦公室主任（即現任外交部長）、情報局長均難咎其責，即便現任女總理莫克爾，也會因為其一貫的「無保留支持美國」的態度，而無地自容。不言而喻，此

不體面事件牽扯到所有大黨，因此相互間取得「低調處理」或「滅音處理」的共識，絕非難事。

　　就在此醜聞趨向平息之際，本年初瑞士《星期日瞭望報》編輯部突然「獲人傳遞」一份瑞士情報單位截獲的傳真，由是該報於1月8日報導了一則爆炸性消息：即此傳真於2005年11月10日由埃及外交部發出，受件方為埃及駐英國大使館，其內容具體指出，美國情報人員在羅馬尼亞某機場設立黑獄、非法關押23名涉嫌從事恐怖主義活動的伊拉克和阿富汗公民。傳真還指出，除羅馬尼亞外，烏克蘭、馬其頓、科索沃、波蘭、保加利亞均可能存在類似黑獄。

　　最為離奇的是，3天後（11日）德國《全景》雜誌也報導了一則美國國防部某高級官員向該報記者透露的消息，即2003年4月7日，當美國正在向伊拉克進行攻擊時，有兩位德國情報人員繼續留守巴格達市。在美國軍事當局要求之下，他們向美方提供了現場偵探情報，導致美方向該目標進行導彈襲擊，結果並沒有擊中薩達姆，卻炸死12名以上的伊拉克平民。

　　911事件後，美國政府即利用普遍的國際同情，繞過司法管道，在全球各地對涉嫌從事恐怖主義活動的人士進行非法拘留和用刑。許多歐洲國家當局儘管始終掌握情況，非但不加以制止，甚至還透過本身的情報機構向美方提供協助。嗣後，當美國情報組織在某些東歐國家私設黑獄的活動經媒體揭發時，歐盟成員還忸怩作態譴責那些「前共產國家」違背「歐盟的文化價值」。如今，經情報走漏，說明即便反對攻打伊拉克的德國政府，也在暗地裏協助美方的軍事活動。至於其他歐盟國家，如瑞典、義大利，也都有牽扯不清的類似違法活動。

　　不論此事件今後如何發展，不論德國涉案官員（如現任外長）是否將為此事付出代價，歐洲民眾終於明白：即便是中西歐，在民

主法治之外，還存在著見不得人的黑箱作業。至於歐洲的情報機構，也可能終於恍然大悟：即便是出於好意的非法活動，也可成為操在別人手裏的把柄。總而言之，法律框架外的勾當，性質絕對與黑手黨無異，嘴上一套「精誠合作、肝膽相照」，一出事就互相傾軋、背後插刀。

2006/01/15

十一、燙手的疆獨分子何去何從？

14日，德國媒體報導，美國政府以「國際分擔責任」為由，要求德國政府收容15名自2002年以來，關押於關塔納摩監獄的疆獨分子。

2002年1月許，筆者即以「美國與巴基斯坦為何培養恐怖分子」為題，介紹美國、英國、巴基斯坦與沙烏地阿拉伯如何有計劃地訓練恐怖分子（其有關部分請參考第11-13頁）。

文中，筆者大體介紹了共有兩批人曾接受美國與巴基斯坦等國的訓練。一批為阿富汗人，其目的在於打擊對阿富汗進行軍事干預的蘇聯軍隊；另一批則是全世界招募的伊斯蘭教知識份子，目的主要是讓這批恐怖分子在所有存在「伊斯蘭教徒分離運動」的國家進行破壞。

就中國境內的疆獨活動而言，無論是清末由沙俄支持的疆獨運動，或其後分別受日本、英國、蘇聯操縱的疆獨運動，先後所採取的手段不外是趁中央政府虛弱時，進行武裝叛亂，而後宣佈地區性的獨立。然而到了冷戰接近尾聲，便開始招募維族青年，並給予游擊訓練。及至八、九十年代之交，疆獨分子便已開始採用爆破手段

在全國各地大肆破壞。97、98年之間，其恐怖活動之頻繁，甚至達到前所未有的高潮。

在此期間，儘管中國政府再三要求美國政府將疆獨列為恐怖組織，卻始終不為美國所接受。直至911事件發生，美國一方面抓了一批疆獨分子；一方面則心不甘情不願地宣佈其為恐怖組織。

上述的15名疆獨分子究竟是否曾經參與過恐怖活動？在關押的4年期間究竟接受了什麼審訊，吐露了什麼內情，我們固然不得而知，不過，至少美國當局既不願對他們進行正式審判，也不宣佈他們的無罪釋放，更不敢將這15人親自收容。這種離奇的做法，或多或少說明，這15人之遭受逮捕並非全然無辜。怎麼辦？唯一出路便是替他們找一個起碼暫時的棲身之地。然而今天據德國媒體吐露，其政府已拒絕火中取栗。不論此問題今後如何收場，可以肯定的是，他們總有獲釋放的一天，而當他們出獄後，不知是否會像賓拉登那樣，又給美國一記回馬槍？

2006/04/16

後記：據報導，阿爾巴尼亞政府已作出決定，將收容這批恐怖分子。

2007/10/11

第二章　宗教、文化衝突

第一節　基督教

一、基督教與政治之間

早見端倪的英、俄兩霸格局

　　啟蒙主義毫無疑問標誌著歐洲步入現代文明的里程碑。當前普遍實施的三權分立，廣為國際社會接受的人權、自由、民主思想，早在十七、十八世紀便已系統提出。然而就實踐方面，直到第二次世界大戰結束後，堪稱達到了既維護自由經濟，又兼顧社會正義的高度。

　　於此之前，國際社會長期為霸權橫行、搶掠資源、殖民擴張、種族滅絕所籠罩，絲毫反映不了啟蒙時代思想家所展現的理性主義精髓。尤其到了十九、二十世紀之交，英、俄二強主導大局的跡象已見端倪。此際，只消在世界地圖上，從中國長江至希臘拉起一條橫線，便展現出北上的英國與南下的俄羅斯這兩大政治板塊互相衝撞的勢態。至於其他國家，絕大多數或為了鞏固傳統利益，或為擺脫逆境而尋求突破，其中，納粹德國即是一個頗具代表性的例子。

德國，整軍精武的典範

　　德國建立民族國家的時機，固然落後於其鄰國，但文化領域卻並非處於邊緣地帶。以人文科學為例，德國的文史哲於十八世紀便

可與英、法相比擬。甚至作為長期受基督教世界欺壓的猶太人，也隨著德國政治世俗化的進展，在各個社會領域逐步解放。德國第一次世界大戰戰敗後，面對著西方資本與蘇聯共產主義的雙重壓力。為了把社會各對立階級擰成一個戰鬥團體，一方面把司法、行政、立法結為一體，對人民加強思想控制，一方面自詡為「貫徹上帝的意旨」（見希特勒《我的奮鬥》），推出了種族主義理論。其中，既把日爾曼德意志民族置於至高無上地位，又可訴諸一切超越道德、法律規範的暴力手段，實現其振興國家、擴大生存空間、消滅異己的戰略目標。

至於二、三十年代之交，突然把猶太人問題無限上綱，不過是作為殺雞儆猴、巧取豪奪、解決經濟危機的手段，而並非真以為人數寥寥的猶太人有何危害國防安全或阻撓經濟發展的能耐。

德國的反猶特質

1996年，年僅35歲的哈佛大學政治系副教授丹尼.哥德哈根先生利用發表新書的機會《希特勒的自覺自願劊子手》，應邀前往德國，並轉戰各大都市，與德國傳媒、學術界進行辯論。

當時，他一針見血指出，排猶、滅猶不只是在集中營裏進行，同時也發生在全國的大街小巷。一般老百姓既是知情、贊同，又積極配合。除此之外，希特勒的惡行與史達林的暴政有所不同，前者受到人民的擁護，後者則是對全體人民施加暴力。

那麼，作為一個基督教國都的德國，其廣大基督徒在那段不堪回首的歲月，又是如何自處呢？

2000年初，筆者曾就天主教教宗保祿二世對兩千年來「教會兒女」所犯下的一切罪行表示歉意作了一些報導。教宗所指的罪行包

括十字軍東征時期的濫殺無辜；聲討異教、異端時期的大量慘案、冤案；以及，基督教反猶太文化對納粹主義所造成的惡劣影響等等。當時，記得有幾位臺灣新教傳教士為維護新教的「清白」，一股腦把所有責任推諉在天主教身上。

納粹時代的德國天主教會

　　經過60多年的探討、挖掘，尤其是通過納粹政府內部檔案的整理，揭示天主教會起碼在教宗皮吾十一世時代，或至少從1926年開始，即對納粹德國的種族主義理論和反猶行為進行過尖銳批判與抵制。

　　例如，皮吾十一世領導下的天主教會，即本著基督教的基本精神，強調人類系由上帝創造，生來自由平等，更何況耶穌之救世，普及全人類。因此任何個人、群體、民族不得把人類分為等級，甚至賦予自己主宰他人生命、命運的權利。他著重指出，就宗教意義而言，所有基督徒與猶太人無異，基督教至多是反對猶太教教義（anti-judaism），而不是反對猶太人（anti-scmitism）。

　　1933年德國政府通過「種族法」後，天主教教會為加以抵制，甚至把納粹德國的種族主義思想歸納為8個教條，並傳達所有下屬教會加以批駁。

　　然而，1938年11月10日的琉璃夜排猶慘劇發生後，天主教會對猶太人的遭遇保持了沉默。原因之一是，皮吾十一世於1939年過世；二是義大利也正在如火如荼地推行法西斯主義，天主教會本身的處境岌岌可危；三是皮吾十二世繼任後，堅持天主教會「非革命組織」、「不具備監督國家的職責」、「不向國家權柄挑戰」的立場。在此主導思想影響下，廣大天主教徒在最激烈的八年反猶過程

中，保持了沉默。這也難怪，猶太人世界會議曾經於1939年給予皮吾十一世高度的評價，而對其後繼人，則頗有微詞。至於納粹政府，其內部調查資料屢屢提及「民間最不合作的社團便是天主教」。因此不難理解，納粹時代也有大批的天主教神父與教會領導人受到迫害。

德國的新教教會

　　與之對比，新教在反猶問題上甚是激烈。例如，當「種族法」一通過時，最具權威性的德國新教教會委員會（DEK）即認為一千七百年以來猶太人不受法律保障屬於「常態」，以及，「不能把啟蒙主義的進步思想與新教的規範（按：反猶傳統）混淆起來」。1939年4月4日，新教領袖又集體發表反猶宣言，其中，除了表示效忠希特勒之外，還視納粹政府的反猶行動為「貫徹新教創始人馬丁路德的事業」。會議上，他們還決定成立研究所，以調查猶太人對德國宗教生活所造成之影響，而成立該研究所的宗旨，則定為「根除猶太人影響為維護基督教未來存在的前提」。1941年德國政府為限制猶太人的行動、規定其佩戴猶太人的「大衛星」標誌時，新教教會又再次集體肯定馬丁路德所建議的激烈反猶措施（如：不保證其人身安全，往其身上投擲豬穢等等），並建議剝奪猶太人的公民權利與資格。至於其他攻擊猶太人的言論則不勝枚舉。反倒是新教教會代表人中，為猶太人仗義辯護的人士鳳毛麟角（如H. Ehrenberg,V. Gschloessel, Bonhoeffer，在德傳教的瑞士牧師K. Barth等）。

　　新教之激烈反猶，除了傳統的基督教反猶文化作祟外，一個重要因素在於，新教是個於十六世紀為擺脫羅馬天主教領導而成立的派系，其獨立地位符合各地紛紛建立民族國家的潮流。因此，納粹

德國國際地位的提升，也意味著不受外國宗教組織支配的德國新教更有順勢抬高自己地位、成為德國國教、甚至在國際上與梵蒂岡一爭長短的可能。鑒於此，雖然大部分新教教徒對排猶活動也保持了沉默，但此沉默卻不是懦弱的表現，而是強者、勝利者的顧左右而言他。

第二次世界大戰結束後，德國人很快地把一切責任、集體責任推諉給納粹政府。但是，宗教之爭並沒就此結束。基督教會要求猶太人放棄自己的宗教、皈依基督教的衝動，直到1965年的天主教梵蒂岡會議與1980年的新教教會代表會議才正式放棄。就連這點，新教也落後於天主教！

筆者提及德國基督教兩大派系的區別，目的不在於甄別其優劣或挑撥離間。畢竟，基督教世界反猶文化已延續了一千七百年。在此歷史長河中，德國基督徒間的局部差異只不過是洶湧激蕩時刻的兩朵不同浪花。

冷戰時期的時代特徵

如前所述，「十九、二十世紀之交，英、俄二強主導大局的跡象已見端倪」。該現象隨著俄羅斯於第一次世界大戰前後的削弱，引起了全球性深刻變化。一方面，俄羅斯打著國際共產主義的旗幟，對外宣誓他的職業革命家俱有像納粹分子一樣的解放人類、主宰世界的神聖使命；對內它除了在全盤控制所有權的領域，與納粹德國充分利用資本、為國家服務上，略有區別外，其他領域，如法西斯專政、軍事擴張等等，與德國仲伯難分。另一方面，在戰後蘇聯綜合力量不斷擴大的情況下，英國被迫將領導白種人盎格羅薩克森基督教集團的頭羊地位，讓與新興的美利堅合眾國。至於夾雜在

兩者之間的主要國家（如歐洲聯盟），則形成發展社會民主政治的第三勢力。嚴格說來，整個冷戰時期儘管表面上進行了冗長的意識形態鬥爭，實質上仍舊是兩霸格局的延續。該狀況，又如何對基督教世界造成影響呢？

冷戰與基督教

　　總地說來，整個冷戰時期是個「冷政治」時期，換言之，也是個政教分離的世俗化時期。蘇聯原就屬於東正教文化圈，其教會於歷史上一向受中央政府牢牢控制，因此不具有教會干預政治的文化傳統。中西歐為了促進區域整合、發展社會市場經濟道路，也潛心投入社會體制的完善化，因此宗教活動不僅退出政治舞臺，甚至逐漸排斥於日常生活之外。

　　全球性「冷政治化」的過程中，唯一例外即是基督教勢力不斷壯大的美國，而其主要原因，不外是該國已儼然成為西方世界的領袖，自認為承擔著推廣美國生活方式、文化價值的神聖使命。至於獨立自主的新教，就自然而然地順勢擴展，目前不只是已爭取到60%的民眾皈依於新教（加上其他基督徒則佔人口的86%）、在國外獲得迅速發展，甚至在政治領域，也使得一個素有「最世俗化」稱譽的超級大國蛻變為一個借「反恐」名義，推行十字軍東征的「熱政治」新教超級大國。這當頭，我們不只是看到英國、美國的易位，也看到德國、美國的易位，更是看到猶太受害人與伊斯蘭教徒的易位。

後冷戰與宗教戰爭

冷戰的結束大體是俄羅斯再度削弱、在國際領域靠邊站的結果。照理，此際應當是個美式「新自由主義」市場經濟與歐洲社會市場經濟和平競爭、為全世界探索一條最穩健發展道路的時代。然而實際情況並非如此，在美國引導之下，全世界再度把大量資源投入於軍工體系，甚至採取「零傷亡」的辦法，採用高科技武器對外進行肆意的軍事干預和破壞。至於首當其衝的伊斯蘭教世界，在不斷刺激下，也不可能產生有別於伊斯蘭教「熱政治」死灰復燃的運動。於是乎，一方面是佔有美國近30%人口的新教福音派為「無可避免」的「末日決戰」有所準備和積極鼓吹；另一方面卻是伊斯蘭教原教旨主義的赤膊上陣和背水一戰。恐怖主義？就像納粹德國時代的猶太人一樣的脆弱，即便是布希總統，也不會誤以為恐怖分子具有威脅美國安全的能耐。

這個時代，從思想界高層觀察，相繼推出的是既鼓吹全球化又加強專利保護和限制移民的矛盾論；又強調「意識形態鬥爭終結」又突出「基督教文化價值優越」的奇談怪論。此外，西方價值普世化、文明衝突論、先發制人、人道干預、加強競爭、削減社會福利、借單邊主義與頻頻召開峰會以突出強國地位同時又矮化聯合國與國際法……不一而足。從社會層面觀察，這個時代的國際政治與經濟，基本上是由一個個陰暗、光怪陸離的狂熱組織、軍工、情報、跨國集團共同編制的無形的網，在幕後加以操縱、擺佈的亂局。冷戰的終結，旋踵而來的絕不是八十年代末所期待的理性與和平，而是霸權的赤裸裸擴張和全球性的動亂。

前景

鑒於實力對比的懸殊，伊斯蘭教世界的不斷分化、削弱、倒退，似乎已呈無可逆轉之勢。值此關鍵時刻，卻不見多少基督教宗教界頭面人物振臂一呼：上帝不曾賦予「文明人」消滅「野蠻人」的權利！如今，我們見到的是一片勝利者振聾發聵的沉默，甚至也偶爾聽到天主教會與中西歐國家的低頻率邊鼓聲。當然，也難免夾雜一些華夏文化圈不明就裏的搖旗吶喊。至於俄羅斯，其東山再起之勢雖然已是顯而易見，但今後究竟是與基督教世界一道就地分贓，或是中流砥柱，為啟蒙主義時代所提出的人權精神討回公道，還得拭目以待。如果，前景不是美、俄的互相制衡，而是攜手合作，那時應當就是終結華夏文明的序幕開端。

2007/11/13

二、宗教衝突與美國式民主促銷

911事件以來，美國試圖以高壓政策推行「伊斯蘭教地區民主化」。迄今為止，若干地區固然進行了選舉，但卻把原本佔人口多數的伊斯蘭教團體推上政治舞臺；少數地區在美國主導下雖一時成立親美政權，但卻毫無穩定性、生命力可言，因此長遠看來，甚至是替他人作嫁裳。於是乎，現下一方有伊斯蘭教學者高喊「兄弟國家已取得了廣泛民主成就」；而美國這頭卻三緘其口、尷尬無比。

綜觀社會發展史，歐洲民主政治的實現，脫離不了此之前的漫長世俗化歷程。鑒於此，值得追問的是，猶太教、基督教（包括天主教與新教）、伊斯蘭教之間為何長期仇深似海，各個教派之間為何鬥爭不已？繼而需要探討的是，歐洲世俗化的具體過程及手段為

何？當然，也不應迴避對伊斯蘭教世界進退維谷的自救運動加以審視。最後，則回返到本文的始點，即美國促銷的民主是個什麼教？

　　剖析猶、基、伊教之間的糾紛，固然可以從千百個角度切入，然而為方便計，不妨以《古蘭經》為範本，觀察伊斯蘭教對猶太人與基督徒所持的態度。如此著手，是因為《古蘭經》系猶太民族一神教所派生的最後一個大教派的最後一本經書，也只有「後來居上」的伊斯蘭教，才可能對既往的宗教全面回顧與綜合評述；同時，根據伊斯蘭教的辯解，又揭示了猶太教與基督教對伊斯蘭教所持的態度。

猶太民族一神教的特點及基督教的崛起

　　猶太人原係來自伊拉克地區、居無定所的遊牧民族。西元前1千年左右，他們開始在巴勒斯坦建國，但直到西元70年遭羅馬當局驅趕為止，實際上在巴勒斯坦居住的時間不過500年上下。這是因為巴勒斯坦地處亞、非、歐交通要衝，地勢平坦無險可守，長年受到外來的侵略，不時導致分崩離析。為了維護民族的延續，族中的智者便把本族的歷史經驗與神化故事編纂成一本激勵族人團結一致、重建家園的《舊約》。

　　如從文學的角度觀察，《舊約》不失為一部精彩絕倫的文學巨著。就當許多同時代的其他族群還沒有自己的文字之時，它已反映出猶太民族的高度宗教文化與社會關係，同時還透過曲折的故事情節，深邃的寓意和啟示，凝聚本民族的向心力；由是，又超過了藝術範圍，給長期處於逆境的猶太民族提供了精神鼓舞和未來的政治方向。《舊約》的宗教意義在於：透過與上帝建立盟約，使猶太民族成為「上帝的選民」，同時篤信在遵從獨一無二的神、十誡與實

行割禮的條件下，有朝一日終將獲得上帝的庇護，完成排除萬難、重建家園的願望。雖然，此宗教的終極目標在於建立現世的王國，而非後世的樂園，但就信仰方面，已具備了一個成熟宗教的必要條件。

及至西元一世紀初耶穌「佈道期間」，羅馬帝國治下的各族群體顯然迫切需要一個共同的宗教信仰，以凝聚力量，反抗羅馬當局的殘酷壓迫；而達到此目的最為簡捷的途徑，便是嫁接猶太人的現成宗教文化。其具體程序則是：通過編造「猶太人出賣耶穌，耶穌死而復活」的故事，把「救世主」耶穌提高到「感化全人類」和「上帝之子」的地位；把猶太人的「選民」地位貶為「魔鬼之子」；讓耶穌的信徒取代猶太人的「選民」地位；把猶太教的繁瑣、嚴酷戒律加以簡化或廢止（如割禮），從而使基督教更加容易為各個被壓迫群體所接受。

到了七世紀，當基督教尚處於萌芽階段，一場「嫁接宗教文化」的社會運動竟在阿拉伯半島戲劇性地再次演出：一個自稱為獲得上帝（安拉）啟示的穆罕默德，強調自己是繼耶穌之後所出現的「最後一位先知」；其所尊奉的雖然是與猶太教、基督教同樣的上帝（伊斯蘭教稱其為「安拉」），但《古蘭經》不僅是用阿拉伯文字傳達的上帝旨諭，更是一本經過加工、改進，內容尤為合理、中庸的天書。

伊斯蘭教對基督教的態度

《古蘭經》採取的為對話文體，其中之第三人稱複數，即「他們」，時而指基督徒、猶太人，時而指「不信道者」。穆罕默德除了認為伊斯蘭教徒為最優秀的民族；自己是最後一位先知；伊斯蘭

教為最優異、最受真主鍾愛的宗教之外（3，110）；還指稱基、猶教徒雖然互相爭執、嫉妒，但卻對伊斯蘭教「無任何異議」（3，19）。穆罕默德毫不猶豫地接受了基督教《新約》中「耶穌遭猶太人出賣，承受酷刑，死而復活」的情節；也承認耶穌是個傳達上帝旨意的先知；但卻否認他具有「上帝之子」的神性（2，87；43，61；5，75）。此外，穆罕默德還認為耶穌對猶太教教義進行了若干改進（3，50），同時又表示基督教徒較不妄自尊大，因此比起猶太人，他們與伊斯蘭教派較為「親近」（5，82）。

伊斯蘭教對猶太人的態度

　　對比之下，穆罕默德對待猶太人則絲毫不留情面。他除了認為猶太人因「弒耶穌」（甚至是殺害「眾先知」2，91）而將遭到「今世受辱，後世遭罰」（2，114）的命運外，還譏諷猶太人為「逝去的民族」，其多數甚至是從事放債、詐財、阻人信教、造謠生事、橫暴作惡、篡改經文、鐵石心腸、卑賤困苦、吃定敗仗、流離失所和多行不義的「罪人」（2，134；3，110-112；4，46；4，157；4，160-161；5，12；5，62-64；10，39；17，4）。面對基督教與猶太教的抗爭與挑戰，穆罕默德勸諭信徒不要與他們結盟，對他們甚至要堅決征討，直到其遭捕殺或稱臣納貢為止（4，89；5，51；9，29）。

　　言及此，必然引伸的問題是，為何穆罕默德惟獨對猶太人如此深仇大恨？筆者以為，主要原因在於猶太人無法接受「猶太人弒耶穌」的情節，更不願世世代代承擔天譴的報應。因此當流離失所的猶太人生命尚且岌岌可危之際，絕對無法容忍一個又一個由己派生的新宗教，假借「耶穌受難」故事火上澆油。

　　因此就教義看來，上述三個宗教的最大摩擦，集中於「對耶穌的不同態度」。歷史悠久的猶太教原本不存在「耶穌問題」，《舊約》對他也不可能有任何具體記載。然而在基督教、伊斯蘭教相繼出現後，猶太人卻要面對「殺害耶穌」的指控，承擔無休止的殘酷報復。基督徒方面，則必須高舉《新約》和一口咬定「耶穌受難」的情節，否則，基督教便無法取代猶太教的地位，基督徒也將永遠屈居於「上帝選民」的猶太人之下。伊斯蘭教，堅決要把耶穌的「神性」降低為具有「人性」的先知地位，否則，無法把穆罕默德提升為略高一等的「最後一位先知」，無法把伊斯蘭教奉為「世界性最優異的宗教」。如此這般，圍繞著耶穌而牽扯不清的爭議，形成三大宗教之間先天性結構衝突，其後，又無可避免地為捍衛各自的「真理」而鬥爭不息。鑒於此，只要任何一個上述文化圈的宗教信仰不為人文科學所取代，其「熱政治」不能沉澱為「冷政治」，相互間謀求和平共處的願望實為天方夜譚。

從政教合一到世俗化

　　大約在十世紀許，歐洲已出現猶太人的蹤跡。出於宗教原因，也出於往往不可告人的掠奪財產原因，歐洲近千年的歷史充滿對猶太人殘酷迫害的記載。至於寄居於伊斯蘭教世界的猶太人，大體上反倒在支付貢款之後立即秋毫無犯。

　　歐洲猶太人之恢復「正常人」的地位，還是遲至十九世紀啟蒙運動晚期的事。而在此之前，歐洲社會整整500多年，先後經歷了：開發民族文化、打破「教會壟斷文化」的僵局、爭取「求知權」的文藝復興運動；其後又步入爭取信仰自由的新教革命，和隨之長達兩百年的教派鬥爭；接著抬出了「樹立人權」、「打倒神

權」的啟蒙運動口號，由是迫使政教合一的「熱政治」逐步讓位於排斥教會干預政治的「冷政治」。至於民主，嚴格說來，歐洲當前的政黨政治還是經過近百多年階級鬥爭後才達成的妥協。然而儘管如此，這也只不過是中西歐地區的特殊歷史經驗，其兼顧社會正義的社會市場經濟體制，至今還得面對美國倡導的「新自由主義」（加強市場競爭，減少社會福利）的嚴峻挑戰。不過，最為關鍵的是，歐洲的世俗化、現代化運動是個自發的，由內部矛盾激化所形成的局面，而不是經由哪個外來力量的介入、催化而取得的結果。

伊斯蘭教世界的自救運動

　　自穆罕默德創建伊斯蘭教開始，直到第一次世界大戰奧斯曼帝國分崩離析，伊斯蘭世界曾經像中國一樣的，走過悲歡離合的路，經歷了反復的盛世與衰敗。當歐洲九世紀仍舊處於教會壟斷文化知識、排斥古希臘、古羅馬文化的黑暗時期，伊斯蘭世界卻連續300年之久，全力以赴地翻譯歐洲古典著作，從而一度把伊斯蘭文化推向傲人的高潮。伊斯蘭教世界也與中國一般，於十九世紀初期開始受到西方列強的壓迫並從此一蹶不振。更加巧合的是，這兩個文化圈也曾經不約而同地沿循著平行的軌道，先後發動過名義不同，但內容近似的自救運動：如自由主義、原教旨主義、社會主義、泛伊斯蘭主義等等。然而不論形式如何不同，決定其失敗的最重要因素不外以下兩點：一是，誤以為調動傳統精神力量，集中低水平的人力與物力，可以促成某種神秘的「質」的飛躍（譬如，聚集1千把鋤頭，便可產生拖拉機效應；發動人海戰術，便可抵擋高科技武裝）；二是在現代帝國主義的干預之下，任何自救運動均舉步維艱。當今環顧世界，第三世界具有代表性的大國之中，似乎只有突

破上述兩個瓶頸的中國，尚有實現自救、自強的希望；至於伊斯蘭世界，包括伊朗及土耳其，顯然還有額外一道「世俗化」繁雜工序。

外來壓力促進民主還是對抗？

　　展開美國兩百多年的對外關係史，不難發現此中扶植親美政權的大小動作比比皆是。二次大戰結束後，通過對德國、日本的佔領，又添加了若干民主外銷的經驗。但是，前者非但與民主建樹毫無瓜葛，第三世界親美政客甚至多屬經紀人、軍閥或獨裁；後者，即德國、日本，其實早已具備高度工業化、政治世俗化和民族同類化的一系列有利條件。戰敗之後，兩國民眾又普遍歡迎政黨政治，於是不費太多周折地便走上民主議會道路。至於911事件後的「民主促銷」對象，如阿富汗、伊拉克、敘利亞、黎巴嫩、伊朗、沙烏地阿拉伯、巴勒斯坦⋯⋯，幾無例外地存在著複雜的民族、教派，甚至部落、軍閥鬥爭的問題。一旦這些國家直接受到美國的干預，反倒對主張世俗化的開明派極為不利，結果陸續把原教旨派推上執政地位。另外，以阿富汗、伊拉克為例，即便舉行了投票儀式，而民眾卻無權參與候選人的提名程序，因此所謂「民主投票」不過是給外界指派的傀儡添加一道背書手續。此「民主政治」與歐洲的政黨政治加以對比，立即可發現歐洲候選人必須經過各級黨員的推選，也定然在政府或國會中維護選民的利益。

　　進一步加以對比，又發現美國的政黨政治也與歐洲截然不同，其區別不僅在於美國政黨的黨員人數之少與權力之大根本不成比例；最令人感到「光鮮」的是，其勞動人民在兩大政黨中毫無代表性，由是執政黨推行的政策基本出自財團的考慮。於是乎，美國國

會山莊實際上無異於宣揚統治階層「普世價值」的廟堂；而且在此基礎上對外推銷的不是正統的民主政治，而是美國式的「資本主義宗教」：口號為「民主自由」；行銷手段為「資本與火炮」；而最終目的則在於「全世界以美國的信仰為信仰，以美國的利益為利益」。這種宗教的「先天性結構缺陷」在國際上無論是遭遇「熱政治」或「冷政治」，都難免造成衝撞。

2006/03/10

三、談教宗保祿二世的佈道與猶太人受迫害的宗教、文化因素

1998年3月12日天主教教宗保祿二世在羅馬聖彼得教堂舉行的佈道大會上公佈了一份起草了11年之久的重要文書，其中，教會有史以來第一次對歷代「教會兒女」出於宗教原因所犯下的罪行與錯誤表示歉意。據聞，該文書共有100頁篇幅，內容涉及11至13世紀教審（inquisition）與十字軍東征期間教徒所造成的一系列悲劇，基督宗教教徒先後在美洲殖民期間（美洲土著因此死亡數千萬人口）、歐洲宗教改革與反改革運動期間，包括販賣奴隸時期所犯下的罪行，以及基督宗教仇恨猶太人的文化傳統和該傳統對納粹德國所造成的影響等等。

近年來猶太人問題受到關注的客觀原因

近年來，有關猶太人的消息不斷傳來，諸如黃金事件，存款事件，不動產事件、藝術品事件，以及若干教會當局正式向猶太人表示道歉等等。許多亞洲人對這一系列事件頗感費解，甚至覺得厭煩。實際上，猶太人的處境與中國境外的華人極其相近，其間唯一

不同的是，猶太人對其權益一貫不懈地據理力爭，對居住地的任何排外行為都能憑直覺預料，下一個打擊對象將會輪到自己；至於華人，在這兩方面卻顯得較遲鈍。

有關猶太人於二次大戰期間與戰後所受到的不合理待遇，之所以在近十年受到與日俱增的關注，最主要的原因在於，歐美社會戰後出生的一代多已成長。這批「新生代」在不受歷史包袱束縛的情況下，多能較客觀地對待歷史問題和歷史上遺留下來的問題。有鑒於此，十年來諸如猶太人受迫害的宗教、文化原因，納粹主義與法西斯主義的區別，猶太人受迫害時各國政府與各教會的漠然態度，戰後大多國家對猶太人的賠償問題與財產歸還問題所繼續表現的漠然態度和不合作態度等等，先後成為歐美社會的熱門話題。目前該討論的廣泛性，幾乎涉及所有歐洲國家，問題的根源也追溯到兩千年前的耶穌時代。

就歐洲社會的激烈反應看來，目前這場討論就像是一度受到冷戰干預而草草結束的紐倫堡大審的延續。不難預料，今後每一個國家都要輪流坐在被告席上受到嚴格的審查，同時且不論這些國家今後對絕大多數已作古的受害者提出的「補救措施」究竟有何實際意義，筆者深信，這場廣泛的討論起碼可對杜絕今後的種族歧視與狹隘的民族主義產生深刻的影響。至於亞洲人方面，只要考慮到日本對戰爭罪責與賠償的態度，以及當前許多地區華人的困境，似乎也可以意識到，即便自己受到西方的影響不願意與猶太人「為伍」，但這場方興未艾的討論卻頗值得華人借鑒。由於整個討論涉及的問題極為廣泛，以下首先就從基督宗教與猶太教的關係談起。

猶太教與基督宗教的爭執基督宗教的前身原為猶太人的民族宗教，即猶太教。在猶太人看來，《聖經》只有一部，即基督徒所稱的《舊約》，其內容主要涉及猶太人的歷史，上帝與猶太人之間的

故事與約定；《聖經》裏即便載有上帝對猶太人加以嚴厲懲罰的許多敘述，但是上帝對這批「上帝的選民」也處處表現出無限的關懷與愛心，因此猶太人深信，只要信奉上帝，遵行教義，猶太人終會有復國和獲得拯救的一天。

不難理解，堅信唯有上帝具有神性的猶太人，是不會承認他們眼下的一個猶太人傳教士，即耶穌具有任何神性；也不會承認自己的《聖經》為《舊約》，或承認耶穌死後由基督徒編寫的一本經書為《新約》；更不會接受《新約》裏的大量反猶太人的內容。

耶穌時代，羅馬帝國不斷擴張，受其暴政所奴役的各個群體也日眾。此時，一個宣揚平等、博愛，信奉一神教的宗教成為受迫害諸群體促進團結的客觀需要。於是乎，由非猶太人構成為主體的基督徒便陸續依據《舊約》的一些情節，傳說中的耶穌事蹟、語錄，並結合不同時代的具體需要，編寫了所謂的《新約》。就《新約》中有關猶太人的內容而言，儘管四篇《福音》的敘述多有互相矛盾之處，但大體上，均著重強調「由於猶太人背叛、出賣了耶穌，使得耶穌慘遭酷刑而死，因此猶太人的後代必會受到血的報應」。

從史學的角度觀之，至今沒有發現任何與耶穌同時代的文字資料可證明《新約》所述的耶穌受難事蹟是否屬實；耶穌逝世後，早期史料對耶穌本人的記載也僅限於隻言片語；至於究竟耶穌是否曾為猶太人出賣，更是無據可考。然而儘管如此，這部為廣大基督徒深信不疑的經書，卻自四世紀基督宗教成為羅馬帝國的國教之後，給猶太人帶來了災難性的後果。據考證，歷代天主教教宗從四世紀到啟蒙時代，幾無例外的帶有濃厚的反猶太人思想。另外，自四世紀到二十世紀六百萬猶太人遭德國納粹政權殺害之間，歷代受殘害的猶太人人數也同樣達到六百萬之多。

　　十六世紀，新教隨著宗教改革產生，但是傳統的反猶太情緒並沒有使這一場大運動改變猶太人的厄運。以新教運動的先驅馬丁路德為例，他對排斥猶太人所提出的主張便足夠駭人聽聞（如焚燒猶太教堂，搗毀猶太人住房，沒收猶太經書，向其投擲豬穢，不保證猶太人的人身安全……）。因此許多學者作出結論，納粹政權的暴行其實並沒有任何「新意」。

　　十九世紀，德國的浪漫主義代表人物（從黑格爾、尼采到哥德）也幾無例外地帶有濃厚反猶情緒，與傳統的反猶思想唯一不同之處在於，此時的反猶理論與殖民主義所延伸的種族主義相結合，一方面把有色人種視為「低等人」；另一方面又把日爾曼人提高到神秘的「超人」程度。

　　到了希特勒時代，這種把日爾曼人與神等同起來的意識形態不僅贏得了多數的選票，同時也發展成為德意志第三帝國的國教。

二次大戰期間基督宗教教會的沉默態度

　　1933年7月20日，梵蒂岡教廷與德國簽訂了一項《帝國協定》。德國政府一方作出承諾，將維護德國天主教會在德國的地位與利益；教廷一方則承諾，對德國政府的政策表示沉默。該協定簽訂後，希特勒並沒遵守諾言，非但天主教政黨遭政府解散，天主教官員遭解職，教會學校、教會社團勒令停止活動，許多神父甚至受到逮捕。

　　1938年，教宗皮吾斯十一世曾公開發表「反猶太主義是個基督徒既不能苟同又必須排斥的運動……就宗教意義而言，我等均是猶太人」的著名評論。但是，皮吾斯十一世於1939年2月10日即逝世，教宗職位則由頗受爭議的皮吾斯十二世接任。皮吾斯十二世在

位的頭幾年，排猶活動不斷激化。數百萬猶太人不但財產盡失，甚至慘遭毒害。此期間，無論是天主教會或新教教會，均只對納粹政權迫害教徒與迫害已皈依基督宗教的猶太人提出了抗議，至於對絕大多數受迫害的猶太人則三緘其口。同期間，固然也有個別教徒、教士對受迫害的猶太人伸出援手，但其動機多出於樸素的慈悲心，而非教會的號召。嚴格說來，直到1944年（較早的有1943年德國烏騰堡新教主教的抗議）各大教會方開始表態，並逐步以實際的交涉行動勸籲匈牙利、斯洛伐克、羅馬尼亞等當局即刻中止迫害猶太人的行為。

　　二次人戰結束後基督宗教與猶太人的關係戰後，天主教與基督教教會固然對猶太人的遭遇表示深切同情，但卻仍舊堅持要求猶太人皈依基督宗教。該立場遲至1965年的梵蒂岡會議與1980年的新教教會代表會議才正式放棄。近年來，時有人把新教與天主教於二次大戰期間的不同反應加以比較，並試圖得出孰優孰劣的結論。實際上，只要考慮到猶太人受害者的龐大人數與兩大教派的官方立場，便可知道這種評比是件毫無意義的事。值得順便一提的倒是波蘭天主教的獨特情況。波蘭教會儘管也隨後受到納粹佔領當局的嚴重迫害，但對參與排猶的活動卻始終是不遺餘力。戰爭結束後，波蘭境內甚至於1946年還發生過排猶風潮。1997年波蘭某主教的公開反猶立場也一度引起極大風波，而同年教廷與法國主教卻先後為了二次大戰期間的沉默態度，正式向猶太人致以歉意。

　　根據97年3月的消息，若干學者發現了彼吾斯十一世逝世前不久擬議發表的《教廷通告》草稿。草稿中著重對納粹政權的排猶與滅猶政策提出了譴責。耐人尋味的是，教廷當局數十年來拒絕將該文件公布於眾，因此引起諸多猜測。有人認為，教廷之所以如此，原因在於不願引起批判皮吾斯十二世的後果。如今，年輕一代的教

徒不只是對這段歷史表示極大興趣，同時也認為有瞭解真相的權
利，因此不難預料，今後的有關討論無論在廣度與深度方面均會繼
續擴展。

1998/10/21

四、「耶穌受難記」之我見

　　自從梅爾吉布森（Mel Gibson）開拍「耶穌受難記」影片後，
便激發起一場規模龐大的文化爭論。上演後，由於鏡頭太過血腥，
使得一位老婦在電影院心臟病發作死亡，更是引起評論界對該片的
「渲染效果」群起攻之。迄今為止，歐洲大陸已有不少社會團體以
「歪曲事實」和「誇大渲染」為由，向民眾發出「不看該片」的呼
籲。為何一部影片會造成如此軒然大波呢？

　　《聖經》不僅是世界最古老的媒體之一，也是傳頌、閱讀最
廣，影響力最大的讀物，其對西方文化的影響，絕不小於《四書》
對中國所起的作用。

　　嚴格說來，《聖經》對基督宗教（指天主教與新教）而言，係
指《新約》而非《舊約》。這是因為《舊約》早在耶穌誕生的六百
多年前即已成為猶太人的經書，而《新約》則是耶穌逝世後由基督
徒所編制的著作。

　　《新約》的主要篇章為頭四篇《福音》，而《福音》的精華又在
於以四種不同方式重述的「耶穌受難記」，其主要內容綜述如下：

　　耶穌的弟子猶大（猶太人）出於貪財，出賣了同為猶太人的救
世主耶穌，並把耶穌交與祭司長和長老（均為猶太人）。祭司長與
長老又把耶穌押解給羅馬巡撫彼拉多。彼拉多雖知道耶穌無罪但卻
經不起猶太人的一旁鼓噪（甚至為了主張處死耶穌而甘願讓自己的

子孫承擔血債），而無奈地下令羅馬士兵把耶穌處以釘十字架極刑。三天後，耶穌復活顯靈，由是博得世人信服。耶穌為傳達寬恕、博愛、和平精神降臨人世，卻為世人的罪孽而擔受酷刑，目的在於給世人指引信仰耶穌基督的道路，從之則可獲得幸福與永生；對耶穌而言，則是完成了上帝賦予的使命。

據考證，由於猶大、猶太人「觸犯」了《新約》敘述的「弒主罪行」（Deicidium, Gottesmord），兩千年來，先發生了世界各地猶太人遭到基督徒殘酷迫害（600多萬人死亡）的諸多悲劇；後有德國納粹對統治區猶太人的大規模種族滅絕（屠殺600萬人口，相當歐洲猶太人總人口的70%）。如今，雖然在歐美洲大規模排猶行動已不太可能重演，但潛在的排猶行動，包括對猶太教堂的破壞和人身攻擊仍然時有發生。

就耶穌受難的責任問題，似乎可從《福音》和「歷史科學」兩個角度加以分析和提出質疑：

一、既然，耶穌基督宣揚寬恕、和平、博愛，為何基督徒偏偏要拿猶太人過不去呢？如此行為符合救世精神嗎？

二、既然，耶穌降世、佈道、受難不過是上帝的意旨與安排，具有預謀意圖之「兇手」難道不是上帝嗎？

三、既然，耶穌事前知曉將遭猶大出賣，卻為何不躲避呢？難道故意要猶太人世世代代受難嗎？

四、既然，耶穌不是個革命家或恐怖分子，一向公開活動，又如何需要猶大出賣、告發呢？

五、既然，唯有羅馬巡撫具有司法管轄權，下令處死和執行死刑的不都是羅馬人嗎？為何《新約》處處為羅馬當局洗脫罪行，而對猶太人卻要「血債血還」呢？

六、即便，當時有若干猶太人出於宗教派系鬥爭原因，或為了避免羅馬當局的打擊報復，而犧牲了耶穌，但這又與廣大猶太民族和其子孫有何干係呢？

七、另據《福音》記載，耶穌作為猶太人降臨人世後，交往、佈道、拯救的對象，以及大多追隨者，基本上均是猶太人，為何整個猶太民族突然間都成為「異教徒」、「叛徒」和「魔鬼子孫」了呢？

八、至於擔任耶穌一夥錢財掌櫃的猶大為何不攜款捲逃，而會為區區30銀元出賣耶穌呢？同時對猶大品格的描述為何隨著時間的進展，《福音》記載一篇比一篇激烈、醜惡呢？

諸如此類的問題其實還有許多，以上不過是略舉大端而已。就詛咒猶太人方面，《福音》的特點在於處處把「猶大」、「眾人」、「猶太人」等同起來，並透過各種方式預言猶太人的大難臨頭。例如：（馬太福音27：25）眾人都回答說、他的血歸到我們、和我們的子孫身上；（約翰3：36）信子的人有永生．不信子的人得不著永生、神的震怒常在他身上；（約翰8：21）耶穌又對他們（筆者按：指猶太人）說、我要去了、你們要找我、並且你們要死在罪中．我所去的地方（筆者按：指天堂）、你們不能到；（約翰8：34）耶穌回答說、我實實在在的告訴你們．所有犯罪的、就是罪的奴僕；（約翰8：44）你們是出於你們的父魔鬼、你們父的私慾、你們偏要行、他從起初是殺人的、不守真理．因他心裏沒有真理、他說謊是出於自己、因他本來是說謊的、也是說謊之人的父。（帖撒羅尼迦前書1，2：16）神的忿怒臨在他們身上已經到了極處。另一方面，又通過以下警告：「（約翰12：47-48）若有人聽見我的話不遵守、我不審判他．我來本不是要審判世界、乃是要拯救世界。棄絕我不領受我話的人、有審判他的．就是我所講的道、

在末日要審判他。」，說明《新約》具有既揚言要寬恕、和平、博愛，又詛咒「異教徒」將受到上帝審判、懲罰的兩面性。這種「內外有別」的狹隘性，不僅反映在歷時兩千年的宗派鬥爭上，也影響到今天的文化鬥爭上：替天行道，真理在握，非友則敵，對敵人無所不用其極……。

另從史學考證的角度觀察，至今不曾發現任何羅馬當局對耶穌受難故事的記錄。當前唯一可考的客觀文字資料來自於西元93年猶太史學家約瑟夫（Josephus Fladius）遷居羅馬時所作的簡短介紹：

「在此期間（筆者按：彼拉多擔任巡撫期間），有位名為耶穌、似乎超乎常人的智者，曾經展現過非凡力量，同時在其教誨下使一些人欣然接受真理。他博得許多猶太人和希臘人的信任。他是救世主。後經若干要人對他提出指控，彼拉多將他處以釘十字架刑，但在此之前愛護他的追隨者卻沒有因此散夥。三天後，他的復活應驗了若干先知的預言和對其無數的奇跡傳聞。此後，自稱為信奉主耶穌的基督徒教派始終不渝地活動至今。」

值得注意的是，約瑟夫是位猶太史專家，對猶太古代史與耶穌時代的猶太人的起義、戰爭多有詳實的記錄。然而，唯獨對「耶穌受難」卻是簡單地幾筆帶過，因此，該事件的實際經過就幾乎無據可考。至於約瑟夫的介紹，尤以「他是救世主」一語的真偽（從語氣的不連貫而使人懷疑是否為後人所添加），曾引起史學界與聖經研究界的爭論。不論如何，約瑟夫既沒有提到或凸出猶太人的壞作用，也沒有嘗試為羅馬當局開脫責任。

不久前曾有一位德國評論家指出，從史料上無從瞭解耶穌到底想作些什麼，實際作了些什麼；但是，我們卻知道基督徒認為耶穌想作什麼和以為他作了什麼！

　　儘管如此，我們從《新約》的記載，以及史學家對耶穌時代的宗教發展、社會發展的研究，可以瞭解耶穌逝世後曾出現過「傳統猶太教」、「猶太人的基督教派」與「非猶太人的基督教派」之間的激烈鬥爭，和非猶太人基督教派的最終勝利（不斷壯大，最後提升為羅馬帝國的國教）。至於猶太人的基督教派，則不幸隨著對猶太人的不斷迫害而消亡。不難理解的是，不論猶太人如何尊敬耶穌，如何達觀，卻絕不可能心甘情願地接受《新約》，尤其不會同意猶大出賣耶穌的情節安排與血債血還的詛咒。換言之，只要猶太人一天不願背棄固有的猶太教和《舊約》，只要繼續堅守「只有猶太人才是上帝選民」的信念，則根據「新約」的主張，這些「魔鬼的子孫」永遠得不到主的保佑，永遠要承受血債的報應。

　　由此觀之，《新約》，絕對是個批判猶太人的武器。我們只消觀察啟蒙時代之前歷代教宗、主教發表的對猶太人的惡言穢語，所有古老教堂裏歪曲猶太人、猶大形像的壁畫，每次迫害猶太人事件眾人的鼓噪，以及振振有詞（「血債血還」）的辯解；不難理解批判武器的運用，至少還需要教會有計劃、有組織的行動；至於對「異教徒」、「害蟲」的最終決戰，則還需要動用毒氣之類的「武器的批判」。不言而喻，根據西方的文化傳統，無論是信仰主耶穌，或自由民主，或市場經濟，或全球化，其保守派套用的一貫是「信則靈，不信則亡」法則。同時，這種保守思維自冷戰結束以來，不斷伺機排擠近代形成的著重於社會正義、社會福利的社會民主主義建樹。耶穌受難記這部電影，此時此地大張旗鼓推出，用意不過是為現代十字軍東征添加注腳，但也不慎曝露了西方文明尚未完全退化的尾巴。

　　對比之下，華夏文化圈的佛、道、儒，一向主張的是含蓄的修身與善行，關心的是個人的操守，而非對他人強加任何要求；既沒

有推銷宗教信仰的衝動，也沒有末日決戰、聖戰的精神狀態。因此，就幸運地迴避了一系列的宗教審判與宗教戰爭，更不必擔心在自己的土壤上滋生恐怖主義或招惹恐怖主義的打擊。如今，突見在臺灣有人為了挑撥族群關係，借《聖經》的「出埃及記」故事，影射一個族群的幸福必須建立在另一個族群的災難之上，不啻讓人啼笑皆非，並懷疑是否胡亂的「國際接軌」使然，使他們誤把「西方的尾巴當作自己的頭」。

2004/03/13

* 本文引用《新約》中文和合本。參見http://www2.ccim.org/~bible/multi_gb.html

五、《達文西密碼》與猶大事蹟的解密

這兩天，美國作家丹・布朗（Dan Brown）的暢銷小說《達文西密碼》在各大洲以電影形式同步出籠。該書3年前發行以來，銷量高達4,600萬冊。由於其情節多處抵觸《新約》記載，因此引起基督宗教界（包括天主教、新教、東正教等）的一片抗議之聲。

《達文西密碼》把耶穌描寫為一個平常人，並非如《新約》所述，為「聖母瑪麗亞未孕而生」；耶穌也不是《新約》中的單身漢，其妻子為十二門徒之一的瑪麗亞・瑪格達蕾娜（《新約》記錄的門徒中無女性）。兩人還生了後代，在達文西所屬的秘密團體的保護下，其子孫延續至今。

《達文西密碼》的最大亮點在於，作者不是學究式地提出歷史憑據對基督教的內容加以批駁，而是強調自編的情節具有「真實

性」。如此一來，便無異於指責基督教和教會撒謊，並否定了其存在的合理性。於是，基督宗教各界人士便被迫進行廣泛辯駁，同時無意間卻替該小說發揮了最大的促銷作用。接著，似乎還必須對「真實性」問題有所交待。筆者無意就上述兩版本孰真孰假問題參加意見，而只想從另一個側面，反映宗教信仰的真實一面。

眾所周知，基督宗教的聖經為《新約》，而《新約》中最重要的又是頭四篇「福音」中的「耶穌受難」事件。兩千年來，基督宗教界對這段記載深信不疑，即「濟世救人的耶穌遭門徒猶大出賣後，讓猶太人押解給羅馬當局，而後處以十字架刑喪生，死後第三天又突然復活，由是感召了廣大群眾……」。然而，一般人對《新約》的自相矛盾處，卻不加細究。例如：《馬可福音》就曾提到猶大是耶穌的心愛弟子（3，13），甚至准許他以耶穌的名義進行佈道（6，12）；《馬太福音》也提到，耶穌曾授權予猶大，使他能夠施展神奇治病救人（10，1-4）。既然如此，為何受到耶穌喜愛，又在其小組織裏「掌管銀子」的猶大，怎麼會為了蠅頭小利出賣耶穌呢？同樣牽強的是，當另一個名叫約翰的弟子事前獲悉猶大要出賣耶穌，為何不及時拯救耶穌呢？當耶穌被捕之後，為何所有其他門徒均溜之大吉呢？此外，既然耶穌受難是上帝的「感召世人」的刻意安排，同時耶穌事前明知將要遇害又不躲避，那麼猶大即便將耶穌身份泄露給猶太人長老，（而不是押解給羅馬當局），他又犯了何罪呢？

另據《馬太福音》記載，這個「最好就不存在這個世上的猶大」（26，24）聽聞耶穌受難後，就羞愧地上吊自盡（同上，27，6）；隨後，在《使徒行傳》敘述同一事件時，又變成了猶大「仆倒在地，肚腹崩裂，腸子都流出來」（I，15-18）。其實，諸如此類的紕漏，不只是在《新約》裏比比皆是，《舊約》裏也是不勝枚

舉。例如《創世紀》裏就有亞當、夏娃所生的兩個兒子相殘的故事。兄弟在上帝面前爭寵而引起仇恨，一個殺了另一個，而存活者竟然娶了妻子，有了後代。留心閱讀的人士不禁追問，「人類的始祖」亞當、夏娃就只生了兩個兒子，那個女子又是從那兒冒出來的呢？一句話，經書非歷史，不能認真，不得細究。

　　「猶大」這個猶太人的通俗名字原來是指「感謝主」。自從在《新約》裏扮演了「弒神」的丑角之後，就再沒人敢取此名字了。不僅如此，兩千年來，猶大，猶太人幾乎成了同義詞。由是，原本是「耶穌的鍾愛子弟」，「上帝的選民」，經過幾篇「福音」的情節編排，便大禍臨頭，成為天誅地滅的過街老鼠。倒霉的猶太人，避得了猶大名稱，卻無法摒棄猶太人的民族稱號。

　　凡對基督宗教稍有研究者，均知道長期以來，不時有人提及曾有一篇早已失傳的《猶大福音》。非僅如此，大家都還知道該《福音》對耶穌受難過程的記載與其他《福音》截然不同。根據《猶大福音》，猶大完全是在耶穌的指示下，做出舉報耶穌的行動，因此並非是「出賣」耶穌，而是執行上帝與耶穌安排的神聖使命，甚至是基督宗教得以創建的一大功臣。

　　如果暫時撇開宗教信仰而專注於歷史科學的研究結果，大可相信耶穌於西元30年左右遭殺害；而其使徒保羅的書信，出現在西元50-60年之間；《馬可福音》寫於西元70年左右；《馬太福音》及《路加福音》寫於西元90年左右；《約翰福音》則遲至西元100年許才出現。這意味著，所有有關耶穌事蹟的文字記錄都產生在他逝世之後的20年至100年之間，而其信徒為了在此期間建立一個有別於猶太教的獨立宗教，便難免把猶大與猶太人塗黑，把耶穌提高到上帝之子的地位，並讓基督徒頂替猶太人的「上帝選民」殊榮。

至於《猶大福音》究竟出現在什麼時期？目前似乎沒有定論，由於史料最早提及該《福音》的日期是在西元170年左右，因此大可推論它撰寫於170年前的某時。《猶大福音》於西元六世紀突然失蹤，直到1978年才在埃及再度現身。此後幾經波折終於在本年4月9日發表於美國《國家地理雜誌》。經學術界考證，這本經書抄寫於第四世紀，其中，的確把猶大當作英雄人物和耶穌的貼心看待。

既然如今新發現的文字史料顯示「猶大弒神」極可能是個歷時最久的冤案，那麼兩千年來所有教堂裏的醜惡猶大畫像是否也要相應重新繪製呢？所有把猶大和猶太人聯繫在一塊的污言穢語是否也要加以修正呢？是否各個教會也要將猶大恢復名譽，對猶太人表示誠摯的歉意呢？是否也該把「上帝選民」的榮譽歸還猶太人呢？如果尊重歷史科學，如果執著於「真實性」，翻案的觸及面似乎會超過任何基督教會所能承擔。如果把宗教當作與學術無關的純樸信仰，那麼，更是毫無必要與《達文西密碼》的作者在「真實性」問題上糾纏不清。反正，基督宗教早已佔領了四分之一的思想世界，《新約》編輯過程中的「黑箱作業」大可永遠保持其神秘性；《達文西密碼》依樣畫葫蘆，目的無非是為了取得最高票房記錄和贏利。但持平而論，其手段端是詼諧、聰明又毒辣；至於《猶大福音》是否真能有朝一日起著糾偏作用？這才是個真正深不可測的問題。

最後，忍不住地還要提及一段有趣的題外故事。筆者雖經再三思考，始終不太明瞭為何《達文西密碼》要把達文西設定為秘密組織的要角之一。實際的達文西一生獻身藝術，有一次在義大利多明尼加教派的寺院趕工滯後，遭到寺院主事的責罵。達文西一氣之下威脅該主事說，將要把此老的面孔充當「最後晚餐」畫像裏猶大的

造型。從此之後，該主事再也不敢干預達文西的進度。達文西是否掌握密碼不得而知，但至少善於施用小規模毀譽武器。

2006/05/19

說明：本文引用的《新約》為中文和合本。

六、天主教教宗何故火上澆油？

　　本月12日，天主教教宗本篤十六世在德國發表演講時，出人意表地引用14世紀一位拜占庭基督教皇帝的話，即「要知道穆罕默德究竟帶來什麼新事務？你會發現只有罪惡與非人性。譬如，他規定要用劍來推廣他所傳授的信仰。」

　　此言論一經傳播後，對整個伊斯蘭教世界造成極大震撼。各地伊斯蘭教政治領袖與教長紛紛表示憤慨，批評教宗缺少政治敏感、對伊斯蘭教進行挑釁者有之；譏諷教宗對伊斯蘭教毫無瞭解者也有之；指責他侮蔑伊斯蘭教教主並嚴正要求道歉者更是不在少數。幾天來，各地上街示威遊行的人數日眾，相信再過幾天其規模將遠遠超過今年2月初的漫畫事件。

　　這次教宗的「失言」性質與漫畫截然不同。以漫畫來醜化穆罕默德，至多涉及畫家與報社的風格、品味，而教宗則代表天主教世界的精神領袖。如果連他也認為此時此刻有需要強調穆罕默德宣揚暴力，伊斯蘭教一無是處，不啻意味著在他眼裏，當今的亂局主要由伊斯蘭教世界所造成，而基督教、猶太教世界則無多大責任可言。其次，穆罕默德鼓吹軍事手段時，主要是呼籲對迫害伊斯蘭教的勢力進行不屈不撓的鬥爭，而非用暴力去傳播伊斯蘭教教義，或逼迫異教徒皈依伊斯蘭教。本篤十六如此斷章取義，不僅是曲解伊

斯蘭教教義，同時也忘記《新約》「馬太福音」第10章第34段也曾出現過不太平和的耶穌話語：「你們不要想我來，是叫地上太平；我來並不是叫地上太平，乃是叫地上動兵刀。」如果翻翻《舊約》，比穆罕默德還要激烈的主張更是比比皆是。

　　至於教宗援引的東羅馬皇帝所處的時代（1391年），恰好就是十字軍東征已陸續進行了近300年的膠著時期。耶路撒冷其實早在第六世紀已為伊斯蘭教勢力所佔領，而此際基督教世界卻衰弱不堪，由是直到11世紀基督教在歐洲站穩腳步後，才藉口要保護耶路撒冷，而組織十字軍向伊斯蘭教世界發難。本篤十六引述該皇帝對穆罕默德的指控時，態度相當沉穩、堅定，顯示並非宣讀了一篇由他人代筆、而自己對內容毫不知情的講稿。令人費解的是，漫畫風波才消失不到半年；透過以、黎戰事，伊斯蘭教世界已幾乎按捺不住；如今天主教會再火上澆油，不知是否在提醒布希總統「十字軍東征尚未成功，同志仍需努力」？

2006/09/16

七、本篤十六的演講與啟示

　　《天主教教宗何故火上澆油？》一文發表後，一位讀者似乎認為我對本篤十六的發言介紹得不夠全面，或不夠準確，因此給我提供了教宗的德文講稿。為方便讀者計，我盡求忠實原作地把要點整理如下：

　　本篤十六認為，穆罕默德在沒有權勢、備受威脅之際，主張「宗教之事，絕無強迫」，擁有權勢之後，便有了聖戰的規定。據他介紹，某本著作中所提到的十四世紀拜占庭皇帝曼努埃爾當然也會知道，有關聖戰的規定是後來才寫進去的。有一次，該皇帝討論

宗教問題時，不待仔細介紹伊斯蘭教對信徒及異教徒的不同待遇，直奔與宗教、暴力有關的核心主題。他說：「要知道穆罕默德究竟帶來什麼新事務？你會發現只有罪惡與非人性。譬如，他規定要用劍來推廣他所傳授的信仰。」本篤十六認為曼努埃爾皇帝所提出的說明中，最重要的一句話便是，「非理性行為有違天主的主旨，」因為信仰要靠靈魂與理性，而非天主所唾棄的暴力。該皇帝還認為，伊斯蘭教的至上為真主，其地位優先於理性。嗣後，本篤十六又認同一位作家的評論，即受希臘哲學熏陶的曼努埃爾皇帝，定是認為「非理性行為有違天主的主旨」這句話是至情至理；而對伊斯蘭教說來，真主卻是至高無上，完全不受人類理性規範的約束。其後，教宗又以正面態度，介紹一位法國伊斯蘭教專家的評論，即伊斯蘭教系盲目崇拜。

　　以上這段簡介，除了讓整個伊斯蘭教世界感到憤慨的「只有罪惡與非人性。譬如，他規定要用劍來推廣他所傳授的信仰」這句話之外，算是充分概括了上下文。如果願意冷靜分析，不難發現即便本篤十六有意反對暴力，但卻是明顯地贊同以上評述伊斯蘭教的主要意見。

　　首先，本篤十六一開頭就否決了伊斯蘭教主流所再三抬出的有關宗教自由的「宗教之事，絕無強迫」教義，認為這只不過是穆罕默德困窘時期的權宜之計，只要勢力坐大，便主張發動聖戰。其次，本篤十六十分清楚「伊斯蘭教對信徒及異教徒的不同待遇」，也知道拜占庭皇帝曼努埃爾對伊斯蘭教的「罪惡與非人性」指控有些粗線條作風，但卻不出面作任何糾正；相反的，他繼續推崇那位皇帝的對比，即基督宗教是理性的，而伊斯蘭教是穆罕默德說了算，其中，自然包括發動聖戰與使用暴力。此外，本篤十六還借他

The image shows a tank icon logo

人之口，著重強調基督宗教的希臘屬性或歐洲屬性。於是又給東、西文明的「好壞」差距添加一些「學術」依據。

　　筆者認為，一、天主教教會的辯解，即「教宗本篤十六只是借歷史記載，發揮反暴力思想，而非認同其記載內容」與事實不符；二、教宗本人對伊斯蘭教世界的憤慨感到「遺憾」並不表示他願意糾正自己對伊斯蘭教的指控；三、整個事件最嚴重的問題似乎還不是「罪惡與非人性」的指控，而是當伊斯蘭教溫和派抬出《古蘭經》的「宗教之事，絕無強迫」為自己的和平屬性進行辯解時，基督教世界根據本篤十六的上述觀點，會回答說，「不，那是假的」。換言之，理論上，伊斯蘭教的「和平退路」似已被堵死。

　　本篤十六自發表此演講之後，西方媒體對伊斯蘭教世界的大規模遊行示威的消息儘量低調處理，而對暴力事件相繼以頭條地位刊登。如此新聞取向自然又加強了西方對東方的成見，同時也將繼續發酵和有所反應。中國近來抬出了孔子品牌，到處設立孔子學院，但卻還沒來得及對「打倒孔家店」和「批林批孔」有個妥善交待。筆者以為，兩千年來中國成為一個早熟的世俗社會，長期避免了宗教戰爭，多少得感謝老夫子的「敬鬼神而遠之」的教導。套用在二十一世紀，這句聖賢之言的意思應當是尊重基、伊兩個世界的主張，但不參與他們的鬥爭。

2006/09/20

八、布希總統在國會講話的宗教內容

　　自十七世紀英國哲人霍布斯提出政治非宗教化理想以來，西方學術界便常以「冷政治文化」、「熱政治文化」概念進行文化比

較，意指西方的文明特點在於政治世俗化，個人的宗教信仰與狂熱屬於「私下的消遣活動」，反觀許多其他文化圈，其政教不分使得政治帶有濃厚宗教色彩。

就西方文化圈內加以互相對比，學界也常指出，歐洲二次大戰後的趨勢就越來越冷，美國反之越來越熱。如今，布希的演講更是明顯表明，當今西方領導人除了教宗之外就屬布希的宗教意識最為強烈了。以下，不妨例舉幾個較凸出的例子。

1. 受難意識：美國是公正、自由、民主的象徵，卻因此受到攻擊，因此意味著整個自由世界受到攻擊。

2. 救難意識：只要全世界向著美國，美國必能領導大家戰勝邪惡，獲得最終勝利。

3. 上帝選民意識：美國公正，上帝也公正，因此必能得到上帝保佑，民眾只要祈禱便能產生力量。

4. 東征意識：每個國家必須作出抉擇，非友則敵，並將受到致命的打擊報復。

5. 殉道意識：為了神聖使命，美國人必須忍耐和作出一定犧牲。

嚴格說來，不論任何宗教，凡主張借助武力、暴力對付「異端」者，其本質均屬極端、狂熱的原教旨主義，就此意義，當前的問題似乎是信奉同一個上帝、均自認有上帝保佑的基督教原教旨主義與伊斯蘭教原教旨主義之間的鬥爭。

此外，西方學術界的主流意見認為，西方政治「冷處理」的最大原因在於，社會市場經濟所帶來的利益「轉移」、「收買」了原教旨主義的興趣與注意力。如此推理，多少可以瞭解當今許多社會的宗教狂熱主要是因為搭不上或不讓搭全球化的快車。因此治根的辦法決不是高壓，而是儘快地協助其發展。至於美國的政治由冷轉

熱，則或許多少與近20年多了點自由經濟，少了點社會正義，卻又
亟亟於將這種體制、理念普及全世界有關。

2001/09/23

九、沙龍犯了什麼大忌？

本月18日，以色列總理沙龍表示「法國的反猶太主義已到了無
可控制程度」，因此呼籲法國的猶太人「及時移居以色列」。該消
息傳出後，非止法國政府大怒，其總統希拉克隨即宣佈沙龍為「不
受歡迎人物」；法國各猶太人組織也紛紛對沙龍進行譴責，並表示
他不能代表法國猶太人發言。

沙龍的指控嚴格說來有極大的片面性，原因是近年來歐洲普遍
存在的排外情緒不止是影響猶太人，同時也使所有有色族群受到波
及；同時即便騷擾、傷害有色族群的事件有所增加，也遠遠不到沙
龍所強調的「無可控制」地步。

沙龍之抨擊法國，背後原因不外是法國極力反對以色列的「築
圍牆」政策，同時一貫與阿拉發特保持良好關係。除此之外，法國
反對伊拉克戰爭，拒絕向伊拉克派兵，也都與以色列政府的利益相
抵觸。儘管如此，貿然對歐洲最大的猶太人社會（法國約有60萬猶
人）作移民呼籲，也的確稱得上唐突之極，尤其是考慮到以色列自
建國以來烽火頻仍，實際上是猶太人的最不安全生活地帶。

沙龍言論之得罪法國猶太人還有一個特殊背景。雖然第二次世
界大戰期間，法國當局曾遣送7萬多猶太人至德國納粹之手（生還
者不到3000人），但作為受制於德國佔領當局的法國政府，當時除
了聽命之外，別無多大選擇。與其他德國佔領區80%以上的猶太人
遭到殺害的慘烈情況加以對比，法國猶太人對大多數同胞能夠生存

下來實已感到慶倖。上文提及的近年來所產生「排外情緒」也不能理解為法國的問題特別嚴重，一來是因為騷擾猶太人者大多為伊斯蘭族群；二來每當發生嚴重排外事件，法國人民多自動自發地大規模上街示威抗議，而構成法國社會的一大特色。此外，最令人（也包括法國猶太人）無法接受的是，絕大多數「猶太人」早已融合於法國社會，尤其是年輕的一代，如果不是外人刻意提醒，根本就毫無「外鄉人」意識。

該情況，早於數十年前就不乏社會學家提示，三十年代若不是納粹分子為轉移社會矛盾而拿「猶太問題」大做文章，只消耐心稍候幾年，中西歐的猶太人社團就會「自然消失」。就當前情況而言，中西歐的猶太人的確處於「消失」過程中。之所以還有人不時強調「猶太人如何、如何」，主要是兩千年來的基督教反猶文化作祟。前不久在奧地利即做過一次民意調查，發現仍有三分之一人口帶有反猶情緒，而當被調查者知悉該國所剩下的猶太人人口不及6000人時，多對自己的偏見和無知感到大吃一驚。

言及「反猶偏見」，最經常出現的反猶言論便是指控猶太人為「剝削者」和「控制經濟的資本家」。在過去，也經常出現「猶太人均是顛覆政府的共產主義者」的指責。似乎，大棒不論掄到哪一頭，都可對猶太人打個正著，處境極為近似東南亞的華人。實際上，猶太人素來有重視教育的文化傳統，不論在何不利情況下，不論何行、何業，何種政治、文化領域，均有令人矚目的表現。對待猶太人，最為忌諱者，莫過於把他們視為鐵板一塊的群體，或把他們均歸類為「壓迫」或「受壓迫」群體。不料，如今以色列總統，一個猶太政客，竟然犯了無知的大忌。

2004/07/24

第二節　伊斯蘭教

一、基督教世界的「自發性發展」與伊斯蘭教文明

　　百年以來，歐洲的人文教育側重於古希臘哲學及其民主思想；古羅馬的國家學及法學；基督教的人道主義；以及，文藝復興、啟蒙主義及近代理性主義。也正由於該教育政策在歐洲的妥善實施，而在美國中學裏人文教育又是極端地疏忽，歐洲大陸與美國之間於是出現巨大的文化落差。尤其凸顯的是，歐洲社會普遍邁向世俗化，而美國卻仍然有80%以上的民眾經常奔走教堂，而其中多數甚至贊同布希政府所發動的宗教戰爭。因此就「基督教世界」而言，本身就似乎存在著兩個背道而馳的世界。

　　八、九十年代之交，冷戰即將結束時，不乏政論家把注目焦點由意識形態鬥爭轉移至宗教、文化衝突，並認為文化、宗教差異將構成二十一世紀的主要國際危機。美國的亨廷頓教授無疑是最受矚目的代表人物，他除了認為美國所領導的基督教文化圈，尤其是新教世界將面臨伊斯蘭教和華夏世界的挑戰外，還認為這兩個文化圈即便有現代化發展可能，卻無法認同西方文化價值觀，但鑒於西方克制此兩文化圈的能量有限，他建議採取較溫和的「文化圍堵」政策。

　　如今，17年過後，審視國際局勢的發展，布希當局所採取的明顯是種遠遠跨越「圍堵」的激進手段。其結局究竟如何，雖然已早見端倪，但卻不是本文主旨所在。筆者關心的是亨廷頓的基督教文化優越論，以及他對其他文化的藐視，譬如，他即認為伊斯蘭教與華夏文化對今後世界的進展不會提供太多創始性貢獻。至於基督教

文化，在他看來，始終貫穿一條紅線，始終維持著生命力、核心力和自發性。

筆者過去曾討論過西方文化進展中出現的斷層，即文藝復興之前長達900年的黑暗時期，也介紹過西方啟蒙時代從中國古典哲學中所吸收的人權與自然權思想。如今想稍加補充的是，當西方仍舊處於昏睡的黑暗時期，波斯帝國、伊斯蘭教世界均曾攀登西方難以望其項背的文明高度。以下，不妨列舉幾個較為凸出的例子：

當篤信基督教的東羅馬帝國全面封鎖、壓制古希臘文化時，正是波斯薩珊帝國，收容了受到基督教世界排斥的希臘學者，同時在極為寬容的文化政策下，造就了一個百花齊放的多元化世界。及至七世紀中葉，薩珊帝國為阿拉伯人所滅，新興的阿拉伯帝國也充分利用著薩珊帝國的學者與猶太人學者，接連數百年大量翻譯古希臘、古羅馬經典著作。以至於早在文藝復興代表人物達文奇誕生的600年前，阿拉伯帝國無論在天文、醫學、數學、建築、地理、航海等方面，都遙遙領先於歐洲。

1156年，大馬士革城已擁有一座可容納8000床位的免費醫療醫院，而目前飽受摧殘的巴格達，便是當時阿拉伯帝國的醫學研究中心。若干阿拉伯語醫學巨著，遲於文藝復興晚期才譯為拉丁文並沿用至十九世紀。除了眾所周知的幾何學、數學之外，阿拉伯人早於十二世紀便設計了地球儀（比歐洲早了350多年）和篇幅長達70頁的世界地圖。其他如九世紀發明的滑翔機、十世紀的照相機、數百件光學儀器和醫療器具，藏書多達50萬冊的圖書館……等等，均非歐洲任何地方所能攀比。打從西元762起，巴格達500年間始終是全球最先進的人文、自然科學中心，城內既有觀象臺、大醫院，又有數百間學校。各地前來觀摩者絡繹不絕，處處可見操不同語言的外國學者。

　　目前有待探討的是，1300年左右興起的歐洲文藝復興運動是否直接受到伊斯蘭世界優異文化的影響，但從造紙技術的傳播看來，卻不能完全排除其間的關係。據考證，造紙技術於西元750年由中國傳至巴格達，伊斯蘭世界於十世紀已普遍利用紙張傳播知識。歐洲領域，直到十二世紀初期，方由阿拉伯人將該技術傳至西班牙，而後再經過整整200年，才在歐洲普遍加以使用。

　　1258年蒙古人佔領兩河流域之時，曾對巴格達進行過徹底破壞。書籍焚燒、拋棄之多，據說底格裏斯河一度讓其油墨染黑。我們雖然不能就此斷言「蒙古人斷送了伊斯蘭教文明」，但從印度、中國、阿拉伯帝國同時代的類似遭遇看來，或可作此假設，文化層次較為低落的阿爾泰民族（蒙古、滿族、突厥）一旦統治較先進的印度、中國與中東，即便在武功方面繼續有所斬獲，但卻是被統治世界的一場文化災難。

2007/04/13

二、殉道精神與宗教文化

　　近年來，有關恐怖主義的議論形形色色。筆者始終認為，霸權主義對平民百姓的殺戮、對民用設施的肆意破壞，與個人的自殺、殺人爆炸事件之間，不存在一道萬丈鴻溝。前者，破壞規模雖然無與倫比，但主流媒體刻意輕描淡寫；後者，範圍雖小，傳媒卻無限渲染。顯然，單單指稱伊斯蘭教一方的暴力行動為「恐怖主義」，難免有失公允。其實，兩種暴力活動的真正的「質差」在於：霸權主義的「恐怖分子」，絕不輕言犧牲自己的性命；而伊斯蘭教「恐怖分子」，卻明顯抱著殉道決心。或許，也就因為如此，主流社會

把前者的恐怖暴力當作文明與合法；後者，不外乎殘忍與野蠻。以下，不妨就殉道現象作一探討。

猶太人的世界觀

翻閱《舊約》，不難理解猶太人的最大興趣在於建立現世的家園。巴勒斯坦，是上帝對這批「選民」所作出的承諾。只要尊奉上帝、凝聚力量、勇往直前，上帝必定會協助他們排除萬難，消滅敵人，從而讓他們世世代代在這片「冒出蜜與奶」的寶地上重建家園。至於來世，整本經書竟不見刻意渲染。這似乎意味著，一旦對天國著墨太多，恐會瓦解重建現世國家的力量。

猶太人並非藐視樂園與天堂。不過，對他們而言，聖經《創世紀》對天堂的描述，唯一的宗教意義在於，凸出「必須信奉上帝」。具體而言：人類的祖先曾經違背了上帝的意旨，由是讓上帝驅除出樂園。人類的現世生活，算是上帝的妥善安排。如果人世間繼續冒犯神的意旨，則還會不斷遭到天譴。猶太人，係唯一真正受到上帝青睞的民族，也是唯一與上帝心有靈犀的民族，然而即便如此，一旦出現違背上帝的言行舉止，上帝的審判即刻呈現在眼前，其懲罰手段既是激烈、迅速又明確，絕不拖泥帶水留到某個末日清算總帳。

根據《舊約》，猶太人在上帝庇佑之下，必然擺脫壓迫民族的奴役，也定然戰勝佔據巴勒斯坦的一切敵人。萬一，在征戰過程中犧牲了生命，則捐軀為的是民族的前途和貫徹上帝的旨意，而不是為求永生或在天堂享受榮華富貴。因此，猶太人的「殉道」，主要是為自己的、民族的、現世的利益，與現代的民族主義運動極為接

近。猶太人作為長期流離失所的民族，利用一系列宗教故事來激勵自己，凝聚向心力，體現出早期人類的智慧。

基督教的世界觀

從宗教史的研究，已可推論早期的基督教運動帶有較革命的情緒，其初始目的在於，把羅馬帝國治下各奴隸族群的思想與力量統一起來，以爭取奴隸階級的平等地位與自由。經過三百年的發展與壯大，羅馬當局眼看鎮壓無效，無奈地與基督徒達成妥協，並承認其為合法教派；而基督教，也不斷作相應的調整，把對現世權益的關注，逐步轉移為對來世的追求，由是產生了「凱撒的事體歸凱撒，上帝的事體歸上帝」的「政教分工」觀念。

與猶太教的強烈民族色彩有所不同的是，基督教既有普世傳教的目標，也有著「末日接受上帝審判」的觀念。殉道者，或為上帝意旨和傳教事業殉職者，最終可與神同在，獲永生，在天堂裏過著「不再有饑渴，死亡，悲哀，哭嚎，疼痛，詛咒，黑夜」的日子（馬太25：46；約翰14：3）。至於背道和不義者，將接受「投入火湖」的懲罰。

就教義觀察，基督徒憧憬的天堂，至多是個迴避了痛苦的「樂土」，性質是相當「精神性」與樸素的。這或許反映了奴隸階級即便脫胎換骨，也「不敢過於奢求」。其次，該教義所尊崇的「殉道」，也不是指聖戰中的殺身成仁，而是「迫害致死」。因此，依基督教義的詮釋，它基本上是個平和的運動。基督教雖然派生於猶太教，發展過程中卻消除了猶太教的剛烈情緒，放棄了與羅馬政權的尖銳對立，最終取得了「權柄」的認同，形成為世界第一大教。如今大家不論接受與否，應當承認它的策略是老成圓融的。

伊斯蘭教的現世與來世觀

　　依照伊斯蘭教信仰，無論《舊約》、《新約》、《古蘭經》，都是出自「上帝的話語」。然而根據學術探討，《舊約》明顯是部猶太民族西元前上千年的歷史故事、傳說，經過梳理、篩選，彙編而成的經書。《新約》則是耶穌逝世後，其弟子及信徒根據追憶和迎合時代需要而編纂的著作。至於《古蘭經》，穆罕默德雖自稱文盲，但相對而言，其個人的思想成分，在這本伊斯蘭教的經書裏體現得最多。過去，德國某評論家曾發表過一句名言，即「《新約》不能告訴我們到底耶穌的思想為何，但至少說明基督徒認為耶穌的思想為何。」就《古蘭經》而言，我們卻不需任何旁證，只消略加翻閱，便能發現穆罕默德的個性與意圖不時躍然紙上。因此，也是一本最易考證和解讀的經書。

　　本文所涉的三大宗教雖然信奉的是同一個上帝（亦稱神、真主、安拉），其形象在三本經書裏卻各自不同。《舊約》裏，上帝對猶太人的態度既鍾愛，又嚴厲；對亂世、叛道者，以及猶太人的敵人，更是極盡殘暴之能事（如諾亞方舟、出埃及記的敘述）。《新約》中，上帝已「轉化」為一個對世人充滿了愛的大救星；他為了指點迷津，特地派遣自己的兒子，耶穌來背負、化解人世的苦難。基督徒為了把猶太人的民族宗教普及化為世界性宗教，《舊約》中繁瑣、苛刻的教規（如割禮），也在《新約》中作了相應的簡化與修改。然而到了西元七世紀的阿拉伯半島，無論是猶太人的民族宗教，或平和的基督教，均不適於嫁接在這片小部落星羅棋佈、地方勢力專斷割據，戰爭司空見慣的土地上。彼時彼地，和平的取得只能透過戰爭，民族、思想的統一必須採用軍事手段。於是乎，穆罕默德在參考、融合猶、基兩教教義的基礎上，創建了一套

自稱為「中庸」的伊斯蘭教教義。據筆者分析，他的「中庸思想」應當解讀為，上述兩種截然不同的上帝個性的「中間形態」：即上帝（真主）既不是那麼「雷霆萬鈞的殘暴」，也不是那麼「無所作為的平和」，而是，著眼於解除伊斯蘭教徒所承受的壓迫、清除伊斯蘭道路上的一切障礙，同時還具體規定，必須以信仰、聖戰和殉道，作為通往天國的必要「付出」（《古蘭經》61：10-12；4：74；9：111）。此外，穆罕默德所理解的真主，是個既能在今世保障伊斯蘭教徒消滅敵人、取得勝利；到了末世，又能通過睿智與審判，讓得道者步入天國，將不信道者投入火獄。前文述及猶太人的努力是為現世的回報；而伊斯蘭教徒，不只認為現世的鬥爭可豐收，可戰無不勝，來世也有厚報。

值得順便一提的是，若是拿《古蘭經》的天國與《新約》的天國作一對比，基督徒的天國頓然顯得「清湯掛麵」。《古蘭經》裏的天國，是一片下臨諸河的樂土，「有水河，水質不腐；有乳河，乳味不變；有酒河，飲者稱快；有蜜河，蜜質純潔；他們在樂園中，有各種水果，可以享受；還有從他們的主發出的赦宥」（17：15）；有「僮僕輪流著服侍他們」（52：24）；他們「在珠寶鑲成的床榻上，彼此相對地靠在上面。長生不老的僮僕，輪流著服侍他們，捧著盞和壺，與滿杯的醴泉；他們不因那醴泉而頭痛，也不酩酊。他們有自己所選擇的水果，和自己所愛好的鳥肉。還有白皙的、美目的妻子，好像藏在蚌殼裏的珍珠一樣。那是為了報酬他們的善行。他們在樂園裏，聽不到惡言和謊話，但聽到說：祝你們平安！祝你們平安！」（56：15-26）。如此這般，基督教在天國裏的「精神昇華」轉變成伊斯蘭教的「精神與物質昇華」；奴隸階級的卑微願望，躍升為帝王般的最高享受。

　　言及此，必須要指出的是，基督教發展過程中，也曾出現過中古時期為參加聖戰而不惜殉道的狂熱。究竟，這是由原有的「樸素的殉道精神」自然延伸出來的浪漫行為，還是教會鼓舞戰爭時對聖經的刻意曲解，還是受到伊斯蘭教教義的影響，似乎還有待進一步的探討。其次，穆罕默德從不作強迫入教的主張。他所厭惡的，首先是那些對伊斯蘭教有所抵觸的行為，也因此一向把排除外來的思想歧視、武力壓迫當作第一要務。此外，不能否認的是，殉道思想的確是伊斯蘭教的重要屬性。它的特殊表現在於視死如歸。戰死·殉道，絕不是無謂的犧牲，而是步入天國的捷徑。由社會學的角度看來，改變這種殉道精神的途徑似乎只有三個：一是促進伊斯蘭教世界的社會發展，讓人文科學、啟蒙運動在彼處自然生根發芽；一是徹底消滅伊斯蘭教，永遠用暴力手段來支撐「我的神大於你的神」；再不，就是停止對其壓迫，避免招惹殉道者的襲擊。

2005/07/30

說明：本文的「基督教」係指基督宗教的所有主要教派。《新約》引用的是「和合本」。《古蘭經》引用「馬堅本」http://www.irib.ir/worldservice/chinese/quran/quran.htm。

三、文化衝突還是惡毒趣味——談漫畫糾紛

　　2月3日，印尼首都雅加達大約有300多名伊斯蘭武裝人員闖入了丹麥大使館，以此抗議丹麥《日德蘭郵報》刊登對先知默罕默德帶有侮辱性的漫畫。除此之外，至少還有12個伊斯蘭教國家（包括巴勒斯坦）對丹麥採取了官方抗議、群眾示威遊行、撤消外交機

構、抵制貨物、甚至綁架威脅等等行動。為此，丹麥首相雖經一陣猶豫，最後也不得不對伊斯蘭教世界公開表示歉意。

丹麥《日德蘭郵報》刊登該組12張漫畫，其實發生於去年9月30日，其中較「惹火」的有兩張，一是在先知穆罕默德的頭巾上添加了一枚炸彈；另一張則是位居天上的穆罕默德對殉戰而來的恐怖分子說「天堂已無處女相配，你們別再來了」。該組漫畫刊登後並沒招惹任何反應，直到今年1月10日挪威某報刊將此漫畫轉載後，才引起伊斯蘭世界的注意和對丹麥表示的抗議。

最初，丹麥首相對外表示「為了維護言論與新聞自由，政府對媒體的行為既不干預，也不負責」。待抗議示威活動像雪球一般幾乎擴及整個伊斯蘭教地區後，其首相便不得不公開道歉。

歐洲社會對此事件的反應固然不一，但絕大多數認為必須捍衛歐洲的文化價值，絕不能對伊斯蘭教世界低頭。許多媒體一方面以醒目的「文化鬥爭」、「文化衝突」標題為題，大篇幅對比兩個文化圈的不同價值觀念；一方面特地刊登一、兩張漫畫以表示對丹麥的支持。若干評論家甚至對丹麥首相的「軟弱」與「屈膝」感到痛心疾首。法國的一家街頭小報，即《法國晚報》，則為了趁機促銷而一口氣把所有漫畫刊出。該報發行人恰好為一埃及人，一怒之下將總編輯撤職。為此，又增加了一條花邊新聞……。

嚴格說來，丹麥的確有些冤枉。近年來該國的極右派即便有些囂張，但在整個歐洲範圍內，它還算是一個較寬容的主張多元文化的國家。數月前，該國政府還撤消了一家電臺的營業執照，原因是該電臺曾大肆呼籲「摧毀伊斯蘭教世界」。

從法律角度看，除了少數特殊規定外，譬如宣揚色情、暴力和法西斯主義，歐洲聯盟國家的確對其媒體不能橫加干預。但是，不能忽視的是，即便是歐洲，所有正規的媒體均對本身的「自由尺

度」制訂有詳細的「工作準則」。譬如，「論述內容不得觸犯公共道德，並引起公憤」。有鑑於此，如果漫畫挖苦的對象是布希或耶穌，或許還多少體現其「思想自由」的文化特點。至於在「民主外銷」和「十字軍東征」的當頭，刊登如此辛辣的漫畫，問題恐怕還不在於缺少點政治敏感，而是下意識的火上澆油。目前歐洲媒體普遍提出「漫畫即是漫畫，不必太過認真「的辯解。針對此觀點，奧地利一主教卡培拉利卻指出，「幽默分兩種，有的健康，有的惡毒」。這次，滿懷苦水的伊斯蘭教世界顯然是對歐洲人的惡毒趣味無法消受。

2006/02/03

後記：截稿後瞭解到，9月20日後，曾有十多個伊斯蘭教國家代表
　　　聯合要求丹麥道歉與對話，而遭到丹麥當局拒絕。

2006/02/09

第三節　文化與文明衝突

一、談諾貝爾文學獎得主耶莉內克與「拜陽具教」

　　此次，諾貝爾文學獎的得主為奧地利女作家耶莉內克（Elfriede Jelinek）。耶莉內克芳齡58，奧地利猶太人，1991年退出共產黨，屬68年代的逆反文化人。也就因為如此，長期與奧地利保守政府交惡，並受到極右派政客的惡毒攻擊。如今取得諾貝爾文學獎消息傳來，自然使右派政客坐立不安。筆者以為處於後現代、後冷戰、極右勢力不斷膨脹的當前，能夠把如此殊榮頒給一位主流文化圈內的「次文化圈」的女作家，反映出諾貝爾評審委員會還有其公正、圓融的一面。

據報導，耶莉內克即將以《巴貝爾塔、伊拉克戰爭與春宮》為題，出版一本短篇著作。見此組合，不禁令人叫絕。筆者儘管還沒有機會拜讀耶之新作，卻願首先就「巴貝爾塔」的寓意，提供一些相關的信息。

「巴貝爾塔」典故出自《舊約》「創世紀」篇。上帝按照自己的模樣創造亞當、夏娃之後，又賦予他們控制、支配萬物的能力。儘管如此，他們還偷食禁果（智慧果），取得可與上帝比擬的智慧。上帝為防止他們繼續偷食可導致長生不老的「生命果」，便毫不猶豫地將他們驅逐出伊甸園。

一日，上帝巡遊各地，見亞當、夏娃之子孫為了「試與天公比高，使自己聲名永垂不朽」正在燒磚、搭建一個「巴貝爾塔」。上帝一怒之下，迫使人類操用不同語言，並使其無法通力合作。

寓意一：語言、語文不外是人類思維的物化符號，但是否不同思維　　　之間果真就無法產生踰越性和通約性？

如果從整個人類發展史加以觀察，人類社會的確在任何時期，都有自詡為「高等文化」的族群，憑藉「文化中心主義」、「文化優越性」，對其他的不同文化群體進行侵略、圍堵與羞辱。以哈佛大學教授亨廷頓（Samuel Hungtinton）為例，他就認為西方世界之具有民主、自由、人權、科技等「文明優勢」與「道德優勢」，原因在於同屬於基督教文明圈，由是與伊斯蘭教、華夏文明圈（包括臺灣）之間沒有任何融合、調和的可能；同時為了防止來自這些「次文化」的威脅，他建議對該兩世界採取圍堵辦法。如今，仔細觀察伊拉克戰爭發動之前、美國高層內部的爭論，即有一派主張以滾雪球（roll on）辦法，造成伊斯蘭教國家的骨牌效應和相繼崩潰。另一派主張以「單純一擊」（one bullet）重創伊拉克。由此，

我們不只看到文化間通融、和解的困難，甚至「文化的批判」可以赤裸裸地轉變為「武器的批判」。

有趣的是，當西方文化保守派沉醉在「基督教文化優越論」的當頭，竟忘記了基督教最初源自《舊約》，源自中東地區希伯萊文傳承的猶太宗教；佛教則源自印度東北某小國的地方宗教；伊斯蘭教也是由麥加一個彈丸之地發展到遍及世界四分之一人口的大教。如果語文、文化間沒有通約性，這些世界宗教，包括基督教又是如何發展出來的呢？鑑於此，筆者認為需要順便強調的是，人類的思維內容絕對有通約性，至於各群體的獨特文藝表現形式，則可能無法用其他語言翻譯或取代。因此，人世間的問題似乎不在於文化、思維通約與否，而在於各個文化的自以為是。

如果進一步追究上述「文化沙文主義」的根源，不難發現這些謬論多帶有刻意挑選本文化的「強項」與避重就輕的毛病；其次就是把自己當作「主體」時，傾向於把他人排擠至「客體」及「次等」地位；再有，就是將「主體」的任何行為無邊地「神秘化」，譬如唱首國歌的民眾也都可昇華為「英雄」（見阿扁雙十演講）。也就由於這種「主體至上」思想作祟，群體之間互不相讓，甚至紛爭不斷。因此，人類社會是否有朝一日能夠擺脫上帝加諸的詛咒，糾正自己的狹隘性、劣根性，建立一個大同世界，起碼在目前還不得而知。

寓意二：如果燒磚、建巴貝爾塔代表著「科技力量的僭越」，那麼，駕馭世界、向生態挑戰，以至於破壞大自然的衝動又當如何遏制、如何疏導？

其實，從精神分析學的角度，無論雙子座大廈、101摩天大樓，都係出於男性陽具攀比、暴露的原始衝動。只要具備技術與財

力，籌劃者便毫不考慮環境的合宜性、安全性以及壽終正寢時的善後問題，而迫不及待地向全世界展示它的「高、大、全」和「獨一無二」的陽剛霸氣。

如果把視野進一步拓寬到克隆技術、基因工程、核子發電、世紀大壩，則挑戰生態、把可長達上億年的後遺症（尤其指核廢料的儲存問題）加害於後代的「科技暴力」所體現的「陽具攀比狂」更是一覽無遺。

不言而喻，「征服伊斯蘭教世界」、「不使石油資源落於次文化圈之手」、「高科技外科手術戰爭」、「數碼戰爭」、「貧鈾彈」、「否定聯合國的作用」、「獨霸天下」也都直接、間接地反映了男性「拜陽具教」的原始衝動。至於春宮，更加是一絲不掛地展示男子圖借一根陽具征服婦女的狂想，而如果對成年婦女無法得逞，也會肆無忌憚、得寸進尺地向未成年男女孩童伸出魔掌。

處於男性中心的世界，我們不能不對貫穿整個人類歷史的紛爭與變態提出嚴正控訴；也不由得對耶莉內克的膽識與執著給予喝彩。值得注意的是，就世界範圍，無論南北或東西，促進女權的呼聲儘管此起彼落，但就是沒有任何一個國家願意向婦女提供50%公職人員的名額。於是乎，出面點綴的女性，與其說是「代表婦女的女強人」，不如更加確切地說是「代表男人利益的強女人」。除了提高女權之外，不能避免的問題是，科技力量就像市場經濟一樣（病毒泛濫的網際網路就是最佳的例子），不得對其聽之任之。必要時，社會必須進行強有力的干預與疏導，以使其符合社會的需要和自然的和諧；而如果民選產生的政府缺少盡責能力，至少要卸除他們「攀登巴貝爾塔」的衝動。

2004/10/16

二、文明與野蠻

「野蠻對文明的挑戰」這句話自「911」以來幾乎已成各國領導人與評論員的開場白。經過一星期的口誅筆伐，其含義已實際與「野蠻世界對文明世界的挑戰」、「伊斯蘭文化圈對西方文化圈的挑戰」混淆不清。

就第一個命題而言，凡認為「濫殺無辜的行動均屬野蠻行為」的人士多無任何異議，因此即便有人指出「美國經常濫殺無辜」也不能使一種野蠻為另一種野蠻遮羞。換言之，無論恐怖分子處境有多委屈，動機有多神聖，既幹了傷天害理之事，就失去任何辯駁的基礎。此際值得局外人冷靜探討的是，究竟什麼是文明？其必備條件為何？文明與文化的關係何在？文明與野蠻之間是否有道萬丈鴻溝？

首先，必須指出，文明的內涵是種人為的界定，就像對腦細胞的不平衡發展、不平衡的訓練一樣，每個群體有其取向習慣與認同標準（如某些社會特別重視語言能力或運動反應）。當西方側重於把科技進度當作衡量尺度時，東方可能強調社會的和諧。不過，儘管不同的標準可能造成傲慢、偏見與衝突，大體說來文明是種人類社會克服自然界問題與社會界問題的能力，同時既然是能力，說明它是一種與生俱來的潛力，和可以於後天加以開發、培訓、提高的能力。至於文化則是在特定時刻、特定環境下、特定文明基礎上的一切表現。從簡單的求偶方式，到複雜的文學、藝術精緻文化活動，均屬文化的範疇。

如果接受上述定義，華夏民族歷史上固然長期一枝獨秀，當前則必須虛心承認，我們在處理自然界與社會界問題上與西方之間著實存在一定距離，同時我們在較落後的基礎上也不可能迸發出太多

燦爛的文化火花。因此，欲趕上西方社會而積極發展科技固然是個無可爭議的道理，最令人捉摸不定的則是文化軟體建設應當從何著手？

就西方發達社會的自我剖析觀之，大多論者對其本身的軟體發展也有不同的看法與爭議。有人認為啟蒙時代的人本主義、自由、平等、民主、人權思想以及人文科學的發展是擺脫野蠻的最後衝刺；也有人認為政、教分離（信仰個人化、政治世俗化）才是文明必備之條件；另有人主張議會道路的鋪設真正奠定了文明的基礎……最後，不該疏漏的是，提出物資文明「轉移」、「收購」了宗教狂熱分子的精力的論者也大有人在。綜合各家之論，筆者以為無論取向為何、偏重為何，上述任何領域的建樹均不能脫離法治的規劃與保障，而當今世界的主要障礙恰好在於，許多落後區域仍然把宗教經書當法律；而西方世界，特別是後冷戰時期，不斷以強權替代法律，以合眾國取代聯合國，由是造成如今以牙還牙、冤冤相報的局面。長此以往，人類的前途不是趨向文明，而是回歸野蠻。

2001/09/18

三、主體意識

歷史上出現「主體」觀念，首要文獻當推猶太人的「創世紀」。上帝按自己的模樣製造人類後，便把控制、駕馭自然界的權力給予了人，因此對「客體世界」而言，人類永遠處於「主體」、「主宰」地位。尤其是亞當、夏娃偷食「智慧果」之後，除了生命還不及上帝之永恆之外，實已具備了與上帝一般的萬能。

待上帝垂愛於猶太人、視其為「上帝之選民」之後，則異鄉人、異教徒頓然都成為猶太人建國道路上的障礙。「他們」，非但

得不到上帝的鍾愛，甚至可能遭到嚴厲的天譴。由是，作為選民的猶太人，相對於他人，也獲得了「主體」身份，而這「特權」，卻不幸成為該民族世世代代受歧視、受壓迫甚至遭屠殺的重要原因之一。

及至基督徒為了擺脫奴隸壓迫、凝聚羅馬帝國治下的各方族群，便一面嫁接了猶太民族的一神教；一方面卻編織了：猶太人迫害耶穌致死，由是淪落為「魔鬼之子」、其子子孫孫不斷要遭到血的報應的「耶穌受難記」故事。而基督徒，則因為信奉耶穌，而篡奪了猶太人的「主體」地位。

西元六世紀，阿拉伯的穆罕默德需要宗教，也依樣畫葫蘆地承繼了猶太教與基督宗教的主要教義，但卻把耶穌拉回到人（即先知）的地位，而自己則成為改良了《舊約》與《新約》的最後、最高明的先知。從此，伊斯蘭教信徒也就在擁有更加「中庸」的《古蘭經》基礎上，攀上了高人一等的「主體」地位。穆罕默德後的一千年，基督徒在伊斯蘭教的擴張下，像猶太人一樣，著實受了不少委屈。

十七、十八世紀，歐洲在對抗神權的基礎上，宣佈了人的覺醒和神的死亡。於是在人定勝天、科技至上的「新宗教」驅使下，先是高速發展了現代工業，造就了一個享有人權、民主、自由的「主體世界」。爾後，這個「核心世界」卻又每每侵犯他國主權、掠奪各地資源、捍衛發展優勢，並使受害地區的傳統價值徹底崩潰、淪落為「邊緣化世界」。

「主體意識」就如此這般，從人的發展到選民，到基督徒和伊斯蘭教徒，到資本主義民族國家，到全球化的兩極對立，最終，演變為新、老「主體」不共戴天、互相毀滅的地步。如今，眼看著一場末日決戰在所難免，還不及琢磨「天人合一」的華夏文化圈或有迴避一場歷史浩劫的可能之時，卻不料海峽此岸的「主體意識」

甚囂塵上，大有高舉「文化價值」大旗，跳上戰車充當反恐先鋒
之勢。

2004/12/20

四、文化復興與告別朦朧

　　最近有關中國文化重建的佳文迭出，著實令人感到欣慰。姜飛
先生在《重塑中國神話》一文裏，提及「亨廷頓2004年出版新書
《我們是誰？美國的國家特性面臨挑戰》，將美國定性為盎格魯－
撒克遜新教精神，除此之外都不是美國人。」由是感慨呼籲中國要
建立文化自信，並設法走出世界。就筆者記憶中，亨廷頓還認為新
教文明之外，其他文明均不能對人類進步作出積極貢獻（大意）。
另外，姜岩先生《東方科學與文明偉大復興》一文中也提到，「李
約瑟認為，源於古希臘的西方科學與源於古代中國的東方科學是兩
列火車，西元前二世紀至十六世紀，後者是超過前者的，只不過在
最近400年前者蓬勃發展，暫時遮擋了後者。」

　　近400多年西方科學領先於中國是個不爭事實，西方世界深受
基督教文化薰陶也是有目共睹。基於此，「西方社會等同科學進
步，等同於基督教文明」，不止是亨廷頓引以為榮，許多第三世界
學者也深信不疑。

　　然而，細讀上述兩位學者所援引的西方權威的論斷，不難發現
「基督教世界優越論」還存在一個沒有妥善交待的巨大斷層，即基
督教文明的優越性似乎僅僅表現在近400年。從另一個角度也可追
問，既然西元313年基督教已成為羅馬國教，為何此文明圈的優越
性遲至十六世紀才表現出來？或許也就因為許多中國學者信服「基
督教世界優越論」，便再三強調要一日三省，最好能夠反省出中國

人的基因有何無可救藥的缺陷，或是自己肚臍眼裏的細菌如何比外人多許多。如此的謙卑，自然不去思索「西元前二世紀至十六世紀」中國在生產關係上，以及在建立社會秩序、倫理價值的上層建築方面，有何獨到之處。

其實，單單拿西元313年至十六世紀的這漫長的1千2百年做一個中西文化對比，大體會發現如下差別：中國信天人合一、無主體意識，西人篤信上帝造人，人類為駕馭萬物之主體；中國土地可自由買賣，農民多屬自由農，西方土地屬封建勢力，其農民多為佃農；中國廢分封、求統一，西方封建割據；中國重倫理、常情與學說，西方重權威、法律與教義；中國重義務輕權利，西方重契約裏有關權利、義務之規定；中國以家庭為基礎，西方人從屬教會與領地；中國人量君之善惡而估忠義，西方強調忠誠與紀律；中國人散漫，西方有組織性；中國有禮俗、傳統，西人重規章、法律；中國有士農工商職業之分但可通婚，西方分階級互不通婚；中國為自衛而武裝，西人常備武裝力量對內也對外；中國重現世，宗教意識淡薄，西人重信仰和來世；中國尊聖賢，西人重英雄；中國有教無類，西方教育屬統治階級特權；中國遺產兒子均分，西方採取長子繼承制；中國官僚經科舉產生，西方為世襲；中國以文化融和，西方以宗教擴張；中國有亂世，西方有革命；中國無宗教戰爭，西方連綿不斷；中國文化大體一脈相傳，基督教會排斥希臘古典文化達千年之久。[1]

以上粗略的比較，顯示出在一個相對穩定的農業社會階段，中國比西方社會更加平等、自由與合理，因此至少是在600年前鄭和時代，中國科技仍然遙遙領先，國際商品交易也以「中國製造」居

---

[1]　此段對比著重參考梁漱溟的《中國文化要義》。

多。也就因為西方世界長期處於封建割據、教會專斷狀態，十四世紀西方逐步走上文藝復興（復興受教會長期排斥的希臘古典文化）、宗教改革與啟蒙主義的道路。換言之，若非西方社會採取世俗化政策，以人權頂替神權，以科學排斥迷信，以自由通商打破封建割據，以考選取代官僚世襲，以有教無類淘汰統治階級壟斷教育，今日的中國或許還在領先。

繼而需要探討的是，既然有如此多西方學者高舉「基督教文明」大旗，到底該宗教有和獨到之處呢？首先，筆者以為該宗教發源於中東猶太人的耶路撒冷，是西方接受了東方文明，而非相反；其次，從基督教分裂為希臘正教和羅馬教會開始，到宗教改革和宗教戰爭，其鬥爭之頻繁、手段之殘酷也完全與其教義所強調的「博愛精神」背道而馳；再者，奴隸貿易、殖民主義侵略、民族滅絕、兩次世界大戰、猶太人大屠殺、原子彈、貧鈾彈、脫葉彈、集束彈的使用等等，也都由基督教世界發動或經手。鑒於此，拿其他文明圈的所有劣跡與基督教文明圈加以對比，實在是小巫見大巫、望塵莫及。

言及此，筆者必須強調無意否定西方社會近400年來的成就。以科技為例，尤其到了十九世紀中葉，經過工業革命洗禮的西方世界已經是所向披靡，也正是在此世紀的後50年，其他文明圈相繼一敗塗地，由是深深讓中國的有識之士領悟到中國不止是國防無力，甚至中國本身的傳統文化裏就缺少「力」的筋骨（梁啟超首先提出）。此後再經過二十世紀頭50年的掙扎與摸索，中國終於把一個以「打倒孔家店」、「階級鬥爭」、「不斷革命」奉為主調的共產黨推上執政舞臺。如今，通過共產黨50年的動員與衝刺，中國無論在國防力量、經濟綜合實力，甚至體育領域裏都可躋身強國之林。可當國人自然產生「文化走出去」的衝動時，頓然發現隨著「打倒

孔家店」、「階級鬥爭」、「不斷革命」一併糟蹋的是整個傳統文化價值，由是面對著「孔武有力卻斯文掃地」的窘境。於是乎，每個踏出國門的同胞都會懊惱地察覺，全世界不排隊、不規矩、有文化而不尊重、自大又自卑的就只有中國人，而這樣一個扭曲的民族，文化又怎麼走出去？

　　所謂文明，不外是指物資文明（如生產、科技）與社會文明（道德、法律、體制），不外是指治物與治人的手段。當前最令國人感到棘手的不再是西方器物文明。這方面79年以來的千變萬化已使大家滿懷信心。至於西方的社會文明，筆者以為有如下諸方面值得點評：一、共產黨基本上仍舊保留其軍事組織傳統，而如今面對的國、內外環境已非「力」能解決問題，於是迫切需要大量的黨內、外專業人材與現代社會知識加以補救；二、發展「力」的階段，可以武斷地排斥傳統精神價值，甚至可以把歐洲的階級鬥爭史嫁接到中國頭上。而現下面臨的問題，卻是如何在整理固有文化的基礎上發展新文化和如何讓新文化走出去；三、古今中外沒有一個社會的長足進步是從一本經書、一個廟堂裏走出來的，因此必須借鑒西方的文藝復興運動，取長補短、海納百川；最後，筆者既反對把外國的歷史當作自己的歷史，也反對把外國的體制照搬到中國。然而不論國家體制如何建樹，「治人手段」如何部署，最起碼的要求是，各級、各部會必須由專業界公認專家領導，徹底告別摸石頭過河的朦朧時代。

2006/10/23

第三章　經濟利益

一、石油與美元

石油－特種商品

　　美國攻打伊拉克之後，油價已攀升到目前的75美元/桶，由是引起舉世的關注。此次油價暴漲，是否會像七十年代的「石油危機」那樣，進一步導致產業結構的改變，節能意識的加強，替代能源的探索，或者，擴大貧富國家之間的落差，目前還無可預料。不過，對石油問題本身，似有許多問題需要細加探討。

　　就國際範圍，長期以來石油屬於「特種商品」。譬如歐洲市場上銷售的每公升汽油之中，大體包含75%的稅。換言之，大多數國家即便不出一滴油，卻能夠給國庫帶來巨大收入。因此石油價格的起伏，不只是影響到消費者的生活開支，尤其影響到國家稅收與政府預算規模。這點，多少可以說明為何國際社會對1991年波斯灣戰爭和其後的石油價格暴跌表示歡迎，以及，為何他們心甘情願地分擔美國的軍事開支。至於油價攀高不下的今天，多數中西歐國家的反應以怨聲載道來形容則毫不為過。

　　除卻上述75%的「特種商品稅」之外，剩餘的25%汽油價格中還包含儲存、運輸、提煉、進出口商的利潤等等費用，而這些環節與利潤大多受西方石油公司控制，與多數石油出口國則毫無關係。除了極少數自主的國家外（如俄羅斯、伊朗、挪威、委內瑞拉），一般石油輸出國均得按習慣做法將石油出口的50%收入分給提供資金、設備、技術的外資石油公司。換言之，當徵收汽油稅的國家至

少可得上百美元的利潤時（每公升汽油如徵收1美元左右的汽油稅，則表示159公升一桶的石油至少可得上百美元的收入）。而石油輸出國則至多只能分得37.5美元的利潤（相當75美元/桶之中的50%可得部分，此比例大體等於外資公司可得的部分）。需留意的是，此利潤還是以75美元一桶為基礎，如果跌落至10美元一桶，則石油輸出國的利潤便只有5美元/桶。不言而喻，控制開採、運輸、提煉、經銷的西方6大石油公司（美國佔3個），可直接受益於油價提升；一旦價格滑落時，也可使國家從廉價進口能源中獲益。因此，當絕大多數石油進口國怨聲載道時，美、英、法、荷等國卻透過這些石油企業大賺其錢。據報導，去年美國最大的石油公司（Exxon/Mobil）的利潤即提高了43%，其總裁（Rex Tillerson）的年收入竟高達1340萬美元，較2004年增加1/3。

石油資源的分部情況究竟為何？該問題似乎無從具體回答。原因是，為了爭取外來投資，越落後的石油輸出國越是無邊地誇大其蘊藏量；而對國家能源安全稍具前瞻性的石油生產國，則盡量密不宣佈其石油資源，甚至，還盡可能地先利用他國的廉價石油。不過，據專業人士透露，近20年已不曾發現大規模的油田。除此之外，目前石油開採高峰期已過，今後的開採量與消費量的差距將以2%左右的速度逐年遞增，直到40－50年枯竭為止。有鑒於此，今後油價雖然不一定會繼續攀升，但作為最重要的戰略物資和特種商品，它繼續會成為國際社會的角逐對象。

美元－特種貨幣

談及石油，無可迴避的延伸問題即是與石油貿易「掛鉤」的美元。為說明此間關係，似有必要從美元這個「特種貨幣」談起。美

元，就其功能而言，既是國際上最普遍採用的通貨（約佔國際貿易指定貨幣的1/2）；在全球的外匯交易中，也高居4/5的最大比重。世界各地中央銀行累積的外匯儲備，約有2/3為美元。除此之外，為了保值、進行有價證券、實業或服務界的投資，全球每天又有約20億美元的資金，透過不同渠道流向美國。如果拿美國進出口金額僅僅佔世界貿易15%左右的比重加以衡量，美元的受歡迎程度顯然遠遠超過該國的真正經濟實力。於是，必須得解答的問題是，為何一個國家的貨幣能夠長年脫離物資基礎，在國際上處於如此優越、獨特地位？

當前，美國的財政赤字為5210億美元，相當國內總產值的6%（歐洲聯盟規定的警戒線為3%）；外貿逆差達5500億，積累債務高達8兆。儘管如此，明年政府預算卻要繼續增加（2.4兆），而增加部分主要將開銷在國防支出上（4207億，增加7%），而同時環保、農業、能源等領域卻不增反減。此際，美國政府非但對4300萬國民沒有健康保險的問題置之不理，甚至還繼續減免金額相當國內總產值2.5%的所得稅，而其主要受益人又僅僅是大企業和富人，這就使得貧富矛盾更加尖銳……。如果考慮到這一系列因素，上文提出的問題就更加令人坐立不安。世界上還有哪個國家能夠債臺高築、窮兵黷武，而其貨幣卻大行其道呢？

據分析，美元之「得天獨厚」，原因主要有兩個，一是第二次世界大戰結束後，美國通過國際貨幣基金、世界銀行、關貿總協定等組織的建立，在國際上制定了有利於美元流通的遊戲規則；二是於1971年硬性規定主要石油輸出國家以美元進行貿易結算。前者，涉及國際間的借貸、貿易、援助手段均需要使用美元；而後者，則關係到絕大多數國家必須仰仗美元以進行石油交易。兩者，既然都規定以美元結算，便必然導致以下結果：1.理論上，美國可無限制

地印製美元以抵償債務、發放貸款和購買所需物資；2.凡由大量美元爭購的物資，非但不貶低美元價值，反會造成哄抬商品價格的效果（譬如美國房地產）；3.任何物資、商品，一經指定用美元結算，則該物資便不只成為美元的物資後盾，甚至「轉變為美國的資財」（見"US Dollar Hegemony Has Got To Go"，Henry C K Liu, Asia Times 2002/4/11，此觀點由美國華裔學者廖子光先生著重提出。）；4.所有國家必須為賺取美元而努力生產，為支撐本國貨幣而保留一定規模的美元儲備。同時許多國家為使美元儲備獲得利息收益，而傾向於將部分儲備投放於美國金融市場，由是除了填補美國收支逆差之外，還順便提高了美國國內資財的價格，並加強其國際信用與舉債能力。由此觀之，美元的霸主地位的取得，不在於經濟實力的強大，而在於一系列遊戲規則提供了特權。該情況與許多企業的大股東的處境極為相像，即手頭擁有之股份只需要超過企業總資財的2-3%，便可取得總裁、董事的領導地位，由是，既可支配公司的政策取向、利潤分配與命運，同時又可利用企業整體的力量對外發揮大於本人千百倍的影響力。不過，面對美國政府的印製鈔票權力，這些大股東的能量僅僅是小兒科。

1971年，美國政府正式宣佈讓美元與黃金脫離掛鈎。與此同時，一方面接受「石油輸出國家組織」的存在；一方面卻以「石油貿易必須以美元結算」作為交換條件。由是，美元從此脫離了黃金卻掛上了更具戰略價值的「黑金」。如此一來，既支撐了美元；又轉眼間讓大量石油美元回流到美國市場充當發展資金。於是，對美國國家利益說來，維持美元的「特殊貨幣」地位，就像控制石油資源一樣，具有同樣的重要性。

2002年4月，石油輸出國組織的首席市場分析專家亞加尼（Javad Yar Jani）在西班牙演講時表示，歐元在國際貿易上之比重

大於美元，歐盟的石油採購量多過美國，且收支更加平衡，因此建議改變以美元結算的一貫辦法……。就這方面，伊拉克其實早於2000年已決定將部分美元儲備改為歐元，2002年甚至成為第一個規定歐元為支付手段的石油輸出國。不難理解，美國為防止骨牌效應，必須採取外科手術殺雞儆猴。委內瑞拉，為擺脫對美元的過度依賴，也於2000年前後，一面收購歐元，一面將出口石油通過以貨易貨辦法與拉美國家進行交易，而結果卻導致了一場美國中央情報局主導的政變。其他國家，如俄羅斯、印尼、東歐國家、中國、日本、韓國也在作提高歐元儲備比重的打算。伊朗甚至於2002年已將大部儲備改為歐元（朝鮮於同年也作此決定），由是不幸在「邪惡國家」名單上登記有案。另外，在全球範圍，1999年歐元所佔外匯儲備比重只達12.7%，如今，應當已超過20%。就此意義，歐洲聯盟的歐陸成員必然會對2003年攻打伊拉克的真正動機表示懷疑；而美國，也必須連同不採納歐元的英國一道，瓦解歐洲聯盟的「反美核心」，和消除歐元對美元所構成的威脅。

　　儘管當前美元的疲軟程度還遠不及七十年代的最低水平，但不容忽略的新現象是，當前有強大的歐元與美元進行競爭，有石油輸出國家的「蠢蠢欲拋」，有美國空前龐大的政府開支、透支和貿易逆差，有軍工體系對政府的直接控制，有全球80%邊緣化人口的抗爭與恐怖主義的頂撞，還有對毫無透明度的美元發行量的普遍質疑，以及，拒絕以「沒命的生產」套換「不停印製的美元」來填補美國無底的債務的覺悟。一個理性的世界，似乎不能老讓15燭光的燈泡發揮150度的光；然而美國為了鞏固霸主地位，似乎也只能依賴先發制人的槍。

原稿刊於2004/08/25，2006/04/25改寫。

二、全球化，新自由主義對民主的侵犯

冷戰結束以來，事態發展一反國際社會之期望，民眾生活非僅不見改善，反倒狼煙四起、兩極擴大，甚至連傳統的西方陣營也出現嚴重裂痕。值此天下擾攘的時刻，似有必要理出社會進程的紅線，從而擺脫泥沼中的徘徊與失落。

西方社會民主的歷程

近代社會，自十八世紀的早期資本主義原始積累開始，遲至十九世紀末期中產階級崛起、軍事官僚先後退出政治舞臺，西方的議會民主道路方始成為擺脫獨裁暴政、摒棄自由經濟殘酷剝削的選擇。此際，各個利益集團在遵守憲政遊戲規則的前提下，多能平和地派遣代表，以票決方式通過議會安排人民、國家的權利義務，規劃市場經濟的框架與運作，授權國家出面協調利益團體之間的糾紛與再分配，委託國家經營與人民福祉、經濟發展與社會安定直接有關的公營事業（如交通、水電、教育、電臺、郵政等）。由是，一個嶄新的社會體制便在和平、民主、限制資本自由的基礎上產生，並隨著此後長達百年的摸索、探討，達到二十世紀七、八十年代之交的「社會市場經濟」高度。就政治層面而言，此新制度體現著自由與民主的互相彌補、互相制約；每當資本力量侵犯基本人權，便有強調「社會性」、「正義」、「民主」的「左派」對立面進行抗爭；每當社會政策過頭，國家權力惡性膨脹，經濟發展停滯不前，便有高舉「自由」、「競爭」、「整頓」的「右派」，爭取更多活動空間。

社會民主道路上的兩個逆流

西方社會民主主義的發展並非一帆風順，值得一提的首先是借「共產主義」名義，實施傳統斯拉夫原始公社制度的「史達林主義」，以及，在蘇聯主導下，華沙集團對西方陣營提出的挑戰。該斯拉夫體制的弱點，表現在誤以為勞動組合的擴大可取得物資生產的昇華，遏制市場經濟的運作，限制個人的自由發展，盲目擴展國家壟斷權力，結果則導致經濟蕭條、官僚機器腫脹、民眾的離心離德與最終的土崩瓦解。儘管如此，冷戰時期，出於意識形態競爭需要，東西陣營分別建立的社會福利措施的貢獻也不容抹殺。

社會民主主義百年歷程上遭遇的另一個嚴峻考驗，便是三十年代應運而生的法西斯主義。法西斯主義的擴展儘管一度使全球陷於混亂，而其所體現的畢竟是失意者的狂想。他們既責怪市場經濟導致資本集中、盲目生產和經濟恐慌；又埋怨民主議會效率低落，無力預測風險、處理危機和維護民族利益，於是乎，便號召民眾把國家改造成一個不存在階級衝突的「人民社團」，以鋼鐵的紀律支配資本活動與群眾生活，並使所有其他「幫傭民族」臣服於自詡為「優秀民族」、「超人」的腳下。鑒於此，法西斯主義既仇視民主，又妨害自由，更濫用權力，因此至多是圖借古代帝國之屍還魂於世的一場徒勞。西方社會民主主義經此衝擊後，益加注重危機處理，並未雨綢繆地建立了若干國際安全、經濟合作機制，如聯合國、關稅協定、世銀、貨幣基金等等。

社會民主的最新發展－保障多元文化、環境的社會市場經濟

六、七十年代之交，隨著科學、技術、生產的快速發展，西方社會普遍認識到生態破壞、資源耗竭的威脅，由是，在「社會市場

經濟」的基礎之上，又普遍提出了「環保、社會市場經濟」要求。及至八十年代末，鑒於全球化的急速擴張與文化商品的侵襲使得世界各地的本土文化受到嚴重摧殘，於是提出了「保障多元文化、環境的社會市場經濟」的主張。以歐洲聯盟為例，其多元化文化政策的制定，以及敦促成員國允許外籍勞工參加社區投票的決定，都反映出社會民主的進一步發展。就社會發展角度觀之，此際開明人士普遍認識到，所謂「文明」、「先進」、「現代化」，不單單是指廣泛的有形建設；而更重要的是，在征服自然界之外，必須具備建設社會基本設施（保健、勞保、教育、退休制、養老制、婦幼保障、資訊多元化、意見多元化……）的能力，協調社會內部矛盾的能力，促進發展又兼顧生態完整的能力，以及，還有待進一步完善的，協調不同國家、民族、群體之間利益，並使其互相觀摩、取長補短的能力。若非如此，只要在剛果森林落成幾座超高的大廈便可擠進「先進」之林。

新自由主義的反攻與社會民主的退卻

綜觀近代史，無論是早期的利益重新分配、關鍵企業公營措施、社會福利、對自由經濟的合理控制，以及其後的環保政策、多元文化政策的引進，都可視為現代社會的必要開支，必要措施，以及為求社會安定和長遠利益所作的努力。因此，與此有關的一系列框架條件的擬議，早已成為各國議會和歐洲聯盟委員會（佔其業務的80%）的主要課題。這就難怪，當共產陣營分崩離析之時，代表跨國企業資本力量的「新自由主義」（也稱「新貨幣主義」）、「新保守主義」一時甚囂塵上。一方面，他們牽強附會地把「社會民主主義」與「共產主義」等同起來，要求社會民主力量退出政治

舞臺；同時又為了壟斷資源、增加利潤、擴大市場，竟不顧社會的安定與長遠利益，主張逐步削減百年來建立的一系列「社會措施」。為達到此目的，以美、英為首的「新自由主義」政府與企業，率先削弱工會、裁員減薪、加強勞動強度、以臨時工取代固定工、以低薪年輕工頂替高齡工、裁減福利、降低企業稅、拍賣公營企業、以公司短期效益決定員工酬勞和經理人員的獎金、以股東的收益多寡決定公司的結構與經營取向；此外，還在國際上以促進「全球化」名義，透過不受任何民主議會推薦、授權、監督的「世界貿易組織」（WTO），要求各成員國對進口商品進一步降低環保、衛生管制標準（這些標準往往通過各國議會立法），放寬工、農、文化商品市場，並開放包括金融、旅遊、教育、保險、保健等服務業市場，同時還以經、貿制裁手段，逼迫尚未加入世貿組織的國家與任何抵觸世貿組織規定的成員就範。同期間，多數社會民主政府卻步步退讓、妥協，使得失業人口增加而帶來的財政負擔越來越大；隨著大企業的走稅、漏稅增加，國家財政收入也越來越小；此外，唯利是圖意識引導下的社會風氣日益敗壞，後現代媒體的「枕頭」、「拳頭」文化商品更是推波助瀾。結果，社會民主黨派的傳統選民竟成為「抗議群體」，大批轉而支持極右派，而此惡化情況，直到二十一世紀才稍見改觀。

道德惡果與盲點

　　社會民主力量之所以退卻再三，除了受東歐集團解體的影響之外，另一重要原因在於，在「新自由主義」氣氛籠罩下，所有堅持「社會正義」的國家都得面臨所謂的「道德惡果」（moral hazard），即任何國家只要是繼續維護勞工利益，增加環保、福

利、援外開支，「不負責任國家」的競爭力便相對提高。這方面只要觀察「京都議定書」的拒簽，基因作物的訴訟便一目了然。當然，為了不使落後，中西歐就有不少國家東施效顰，逐步採納「新自由主義」的做法。儘管如此，若干北歐國家卻不以為然，也不為所動，其理由是，只要政策堅定、合理，並能得到人民的諒解與支持，必要的開支終將取得最大的收穫……。不言而喻，如果社會民主首先棄守的是「媒體陣營」，則自然談不上堅守社會正義並取得人民的諒解。言及此，不妨介紹1995年發生的兩個重要國際事件，以說明「全球化」的具體結果。

1995年世界貿易組織的成立

1995年，經「關貿總協定」（GATT）的烏拉圭會議決定，在日內瓦把「關貿總協定」提升為「世界貿易組織」（WTO）。為吸引與會國的廣泛支持，倡議者宣稱該組織的成立，非但不對成員國的主權和民主法制構成威脅，還將導致拉美國家經濟的跳躍成長，亞洲經濟的持續快速發展，世界經濟、貿易將大幅受惠，美國的貿易赤字將降低600億美元，美國人民的年收入將增加1700美元……。如今，不及9年，據聯合國貿發會的資料，此期間最不發達的47個國家（LDC）的出口貿易額損失達1630至2650億美元，而糧食進口額則增加2920億美元；同時儘管這些國家無力改善出口能力，卻在世貿組織的要求下，必須降低關稅，由此其債務又提高了一倍。此外，當此期間全球跨國企業利潤暴漲之時，世界最富的20%人口與最窮的20%人口之間的收入比也從1960年的30：1提升到90年的60：1和97年的74：1（按此速度，2003年的比率應當在90：1左右）。全球447名「首富」的私人財產相當世界半數人口財

產的總和。外貿方面，單單跨國公司的貿易量即佔全球貿易金額的2/3。換言之，當前全球的實際貧富差距情況遠較殖民主義時代更加惡劣。另據國際勞工組織的資料，20年來，美國屬最低收入的1/3人口實際工資下降了25%，1/5美國百姓的生活處於貧窮線之下；而另外的20%富裕階層，同期收入則增加了一倍，其中最富的50萬人擁有全國1/3的財富。由此觀之，世貿組織初定的目標純系海市蜃樓，而實際的發展卻符合同年另一個會議的預測。

舊金山會議

　　1995年，美國舊金山市曾舉行過一個集合全球500名政、經界精英（與會者包括薩切爾、老布希、電纜新聞網路、惠普、日微系統……的首腦）的會議。該會議主旨在於為全球化之下的今後世界進行分析與規劃。會議上，與會者一致認為全球化的激烈競爭將使全球80%人口「邊緣化」，而這80%多餘人口與20%搭上全球化快車的人口之間的衝突將成為今後世界的主要問題。在此基礎上，日微系統的老闆格基（John Gage）表示，屆時將是一個「要麼吃人、要麼被吃」的世界（to lunch or be lunch）。卡特執政時期的安全顧問及戰略家布熱辛斯基便及時獻計獻策，創造了一個「奶頭樂」新辭彙（tittytainment，英文titts「奶頭」與entertainment「娛樂」的組合），意指要使此20%高枕無憂，彼80%的失落、邊緣人口安分守己，就得採取溫情（色情？）、麻醉、低成本、半滿足的辦法，卸除「邊緣化」人口的不滿與精力。不難想像，隨著時間的轉移與情況的惡化，「奶頭樂」的劑量必須越來越大，麻醉與昏死之間的距離也將越來越小……。

　　如前所述，事隔不到9年，當前全球的狀況與烏拉圭會議的預言背道而馳，舊金山會議所預測的20：80格局反倒提前實現。更加意想不到的是，西方現成的商品文化、文化商品的「麻醉」作用也似乎遠遠沒有取得預期效果，9.11事件則來得有如晴天霹靂，不只是讓西方「新自由主義」倡議者與戰略家認識到，邊緣地帶的人口還有其他出人意表的抗爭手段；連八十年代以來受「新自由主義」、「全球化」擺佈的中西歐社會民主力量也頓然從半麻醉狀態驚醒。以下，在討論中西歐「社會民主勢力」與「新自由主義」、「新保守主義」之間的矛盾之前，似有需要以幾個不同事件為例，詳細說明全球化的內在問題。

中西歐的媒體資本集中問題

　　七十年代初，筆者初到德國之日，正值該國熱烈討論如何制定反卡特爾法，以控制媒體企業集中、壟斷之時。根據德國先後制定的相關法律，其主旨在於，通過促成信息的多元化，促成意見的多元化，從而保障民主制度的多元化。因此，社會，以至於法律，對媒體企業的期盼，不是光為了「賺錢」（verdienen），而是為民主「服務」（dienen）。如今，在「新自由主義」的壓力下，德國媒體的主要爭執議題卻是，為了迎接「全球化」的挑戰，為了提高「合理化」與「競爭」能力，如何修改德國法律，以放寬對資本集中加諸的限制。

　　實際上，20年來中西歐區域，除少數例外，尤其是報紙、電視臺的媒體企業（雜誌卻基本不受影響）不斷集中，由是有趣地形成兩個對立現象：一是低俗媒體、街邊小報（boulevard newspaper）迅速集中、擴大（甚至壟斷了德東地區與若干前東歐集團國家的媒

體），高質量媒體（quality newspaper）卻面臨倒閉之虞；一是社會民主根基牢固的國家（如北歐），始終能夠維護媒體的多元化，而民主文化發展「遲鈍」、反法西斯教育推行不力的國家（如義大利、西班牙、奧地利），則其集中率可高達90%（義大利）。該現象說明，中西歐民主力量正面臨嚴峻的挑戰，往後孰勝、孰敗，雖無定論，而就這兩年的趨勢看來，著眼於重振社會正義的力量（包括東歐）正在調整、動員、反擊之中。

危地馬拉奶粉事件與世貿組織

就全球化的擴展與第三世界的關係而言，不能迴避的是危地馬拉奶粉訴訟案。據聯合國兒童基金調查，全球每年由於母親採用奶粉（formula）、放棄用母奶餵嬰，而導致嬰兒死亡的人數大約為150萬。主要原因固然是奶粉質量不及母奶，嬰兒往往無法適應；尤其嚴重的是，落後國家（只有44%的嬰兒食母親的奶，工業國家的比率更低）的食水不夠衛生，因此經常導致嬰兒患痢疾而死亡。鑒於此，危地馬拉政府通過法律，禁止奶粉公司作任何誇大奶粉功效的廣告（如，「質量接近或超過母奶」）。此後，奶粉公司更改宣傳方式，使得該國嬰兒死亡率大減，並受到聯合國表揚。然而美國格伯公司（Gerber Food）不願順從該新法律，委託美國政府向世貿組織提出告訴，96年終因危地馬拉敗訴，被迫更改自己的法律、被迫坐視本國大批嬰兒的死亡……。

香蕉官司與世貿組織

另一件典型的案例為「香蕉官司」。事由為美國在拉美的農產公司（Chiquita）於96年透過美國政府向世貿組織控告歐洲聯盟

「優先進口加勒比、非洲、亞洲的香蕉」。歐盟敗訴後採取拖拉辦法拒絕執行世貿組織的判決，於是99年美政府採取單方制裁，使歐盟每年承擔1.9億美元損失。歐盟之所以偏袒上述國家，主要是為了照顧殖民時代遺留下來的傳統關係，而且部分加勒比國家純屬單一作物國家，其香蕉收入佔進口額的63-91%。一旦失去保護而與美國公司大規模生產的拉美廉價香蕉競爭，這些「香蕉國家」就得面臨斷炊問題，或者，將被迫放棄香蕉種植，改種古柯或其他毒品……。

全球化的理念與手段

以上若干事件說明幾個問題：一是世貿組織的前身，即關貿協定（GATT）的初衷在於協調、降低全球關稅與促進國際貿易。雖然長久以來它的規定可對非成員國造成歧視待遇與壓力，但非成員國至少可自行決定是否加入該組織並隨後享受一視同仁的待遇。及至世貿組織於95年成立，它突然增加了制裁手段，不止對成員國有效，甚至可直接干預非成員國。於是乎，一個權力遠大過聯合國專門機構（如勞工組織、兒童基金、衛生組織），甚至安理會，主要又是代表跨國公司利益的「太上皇」組織，就如此這般、不動聲色地形成了。二是「新自由主義」的道理很簡單，即在全球範圍「以最自由、便當、迅速的辦法採購原料、組織生產、運輸和推銷」。然而為達到此「物器第一、生意至上」目的，它不考慮各國、各國際組織為維護資源、生態、健康、傳統文化、民主體制和避免壟斷、兩極化所制定的法律、規定與協定。迄今為止，固然在降低工業產品的關稅方面取得了很大的進展，但受惠國卻主要是發達工業國。至於農產品，則由於發達國家的農業補助政策作祟，大大削減

了第三世界的農產品出口機會。前不久，在坎昆世貿會議上農業國家對發達國家的農業保護政策提出的嚴重抗議，多少說明世貿組織多少年來的著力點何在。三是世貿組織的存在固然主要是維護跨國公司和大企業的利益，同時，八十年代以來，美、英政府已蛻變為大資本直接代理人的趨勢也是有目共睹，但卻不能理解為「代表美國利益」。原因是，包括美國公司在內的大企業為減輕負擔、推卸責任、增加利潤，也同時透過世貿組織向美國的80%環保條例和一系列福利方案進行挑戰，換言之，「全球化」、「自由化」也在危害美國人民和所有發達國家人民的利益。

同理，歐洲聯盟雖然在許多場合與世貿組織貌合神離，甚至針鋒相對，但內部也非鐵板一塊。上文所介紹的媒體資本集中問題，足資證明歐盟內部也有強大的跨國公司利益存在。我們同時也能夠察覺到，歐洲內部也有不少的「右派」，為了使歐盟轉變為一味偏袒大資本的「薩切爾鐵娘子政府」，正在進行不懈的努力和打拼。四是所謂「全球化」不過是幌子一個，「新自由主義」也只是一張學術面子，其真正的裏子是由一批大公司透過發達國家政府委派、聘用的「專家」所組成的世貿組織。他們不受任何國際、國家民意機構監督，毫無透明度地秘密舉行會議並對訴訟案件作出裁決，並按照「自己」的理念，按部就班地為世界的未來制定「秩序」與「規章」；且由於第三世界無法洞穿、掌握其遊戲規則，無可避免地處於被動、不利、受制、受害地位。據報導，當前許多跨國大企業甚至不必真正勞駕世貿組織出面，只消向落後國家的企業或政府抬出「世貿組織」的牌子加以威脅，便足以使對方就範。談及此，還得圍繞「專利」、「知識產權」與將於2005年之前擬就的「服務貿易總協定」（GATS）細則稍加討論。

專利與模仿的自然權利

　　就當世貿組織不斷促進「商品、服務流通」、「降低關稅」之時，卻要求美國政府把平均定為17年的專利權期限延長至20年。據估計，美國消費者單單在這三年為居高不下的藥品價格要多支付60億美元費用。試想，第三世界與發達國家之間的差距一般還在20年以上，西方申請專利的產品、技術也遠遠多於發展中國家，如果再要求落後國家等待20年之後開發同樣產品與技術，或在連續20年之內支付昂貴的生產許可費用，其動機即便不是為了置第三世界於死地，也至少是借此手段永遠保持優勢。反觀早年所有後起追上的東、西方國家（如美、日、德），其發展歷程無一例外地是靠仿照他國先進產品起家。如今，發達國家雖已遙遙領先，卻故意把仿造、偽造混為一談，動輒向使用同樣或類似技術的第三世界國家要求賠償、罰金。其實，一般說來，能夠仿造的技術應當屬於不受保護、不得申請專利的技術。真正的技術，如賓士汽車、波音飛機，即便第三世界技術人員成天坐騎、觀摩、肢解也缺少如法炮製的能力。當前發達國家醫藥界頻繁施用的一種手段，便是採用某土著對某種草藥（該草藥甚至經過土著數千年的品種改良）所積累的知識製作藥品，待取得專利權之後，該「知識來源地」便不得生產同樣產品，即便西方藥廠所增加注入的「知識」、「技術」只相當原始知識的千分之一。同樣的，軟體、軟性、智慧產權知識也是人類知識的積累和共同財產，理當為全人類互相參照利用；更何況隨著技術日新月異的發展（如下載、複製），所謂的「智慧產權」根本無從「保護」。因此，嚴格說來，專利、產權保護，實際上成為發達國向落後國漫天要價的惡劣手段。鑒於此，第三世界各當局與其盲

目聽從發達國家發號施令，不如聯合起來據理力爭，強調人類進化過程中最自然的仿造權、複製權（right to copy）也屬基本人權。

金融市場開放的教訓

就服務領域，八十年代以來最快速發展的莫過於金融市場的擴大。尤其是在有了個人電腦和互聯網之後，金融「投資」更是以史無前例的速度，深入市場經濟的任何角落。以金融投資為例，七十年代初投入於全球股市的資金，只有5%屬於與實業、生產毫無關係的金融投機；如今，投機資本則佔95%，且其大部收益不支付任何所得稅。在國際金融資本的炒作之下，九十年代以來先後在東歐、拉美、亞洲發生嚴重金融危機，若干國家如印尼、阿根廷，直到今日還沒擺脫困境。值得注意的是，凡受到嚴重衝擊的國家，均系金融市場開放最快、最徹底的地方；而安然度過難關的國家，卻屬金融市場有限開放或限制資金任意外流的地方，如中國、馬來西亞。當前有識之士，無不極力呼籲設法徵收跨國投資的所得稅、監控境外走稅銀行、制定框架條件（如規定持股最低期限），以限制投機資金的興風作浪。筆者還要著重提示，即便是歐盟成員，也幾無例外地備有徵收「投機稅」的立法。

服務業的自由化與不自由

目前除金融行業之外，世貿組織還籌劃進一步打開旅遊、資訊、諮詢、教育、醫藥、保健、保險、房地產等15大項、150小項的服務業。據觀察，中西歐輿論界最強烈的反應是：堅決反對教育機構「學店化」和社會保險的民營化。前者，必然上行下效，導致一切「向錢看」，由是腐化年輕學子的道德人格；後者，把勞動人

民積蓄一世的養老金透過私人企業投入投機市場則性質更是與犯罪活動無異。從第三世界的角度看來,最為不能容忍的是,發達國家以至於世貿組織對「勞務的自由流通」則三緘其口。這種最直接、最有效的縮短貧富差距的手段在殖民時代均以「先鋒」、「拓荒」精神加以歌頌。美、加、澳、紐等國也均靠移民、外籍勞工、經濟難民的奉獻而起家。如今,「低收入地區前往高收入地區討生活」這種天經地義的活動,卻被發達國家視為應當嚴加防範的「變相侵略」和「犯罪行為」,其動機說穿了就是永遠保持領先地位,永遠讓第三世界成為勞動力密集的加工廠。

中國的選擇

如前所述,雖然中西歐近20年來在全球化、自由化的壓力之下,社會民主體制已遭受嚴重破壞,但基於深厚的文化土壤,其民主力量已意識到存在危機,由是其面對全球化「既妥協又鬥爭」的對應手段便應當受到所有落後國家的重視和參考;在一定的領域,甚至必須加強合作。以中國為例,其發展戰略並非是那麼盲人過河、無據可考,而是得根據國情、有計劃地在「自由經濟」與「社會民主」兩條道路之間作一妥善安排。如果能夠認識到近年來快速發展的主要優勢在於廉價勞工、土地任當局支配、無需摸索與創新(德、日戰後均如此),則中國的有限優勢、暫時優勢將隨著產品質量、生產形態的提高,與發達國家之間發生難以避免的衝撞。本著未雨綢繆,似宜預先參考日本近15年「擴大內需市場」和「不急著把新產品推向國際市場的做法」。除此,也有需要密切注意歐洲社會民主的樣板,即瑞典的成功經驗與特點。如果目光不是單單盯著歐美發達國家的「品牌」、「標籤」,而是廣泛、深入地與最具

社會正義感、人文教育最全面的北歐社會交往、合作，便輕易地能夠發現當今「向錢看」的現實世界之外還別有天地。同時為了在國際上擺脫孤立，適時抬出「社會民主主義」的「自我定位「、有針對性地在所有發達國家社會民主黨派中物色友善的朋友也是刻不容緩。中國的當務之急在於作出如下準備：一是要及時制定框架條件、規劃市場經濟的資本運作，以促成多元化公平競爭局面；二是根據國力建立社會安全網（社會基本設施）與生態保護網；三是聯合歐洲的社會民主力量與第三世界，從而對世貿組織進行鍥而不捨的周旋，而「勞務輸出」、「智慧無產權」、「藥品無專利」就是爭取世界大多數人民支持的「切入點」。總而言之，如若麻痺大意，中國今後必然面對80%邊際人口的動亂不安；如果能夠在成長中兼顧社會正義、生態安全，把邊際人口控制在20%之內，則既攀登了「歐洲社會民主主義的高峰」，又算是走出一條「中國式的社會主義道路」。

2003/11/18

原載《中國評論》2004 年 1 月號

三、漫談不同性質的泡沫文化與媒體

八十年代，西方國家往往把亞洲國家的市場經濟發展模式拿到東歐國家去推銷，而到了東歐集團相繼瓦解之後，西方社會又回過頭來譏諷亞洲搞的是「泡沫經濟」。

實際上，不斷把大量的資金投入建築業與房地產，從而引起市場價格的浮腫和虛假的繁榮，起碼在八十年代說來是個全球現象，其原因主要有兩個，一是多數國家經過十多年的調整與努力擺脫了能源危機，由是對前景非常樂觀；另外就是東西冷戰僵局逐步解

凍，大家期盼著國防開支轉用於經濟發展。建築業向有「經濟的火車頭」的稱譽，經濟成長率幾近二位數的亞洲諸小龍、小虎自然不屬例外，大力發展建築業則是理所當然的事。

西方金融界對亞洲地區所進行的鉅額投資與大幅貸款，也說明了東方的樂觀並非毫無物資基礎的一廂情願，即便形成泡沫發展，西方的投資也相當程度地起著推波助瀾的作用。根據歐洲銀行界陸續透露的消息，其對東亞、東南亞地區的投資，大部份早已回收，目前帳面上的「虧損」又多半可通過貸款期限的延長轉負為正。因此直接在經濟風暴過程中受到損害的並非是西方的債權人，而是股權大量落入西方操手、社會問題嚴重的亞洲國家。

除了「泡沫經濟」之外，西方國家對亞洲國家的批評還包括「亞洲國家多忽略社會福利方面的軟體建設」以至於面臨風暴時無法迴避社會動盪。這方面固然是個事實，但是經濟發展過程中首先側重於硬體建設也屬全球普遍現象，西方國家不只過去如此，如今也不曾聽說哪個政府或金融企業願意協助第三世界進行社會福利方面的建設與投資。

就此次亞洲金融風暴過程中最引起注意的其實是國際金融界的泡沫現象。一個資金僅僅數億美元的投資機構可輕易地凝聚數十億甚至百億的貸款，然後通過買空、賣空在貨幣、期貨、期權市場上發揮上千億的衝擊力。

亞洲許多國家之所以受到嚴重影響，主要的原因即是，剛好在九十年代迎合了西方的要求大幅度地開放了金融市場。對比之下，這種跨國性商業泡沫文化的危害性遠超過亞洲泡沫經濟的千百倍。西方看到這種國際金融亂象的人士大有人在。以最近憤然辭職的德國財政部長拉方丹為例，就曾代表正統社會民主力量向國際金融界

提出挑戰，要求西方主要國家聯合起來制定遏制金融投機倒把的機制。

　　也就由於國際資本發動媒體和各種其他手段對他進行全面圍剿，再加上總理希羅德對資方的妥協，拉方丹不得不以辭職行動表示抗議。針對德國股票指數在拉方丹辭職的第二天攀升6%的反應，拉方丹隨即發表聲明說，目前「情況應當還不至於壞到把良心投到股票市場進行交易的地步。良心的位置畢竟是在身軀的左邊。」拉方丹敢於正面向國際資本頂撞的氣度在當今的政治人物中的確是有點鶴立雞群。言及此，不免要問，這一切與媒體有何關係？筆者以為，只消觀察西方媒體對上述兩種不同的泡沫現象的不同傾向性，其利益所在和社會功能便是一目了然。

　　上述兩種泡沫現象，即便是買空賣空的金融投機活動，不論如何還多少涉及一點實質性的內容。當前最令人感到納悶的就是，西方媒體竟然能夠有如此能耐，把一件無關痛癢的瑣碎事兒經過無邊的渲染、傳播，鬧得滿城風雨，家喻戶曉；把一些違背最基本道德倫理的犯罪行為加以美化，從而製造了難以彌補的社會後果。該現象，前者當然首推戴安娜之死和賴文斯基狂熱；後者，則屬變童癖最具代表性。前者說明，任何無關緊要或見不得人的故事，只要經過媒體的重新包裝，均可充當精緻文化商品對外銷售，而完全不必顧及接受者的求知權利；至於後者，說明自七十年代以來，隨著一些「後現代」思潮的湧現，西方文化資本利用民間對傳統秩序、傳統權威的不滿情緒，塑造了一些「黑色英雄」（反面英雄）、「逆反女性」角色，同時為了顧及票房效果，此後便在該基礎上，不斷層層加碼，終於導致今天的拳頭片、枕頭片（三級毛片）充斥市場，性犯罪、暴力事件層出不窮的結果。以變童癖為例，初初是以未成年少女、少男的胴體作為招攬，繼而導致大批以嫖玩第三世界

雛妓為目的的西方「遊客」進行性旅遊，最後發展到歐美的男家長就地取材，拿自己的子女作為性發洩對象。據歐洲某些國家統計，目前已有15%以上的未成年子女受到性騷擾，而肇事者又有80%以上為家長。

　　根據過去的社會發展規律，物資生產最發達的社會，其文化也最具滲透性。在此情況下，所有第三世界國家難免受其荼毒。值此步入二十一世紀的關鍵當頭，應當有所瞭解的是，最最嚴重者恰好就是那些落後國家領導階層也趨之若鶩的西方商品文化和文化商品。

1999/03/20

四、國際金融協會的分析報告與有關亞洲經濟動盪的討論

　　五月初，國際金融協會（IIF）就亞洲經濟危機的前景在羅馬提出了分析報告。國際金融協會的基本成員包括遍及全球的290家大銀行，其專家小組掌握著有關私人投資的一手資料。

　　根據該協會專家此次所提出的分析報告，亞洲新興國家本年的經濟發展情況，遠比該組織於本年初所作的預測要樂觀。以印尼、泰國、菲律賓、南韓、馬來西亞為例，其國內總產值將平均減少6%，且除了印尼之外，明年的情況將會普遍好轉。本年印尼的國內總產值將下跌13%左右，明年其社會即便趨於穩定，下跌幅度卻仍舊可觀。上述國家中，1999年的情況屬南韓與泰國為最佳，其成長率將顯著提高。

　　此分析報告主要系根據國際私人風險投資指數。該指數表明，今年私人投資方對新興國所進行的風險投資額將達1500億美元。該金額略低於1997年，但卻高於1996年。值得注意的是，1998年私人

投資對上述亞洲新興國家的有價證券的投資非但不見減少，甚至會增加三分之一以上，達到352億美元的高額。對比之下，在生產與服務領域所進行的投資活動則明顯減少。該現象說明，國際資本不退反進，趁著亞洲股價與幣值遭受重挫的機會，大規模進行炒購。

隨著該分析報告的提出，西方金融界也針對東歐與拉美的「倖免於難」進行了廣泛的討論。經指出，此次東歐之所以不受經濟風暴波及，主要的原因在於：1.東歐國家在數年前「休克療法」的衝擊之下，無論是股價或幣值均早已落於谷底，因此即便有個別國家發生問題，卻不至於對鄰國產生骨牌效應，同時對國際投機家說來已無太多「剩餘油水」可撈；2.東歐國家的市場自由化程度遠不及亞洲新興國家，因此受到種種保護措施限制的國際「作手」無法在一個「半開放」的金融市場裏混水摸魚；3.東歐國家的外債遠低於亞洲國家，這些年來市場上所吸收的投機性「熱錢」也遠少於其他新興地區，因此較不易受國際資本的鉗制。至於拉丁美洲，由於地處美國後花園的特點，美國政府絕不會在該地區受到巨大衝擊之時袖手旁觀。實際上，從美國政府對南韓與印尼所採取的不同態度，也可觀察到雖然這些國家的安定均符合美國的利益，但在輕重緩急上仍有固定的先後次序。

原載《聯合早報》1998.5.19

第四章　後冷戰時期的戰略部署

一、冷戰時期美國保守派的世界觀

從勝利激情到新保守主義

　　華沙集團的土崩瓦解及波斯灣戰爭給美國所帶來的榮譽，曾一度使得美國舉國上下為獨佔鰲頭的局面感到興奮不已。美總統老布希時代所提出的「全球新秩序」大體上係指「後冷戰時期的世界將在西方主要國家的領導下，普遍地接受民主、自由、民權價值觀，因而實現一段長期的和平」。然而隨著南斯拉夫戰事的發展，魯旺達大屠殺所帶來的震驚，以及大多亞洲國家對西方價值觀所表示的抗拒，全球「多極化的發展」與「文化衝突論」便在美國應運而生。

　　1993年，曾擔任過卡特總統顧問，長期在哈佛大學執教的亨廷頓先生在《外交季刊》上發表了一篇以《文明間的衝突？》為題的論文。該論文的主旨在於說明世界各大文明圈的文化傳統與價值觀互相排斥，為防止外界帶來的不利影響，西方國家應自覺地採取防範措施。該論文發表後，儘管引起了諸多的非議（如「仇視伊斯蘭教」）和「以文化圍堵取代軍事圍堵」的指責，西方的思想界主流卻對亨廷頓的看法基本認同。1996年年底，亨廷頓先生在原基礎上繼續發揮，並以更明確的題目《文化間的鬥爭》著書出版。引人注目的是，短短的幾個月之內，該書的譯本已在歐洲的各大書市出現並引起廣泛的介紹和共鳴。由此可見西方持類似看法的人士不在少數。

亨廷頓眼下的世界

亨廷頓認為，東西兩大陣營的對立消弭之後的後冷戰時代，是一個「殖民主義時代前的本土文化再次獲得新生的時代」。由於此一廣泛的社會運動使然，伊斯蘭教文明將隨之崛起，亞洲地區也將進一步自我肯定，西方的民主、自由、人權價值觀則會受到排斥和挑戰，此時國際上與其說是出現新秩序，不如說是無政府主義彌漫。今後的衝突將主要由西方（歐、美、澳）、中國和伊斯蘭教這三大勢力之間所造成，圍繞其間的還有印度教、日本、拉美、非洲、佛教（東南亞、蒙古和西藏）和東正教文明圈。這些文明圈主要以宗教信仰為基礎，沿著文化、語言、民族等特點構成其文化認同。在此新格局裏，西方不能期望把自己的價值觀強加於人，而應當在不對外干預的策略下，盡求使自己的文化不受侵犯與干擾。

就宗教而言，亨廷頓強調當前除了歐洲以外，普遍出現宗教活動復蘇的趨勢。比較之下，伊斯蘭教地區較具暴力傾向，其邊境與內地的紛爭連綿不斷，但由於缺少「頭羊」的特點，尚不致對西方造成威脅。為求穩定，歐洲似應排除土耳其於歐洲之外並允許土耳其再次建立一個領導伊斯蘭世界的突厥大國。然而即便如此，民主、人權思想與伊斯蘭教文化格格不入，不能寄希望在彼處扎根。談及波斯尼亞，亨廷頓認為西方之支持波政府，反給伊斯蘭教勢力建立了一個深入於歐洲並可能使歐洲受到威脅的橋頭堡。言下之意，最好是把波斯尼亞劃入以俄羅斯為首的東正教勢力範圍。以中國為頭羊的「儒家文明圈」，文化傳統較悠久，內聚力較強，完全可能走上一條工業化而不西化的道路。西方不應對中國指指點點或進行干預。

　　在西方，亨廷頓認為，寬容的移民政策與多元文化政策尤其使得向來以歐洲文化為主流的美國受到損害。美國應當恢復美利堅合眾國的歐洲文化傳統，而不是在美國的土地上再建立一個可帶來災難後果的「聯合國」。

對新保守主義的評估

　　亨廷頓對後冷戰時期的國際局勢所作的勾畫，清晰又扼要，尤其獨特的是，他從社會運動、宗教文化的角度切入，彌補了偏重權力、利益、政治、政策的傳統分析法的不足。雖然如此，亨廷頓卻忽略了以下幾個事實：一是他認為各個群體按文化認同而進行統一或分裂是個天經地義的事情。然而他所忽略的是，具有不同文化認同的群體在十九世紀之前曾長期地在大帝國（如奧斯曼帝國）的統治之下和諧相處，但到了二十世紀後冷戰時期卻演變到水火不容的地步。這說明伊斯蘭教盛世時期的寬容政策還有較當前狹隘的民族主義更加優越的地方。同時即便具有一致的文化認同也不一定能夠阻止屬同一教派的各個群體互相爭戰。因此當前的紛爭固然含有一定成分的文化認同因素，然而狹隘的民族主義，甚至第三國的挑撥，或許更加是肇事的禍根；二是他所強調的民主、人權「傳統「其實是在近三百年來的現代化、工業化（即托夫勒所指的第二次浪潮）基礎之上衍生而成的。第三世界國家之所以落於人後，部分原因或是遲搭上現代化列車，或是搭錯了現代化列車，大部分則是在該搭車、要搭車時受到西方國家的阻擾和摧殘。若是拿封建時代的西方文明與同時代的東方文明作一對比，亨廷頓應當承認，西方社會長時期既不比東方更加重視民主和民權，在物資發展上也並不更加體現文明；三是在當前許多第三世界國家仍缺少充分物資條

件的情況下，斷下「與民主、自由、民權無緣」的結論似乎過於武斷。

　　正因為亨廷頓對日本的發展不願或無法作一合理的解釋，他就乾脆把日本單獨地列為一個與其他亞洲或第三世界「無關」的文明圈（異數）。除此之外，他對許多第三世界國家隨著經濟長足發展在民主化方面也獲得進展的事實視若無睹。在他看來，不及西方程度的民主、人權皆是假民主、假人權。因此他所看到的社會運動不是一個個的過程，而是一個個的斷層。最後剩下的問題是，究竟應該對窮弟兄施以援手或拒之於千里之外？這方面，主動權當然不會是在窮弟兄手中。對他們說來，如果西方的保守派不分新老，只要是不直接對人欺壓，就是好樣的了。

《留德學人報》1997年

二、從美國的戰略部署看科索沃事件

　　自從數天前南斯拉夫科索沃地區發生16名阿爾巴尼亞平民慘遭屠殺的消息傳出之後，北大西洋公約組織便劍拔弩張，大有迫不及待立即對塞爾維亞部隊動武之勢。目前的唯一約束便是北約內部還有對「軍事行動是否需要事先得到聯合國安理會的具體授權」的不同意見。在這方面，美國政府再三表示無需取得聯合國的授權，而大多數其他北約成員則持相反意見。至於安理會，起碼俄羅斯與中國均已明確表示「反對對南斯拉夫進行軍事制裁」，俄羅斯政府甚至還以取消與北約之間的「夥伴關係」作為要脅。

　　科索沃的民族糾紛久久不獲解決的原因甚多，例如：阿爾巴尼亞族的狂熱分子進行武裝解放行動以求達到分離目的；阿爾巴尼亞

與許多伊斯蘭教國家的直接干預（如派遣自願軍，向分離分子提供武器）；美國與某些中西歐國家對阿爾巴尼亞族的偏袒和挑撥；南斯拉夫的四分五裂對阿爾巴尼亞族分離分子所造成的鼓勵。除此之外，西方國家一方面強調不贊同阿爾巴尼亞族獨立或與阿爾巴尼亞合併，不贊同武裝暴動；而另一方面卻刻意掩蓋如下事實，即許多難民不僅僅是阿爾巴尼亞人，同時也有大量的塞爾維亞人不斷受到阿族的騷擾並因此流離失所。如今，當16名阿爾巴尼亞人受到殘害的事實真相尚未調查清楚之際，歐美國家突然就岌岌於進行軍事干預，該情況不禁令人聯想到，土耳其長年對庫德族進行壓迫，為何美國非但不加以阻止，甚至還為土耳其的部隊在伊拉克邊境大開方便之門呢？！為何多年來阿爾及利亞的集體屠殺事件層出不窮，而西方國家就漠不關心呢？！這些問題要想獲得到解答便不得不回顧一下後冷戰時期的一些事態發展。

　　繼蘇聯與華沙集團瓦解之後，歐洲範圍內就僅剩下一個尚來不及易幟的南斯拉夫。歐美國家對南斯拉夫的策略是，首先通過對斯洛文尼亞、克羅地亞、波斯尼亞的承認，把國家內政問題轉化為國際問題，然後再把交戰方的一方（當然是南斯拉夫這一方）視為侵略者而加以軍事制裁。西方國家這麼做時，明顯違背了「在分離運動的問題上，國際法對第三國一向有要求保持中立，和要求第三國對分離團體避免過早給予國際承認的習慣作法」；有意忽略了聯合國維護和平的部隊一向有維持中立的傳統，而不是把某一個爭執方視為「侵略者」；蓄意地把北約組織章程所規定的「行動範圍僅及於成員國的領土範圍」擴大到超越其領土的任何地區（如波斯灣、南斯拉夫）；如今又企圖讓北約組織繞過聯合國而直接成為「受美國直接支配的聯合國部隊」。

由此觀之，美國的後冷戰時期全球戰略其實是一個預設的棋譜，而南斯拉夫問題以及當前的科索沃問題不過是藉此事端來達到任意支配北約組織的目的。因此即便某些北約成員國（如德國）出於歷史原因巴不得再給南斯拉夫的塞爾維亞族一個重創，但是考慮到今後的命運可能受制於人，則仍然是堅持「必須事前取得聯合國的授權」。

　　據聞，德國的下一任總理施羅德將與即將擔任外交部部長的菲謝（屬綠黨）前往美國造訪。該兩人均屬堅決要求北約組織受聯合國制約的人士，如果再考慮到大多社會民主黨人士均對美國的意向有所顧慮，可以相信美國遙控北約組織的算盤不會達到一個如意的結果。

原載《聯合早報》1998.10.13.

後記：此文發表後，經德國政府推動，國會批准參與北約組織的
　　　軍事行動，並於1999年3月24日向南斯拉夫進行長達79天的
　　　攻擊。該國會決議既抵觸了德國憲法有關禁止參與非自衛
　　　性戰爭的規定，也違反北約組織章程有關軍事行動僅限於
　　　成員國領土範圍的規定。

三、「布希宣言」與法律

　　自從聯合國監核組開始在伊拉克執行調查任務後，小布希總統仍繼續大張旗鼓對伊拉克展開進攻部署，於是評論界便更加熱烈地嘗試從不同角度對美國的戰略目標加以分析。依照文明社會的一般習慣，凡涉及重大國際、國家社會問題，首先得探討問題的法律基礎，而此次箭在弦上的伊拉克紛爭，又以布希於2002年6月2日所發

表的「布希宣言」尤為令人矚目。該「宣言」的主旨在於：一旦美國估計到本國或盟國受到威脅，即便該威脅目前尚不存在而是有可能逐步形成，則美國必須採用預防性軍事手段將此威脅排除。

該「預防性戰爭」觀點提出後，民主黨議員愛德華.甘奈迪隨即指出，預防性戰爭為《聯合國憲章》明文禁止；而「先發制人」（pre-emptive strike）也必須要在事先有確鑿證據，以證明採取軍事自衛手段的迫切需要。筆者認為還需要補充的是，特別是十九世紀以來，列強屢屢以「預防性戰爭」為藉口，為其侵略行動加以辯解。事後卻每每發現，「自衛者」實際上多為侵略者，而「威脅」製造者反倒是不具備「先發制人」能力的受害者，因此《聯合國憲章》除了維護真正的自衛權利外，還明文禁止所謂的「預防性戰爭」，並視該行為為侵略行為……。

就目前聯合國監核組的進展看來，似可斷言伊拉克的大規模毀滅性武器早在1998年之前已遭前一批監核組人員徹底清除。根據若干前監核組成員的事後報導（如具有中央情報局身份的Scott Ritter），當時監核組已至少摧毀了90-95%的大規模毀滅性武器。除此之外，監核組人員還利用各種機會在伊拉克境內安置了大量監測儀器與設備，由是任何時候都能夠發現該國的異常動態。然而即便如此，並不能阻止美國懷疑伊拉克「仍有發展大規模毀滅性武器和攻擊美國的潛力與意圖」，也不能夠打斷美國的進一步軍事部署和層層加碼的武力威脅（也受國際法禁止）。換言之，只要美國認定伊拉克為邪惡敵人，根本就不需要等待或理會監核組的調查結果，隨時可堂而皇之地採取武力手段。在這種情況下，國際法、《聯合國憲章》、聯合國安理會的授權都成為多餘，於是評論界除了懷疑是否美國要拿伊拉克製造「布希宣言」的先例之外，是否還有利用聯合國監核組為美國的攻擊行動預先排除障礙之嫌？因此儘

管兩星期前北朝鮮公開承認「擁有和有意繼續發展大規模毀滅性武器」，美國卻低調表示「將尋求外交途徑解決問題」，於是不啻讓人懷疑，究竟是北朝鮮缺乏石油資源，因此對美國不具足夠的吸引力呢？還是因為該國的大規模毀滅性武器不曾遭到監核組的大規模破壞？

　　另外，令人感到費解的是，為何在1983年兩伊戰爭期間，伊拉克對伊朗士兵施用國際法所禁止的毒氣之時，美國卻繼續給予伊拉克大力軍事援助；及至1988年伊拉克政府再度施放毒氣殺害數千名庫爾德少數民族時，美國也以「不干涉內政」為由坐視不救。如今，伊拉克非止是毒牙已遭拔除；波斯灣一戰又飽受重創（死亡32萬人，受到3萬多枚半衰期長達45億年的貧鈾彈的攻擊）；自91年起即在不經安理會授權的情況下，領土遭美、英劃分為北（北緯36度線之北少數民族地區）、中（36至33度之間遜尼派地帶）南（北緯33度以南的什葉派族群居住區）三塊；同時在聯合國的長期經濟制裁下，國家綜合力量已極度削弱；再加上美英的輪番轟炸（98年迄今已出動42000架次），早已成強弩之末，不足以對任何國家構成威脅。

　　固然，薩達姆之流絕非善類，但對比之下，無論在文化、教育、社會或宗教領域，其政策卻遠較美國的死黨，如科維特、沙烏地阿拉伯要更加進步與開明；甚至在支持恐怖主義方面，也不像沙烏地阿拉伯那樣臭名昭著。有鑒於此，美國對伊拉克的敵視，顯然不單是出於政治原因，而需要另從其他層面加以探討。

　　目前布希之毫無顧忌地提出「預防性戰爭」主張，當然是東歐集團瓦解、失去制衡力量的結果，但同時反映的問題是，1990年以來國際社會對美國勢力的擴張，表現出極度的遷就。當下一種廣為流行的辯解，便是「應當默許美國的領導地位，對美國建立國際新

秩序的政策給予充分信任和支持」。針對這種態度，應當指出的是：法律不只是規範人的互動關係的經驗積累，更是擺脫迷信與邁向制度化的突破。即便當前國際法仍處不健全狀態，但至少優於宗教迷信、知法犯法。

2002/01/13

四、布拉格的北約高峰會議

　　本月22日，在捷克首都布拉格召開的北大西洋公約組織高峰會議宣告結束。此次會議決定了至遲於2004年接納立陶宛、愛沙尼亞、拉脫維亞、斯洛文尼亞、斯洛伐克、羅馬尼亞、保加利亞為新成員，於2004年底之前建立一支兵員達2萬人的北約快速反應部隊，還決定在布魯塞爾所成立的戰略指揮部之外，在美國另設一個負責組織「轉型」的指揮部。這次北約東擴的規模甚大，但有關國家對此事件卻低調處理，原因不外是避免讓俄羅斯難堪。過去，北約組織與俄羅斯之間曾達成協定，不把前蘇聯成員納入北約，然而，由於北約組織態度強硬，終於導致北波羅的海三小國入夥的結果。

　　若干論者不明就理，認為這些新成員均屬軍事力量薄弱國家，一旦加入北約，反而會使北約的實力削弱，因此俄羅斯無需提出反對。實際上，在冷戰時期，北約要想動用常規武器攻擊莫斯科，至少得通過1700公里的縱深地。如今，從拉脫維亞出發，坦克車只需帶上幾桶備油就可跑個600多公里開進莫斯科。這就難怪目前俄羅斯積極要求進行常規武器裁軍談判，以限制北約組織在新成員國境內部署常規武器。

　　筆者最近多次為文指出，俄羅斯志在加入歐洲聯盟，因此必須消除數十年所造成的疑慮，也必須容忍美國透過北約東擴所施加的壓力與羞辱，所謂忍辱負重、韜光養晦並非中國人的獨特美德，而是紓解困境的人之常情。

　　就建立快速反應部隊方面，眾所周知，歐洲聯盟於九十年代初以來便決定建立獨立的「共同外交和安全政策」（GASP），其具體方案之一是在歐洲人成立的西歐防禦聯盟（WEU）的框架內，建立一支不受北約組織支配的快速反應部隊，以處理歐洲區域的危機事件。經過兩年多的醞釀，該方案出現擱淺之虞，原因是歐盟國家為了節省軍事開支，希望能夠利用現有的北約組織的資源（裝備與設施），而不需作重複投資。該設想隨即為北約成員之一的土耳其提出反對。土耳其所持的理由是「不能允許歐洲聯盟把同屬歐洲國家的土耳其關在歐洲聯盟大門之外，而利用北約的資源處理歐洲的事體」。土耳其從中作梗當然有加入歐洲聯盟的切身利益考慮，但更關鍵的是，作為土耳其的後臺的美國既不願看到自己的勢力在歐洲地區消失，更不允許後冷戰時期任何一個集團對美國的獨佔鰲頭地位加以挑戰。

　　1992年3月8日美國《紐約時報》（New York Times）曾透露一份《國防部文件》，其中強調：「必須維持美國在政治、軍事上的全球統治地位」；「美國的最高目標在於阻止任何強大對手出現」；「美國的首要任務在於使北約組織成為西方的防衛工具和安全保障工具」；「為避免削弱北約組織，美國將盡一切努力阻止歐洲國家就安全問題達成內部協定」。由此觀之，美國建議下的北約快速反應部隊的最大目的就在於阻止歐洲區域單獨處理自己的安全問題。往後，歐洲人若是繼續依賴北約組織處理本地區的問題，自然就得永遠聽從美國的擺佈。

1999年4月23-25日，為了慶祝北約組織成立50周年而在美國首都舉行了高峰會議。會議結束時發佈了所謂的「戰略新觀念」，即北約組織的活動範圍將不限於成員國領土範圍，必要時可擴及歐洲與大西洋之間的廣大地區；所負的任務也將超過協防，而擴大至危機處理、發展夥伴關係等政治任務。此時正值北約組織不經聯合國安理會的授權，對前南斯拉夫進行軍事制裁。由3月24日起，兩個半月內總共出動了13000架次的空襲，把南斯拉夫全境的軍、民用設施破壞得體無完膚。雖然「戰略新觀念」有意為此軍事行動添加理論依據，但卻在「境外軍事活動」（out of area）與「安理會授權」問題上，造成法、德與美國之間的激烈爭執。最後，與會者達成的協定是：北約組織承認聯合國的領導地位；北約組織在境外的軍事活動必須與成員國的利害關係有關；歐洲聯盟可在北約組織的框架內建立「共同外交與安全政策」。

必須指出的是：1.北約組織成員多系聯合國的成員國，負有遵從《聯合國憲章》義務，不經安理會的授權，根本無權進行自衛之外的軍事行動；2.北約組織本身是一個集體防禦組織，依其章程規定，只能在成員國境內進行自衛性軍事活動。因此對南斯拉夫發動的狂轟濫炸行動，不僅是踐踏《聯合國憲章》，同時也違背北約組織本身的章程。此外，以發佈一個「新觀念」聲明來否定章程規定，也充份反映出據「領導」地位的美國的不擇手段。

雖然如此，從兩星期前聯合國安理會所達成的「伊拉克決議」看來，歐洲國家並非毫無作為。相反的，在法國、德國為首的果斷堅持之下，終於迫使美國回到安理會的框架，由是為維護國際法原則、恢復法律秩序作出了極大的貢獻。毫無疑問，此次布拉格會議，由於通過建立快速反應部隊而為今後歐、美之間的衝突埋下伏筆。除此，在美國的要求下，還決定在負責戰略問題的布魯塞爾指

揮部之外，在美國首都增設一個負責北約組織「轉型」工作的指揮部。顧名思義，今後的純軍事問題將仍舊由布魯塞爾指揮部處理，至於政治任務，尤其是對新成員的領導，將更直接受到美國操縱。後冷戰時期的中西歐，不約而同地與日遞減其國防開支。然而儘管如此，在世界性經濟蕭條的背景下，仍對經濟穩定問題感到捉襟見肘。對比之下，美國的國防開支卻不斷巨幅成長，使得兩地的軍事力量的差距越來越大。如果今後美國的全球領導地位必須要靠歐洲的輸血才能鞏固，或者繼續支持美國的領導地位反給歐洲帶來更多的麻煩，那麼歐洲就可能會把命運掌握在自己手中，而其選擇不外兩個辦法：一是歐洲聯盟將不顧美國的反對，按照既定方針繼續向獨立的「共同外交與安全政策」邁進；一是把俄羅斯納入歐洲聯盟的框架，共同管理俄羅斯現成的強大軍事裝備。若是還有其他捷徑，那就是做而不說，雙管齊下。

2002/11/27

五、美國的中期選舉為何令人感到不安

數日前美國中期選舉揭曉，共和黨在國會兩院大獲全勝，中西歐不少報刊均以「美國右傾趨勢無可阻擋」標題，表示其憂慮。事實情況的確如此，後冷戰時期，全球政治氣候普遍出現右傾現象，除了傳統保守黨步步進逼之外，過去在冷戰時期許多不可能發跡的極右派也紛紛取得15-27%不等的選票。由是評論界人士再三指出，該趨勢不只是作為對立面的左派陣營瓦解的必然結果，同時更是全球化過程中維護兩極化發展的必要手段。筆者認為除此之外還值得探討的問題首先是，為何每次知識界對選舉的預測與實際的結

果總是產生極大的差距；其次則是為何美國國會組合的改變會使歐美洲的開明派對今後的美國外交路線感到憂心忡忡。

　　人，不論文化、知識高低、多寡，均難於擺脫主觀的約束。知識界自然不屬例外，即便對某候選人有更深入的觀察，對社會問題有更精闢的分析與瞭解，但仍會誤把個人的意見當作大部分選民的「客觀輿論」，因此每每在選舉結果揭曉、發現主觀判斷與客觀結果背道而馳之時，便會感到極大的震驚與失落。實際上，知識界的最大盲點在於不瞭解自己永遠是極少數，同時社會上又存在著不同的取得信息的方法與管道。以知識份子為例，其大部精力可以投入於討論，辯論，前後對比，橫向分析，旁徵博引，字裏行間捕捉漏洞等等。然而對市井小民說來，勞動之餘至多還有半個小時的精力，去接觸報刊雜誌與電視節目，因此，誰能控制馬路小報的資訊，誰能操縱電視新聞標題的取向，誰就能夠在疲乏的小市民腦海裏移植最為關鍵的幾個標籤，例如：「反恐具最優先地位」，「美國必須發動自衛反擊戰爭」，「布希與共和黨更投入於安全問題」。一旦這些標籤像「可口可樂」、「麥當勞」一樣地先入為主、深入人心，則不論作任何其他反宣傳與說教均起不了什麼作用。因此，要想預測選舉結果，既不能根據知識份子的推理，也不能依憑問卷式的民意調查，而是得探測佔選民人口多數的小市民的取向，和塑造此取向的媒體財團目前正在支撐哪個政黨。

　　就美國國會的改選與今後的外交路線而言，許多觀察家均忽略美國國會的外交政策往往比四年一任的政府要更具指導性和穩定性。以1990年之後的巴爾幹紛爭為例，一般人的理解是：南斯拉夫政府迫害少數民族，由是導致內戰與民族清洗，而美國為了維護人權便進行了人道干預……。實際情況卻是，早在1990年11月5日，當南斯拉夫還沒有任何一個爭取更大自治權的加盟共和國考慮到分

裂之時，美國國會便通過了「對外手段授權法」（Foreign Operation Appropriations Law 105-513）。其主要內容是：美國政府將在6個月內撤銷對南斯拉夫的所有援助，斷絕一切貿易關係和信貸；南斯拉夫的6個共和國必須分別舉行選舉，同時其程序與結果必須獲得美國政府同意；只有在符合上述要求情況下，個別共和國才能重新取得美國的財政援助；勒令所有在國際機構（如世界銀行、國際貨幣基金）服務的美國公民執行上述規定（即撤除信貸）。

該法案通過後，同年11月27日的《紐約時報》（New York Times）便援引中央情報局的預測，即「該法案必然會引發血腥的內戰」。果不其然，若干南斯拉夫加盟共和國為了繼續與美國保持友好關係，一個月後便提出了獨立要求並導致嚴重的內戰和美國的「人道」干預。有鑒於此，無論是共和黨執政的老布希政府，或其後接任的民主黨柯林頓政府，前後所執行的巴爾幹政策均脫離不了國會安排的譜，而由此一例便可說明為何歐洲國家對美國國會的繼續右傾感到忐忑不安。

2002/11/09

六、美國轟炸阿富汗的目的

本月7日，美、英聯手對阿富汗發動攻擊，其初期目標固然在於癱瘓該國的神經系統和摧毀其空戰、防空能力，但就911事件以來美國近一個月的部隊調動情況觀察，似乎並不作直接派遣地面部隊進入阿富汗的打算。該情況於是產生兩種推論：

一是目標局限於打擊、報復，但卻繼續維持塔利班政權。塔利班經此教訓後，或許會在支持、縱容恐怖分子方面有所收斂，對佔領大約10%領土的北方聯盟也不再構成致命的威脅，於是形成長期

的互相削弱、一國分治的局面，同時這種目標明確、範圍有限的反擊行為不只是較合乎情理，甚至也可能得到大多周邊國家的接受與支持。

另一種狀況則可能是以空戰、轟炸作為掩護，最終讓北方聯盟佔領首都和建立新政權。果真如此，則以少數民族為主體的北盟政權，即便加上流亡海外的老國王的力量，要想生存下去，就得長期依靠美國和周邊國家的支持，而使得該區域形成一個爭戰不休的新局面。

在此情況下，美國固然可以達到把軍事基地伸延到中亞地區，並在該區域起領導作用，以至於達到更加有效控制石油資源的目的，同時，也通過制裁阿富汗的行動取得進一步分化伊斯蘭世界的結果（指分化伊斯蘭教遜尼派的力量）。但如果局面一旦失去控制，則可能導致更多的全球性恐怖主義破壞行動。最壞的情況則是，如果巴基斯坦境內的遜尼派造反成功，其核子武器便難免落入宗教狂熱分子之手。此外，多數周邊國家的經濟原就捉襟見肘，此後再加上長期對外軍事援助，其發展定然隨之受阻。

有鑒於此，北方聯盟的動態似可作為整個事件的風向儀，就目前看來，美國支持北盟奪取政權的可能性非常之大，唯一能使大事化小的力量既非恐怖分子，也非國際輿論，而是美國內部的反戰勢力。

2001/10/08

七、析發展「國家導彈防禦系統」的有效性

自去年10月以來,美國已連續進行了3次反導彈測試,且一再以失敗告終。本月8日的測試又告失敗後，俄羅斯政府即籲請美國終

止部署「國家導彈防禦系統」（NMD）的計劃，理由是該計劃「既與情理不和，技術上又行不通」。

人類自學會使用石頭、標槍、弓箭之後，即面對著遭敵方以同樣武器殺害的威脅。投擲武器的特點即在於可進行遠攻，殺傷力大，但卻甚難防禦，尤其在技術上不易半空攔截。導彈其實就像是任何投擲、射擊武器一樣，即便若干國家已擁有衛星、預警機、鐳射武器等等先進設備，但要想成功攔截任何導彈，非但還不具備必要的技術力量，單從經濟的角度考慮，龐大的科研開支也非一般國家所能承擔。

六、七十年代之交，美國國防部即已提出過「反彈道飛彈防禦計劃」（ABM）。此時正值反越戰運動的高潮，美國媒體與學術界享有建國以來最大限度的言論自由，因此在例舉一系列的反對理由後，國防部不得不放棄原計劃。大體說來，反對方當時提出的理由為：1.反彈道飛彈系統極易受「假飛彈」的干擾。只要敵方發射裝置了可造成干擾雷達系統的金屬片（chips）的導彈，並在空中引爆，即可在幾十分鐘內使雷達系統癱瘓，同時敵方又可趁隙進行大規模攻擊；2.如敵方在空中故意引爆一顆核子彈頭，即能在數小時內造成「昏黑一片」（blackout），於是敵方可趁黑攻擊；3.多彈頭核導彈的研製與裝備已臻成熟，攔截一顆導彈已是極其不易，要同時對付五、六顆導彈，在技術上難如登天。

基於以上考慮，美國政府暫時擱置了發展「反彈道飛彈防禦計劃」，同時又順水推舟地於1972年與蘇聯簽訂了《美、蘇限制反彈道導彈系統條約》。該條約的主旨為，為了確保核子武器的威懾力和核子軍備的均勢，並防止進一步的軍備競賽，美蘇雙方作出承諾，保證「相互毀滅」和「兩敗俱傷」原則，同時在此基礎上，禁止大規模部署攔截系統（僅僅允許在首都及核子基地部署有限的攔截武器）。

　　1980年雷根總統上任後採取了一系列的極右政策，對內為越戰全面翻案，壓制學術界與媒體的不同意見，執行對資方有利的財經措施，對外則發動一切力量與蘇聯進行軍事競賽，意圖靠龐大的軍事開支把蘇聯擠跨（outrace）。在反彈道導彈方面，雷根甚至為了要脅蘇聯而提出了要建立一個全面的反彈道導彈防禦系統（Star War），但因為相應的軍事預算太過巨大，遠遠超出國民經濟所能承擔範圍，因而不為國會所接受。雖然如此，值得強調的是，在美國，反彈道飛彈的技術研究從未中斷過，其軍工體系利益集團也不曾放棄任何機會鼓動部署該防禦系統的計劃。

　　如今在俄羅斯明顯結束對美國的讓步、有意恢復昔有國際地位之時，美國再度透過柯林頓總統提出建立「國家導彈防禦系統」，並要求俄羅斯修改1972年的《美蘇限制反彈道導彈系統條約》，同時還建議與北約組織盟國「分享反導彈技術」，其目的當然是提請俄羅斯注意，如果蓄意與美國一爭長短，破壞美國獨佔鼇頭的局面，美國當會故計重施，靠一輪新的軍備競賽再度拖垮俄羅斯。

　　不言而喻，「國家導彈防禦系統」的部署將破壞「兩敗俱傷」原則。果真俄羅斯的核武器威懾力受到反導彈系統的削弱，為追求平衡，勢必也進行反導彈系統的研製與部署，其結果必然會刺激中國、印度、巴基斯坦等國採取相應措施，因而展開一輪新的軍備競賽。不難設想，在如此互不信任的條件下，一系列涉及削減戰略武器的條約與達成的協定均將失去任何意義。除此之外，迄今已有187個國家簽署的《不擴散核武器條約》所禁止的不止是核武技術的擴散，同時也明文限制導彈技術的轉移，因此所謂「分享反導彈技術」完全是對國際條約的赤裸裸的破壞。

　　統而言之，當前最令知識界感到失望的是，早在八十年代，國際上基本已達成了「處理危機不如預先取消危機因素」、「合作安

全取代集體防禦」、「大量核武器非但超過國防需要，反而給全球帶來毀滅危機」的共識，在他們看來，當時也就是在此共識的基礎上促成了冷戰的結束，因此如今美國突然又提出發展反導彈系統，顯然是與時代精神格格不入。其實，西方知識界有所不知的是，儘管今天的反導彈技術仍然毫無突破，同時美國的軍工體系出於自身利益，必然會藉各種機會爭取更多的軍事撥款；但就保守派方面，的確從不認為冷戰的結束是由於上述「共識」所造成，反堅信蘇聯的讓步與瓦解完全是美國強大軍備競賽所取得的成績。因此，只要世界上還存在任何假想敵，有過「成功經驗」的保守派絕不會放棄軍備競賽的念頭。

2000/07/11

八、反彈道導彈系統與恐怖主義

12月13日美國正式通知俄羅斯將廢止1972年簽定的《美、蘇限制反彈道導彈系統條約》（下稱ABM）。消息傳出後，俄羅斯表示該行動為一錯誤，但不會對俄羅斯的國家安全造成威脅。中方則表示對美國此舉既不贊同，又感到擔憂。

ABM條約的主旨在於限制發展反彈道導彈的防衛力量，以使兩國同時分擔「受打擊風險」，從而達到遏制核軍備競賽目的。如今美國單方面毀約，從理論角度觀之，自然對俄羅斯今後發展類似「國家導彈防禦系統」（NMD）也不存在任何法律約束。然而從現實角度出發，俄羅斯一方經濟拮据，對開發這種耗費巨大的防衛系統毫無能力；另一方面，俄羅斯手頭上已擁有5000多枚核子彈頭，其威力不僅能夠對美國造成致命威脅，甚至在盲目引爆的情況下也能使全世界同歸於盡。

　　就由於俄國的核打擊能力遠遠大過任何一種截攔系統，自然對國家安全高枕無憂。至於中國，就目前較大方的估計，手頭上至多擁有50枚核子彈頭，其中能夠射擊至美國本土者，則不超過30枚。如果遭到美國防禦系統的攔截，是否對美國還能產生任何威懾力就大成問題。有鑒於此，中方的擔憂並非毫無道理。這就難怪許多西方觀察家不但有「攔截系統主要為了對付中國」的看法，同時也擔心因此刺激中國大規模發展核子軍備，並引起印度、巴基斯坦的連鎖反應。

　　小布希上臺後即積極推動「國家導彈防禦系統」，但礙於絕大多數國家的反對，始終無法付諸實施。如今，經過恐怖分子的無心插柳，竟然使發展攔截系統的政策安然過關，因此就美國鷹派利益而言，不能不算是福從天降。

　　如果暫時撇開阿富汗的戰火，將視野轉移至後冷戰時期的美國戰略部署，不難發現它早就按部就班地嘗試擺脫聯合國安理會和一系列國際條約的束縛，又成功地把北大西洋公約組織的單純協防任務改變為攻守同盟；同時還鼓勵日本、德國，通過國會決議否決禁止國防軍超逾國防任務的憲法規定。此後，反彈道導彈攔截系統一旦廣泛部署，其獨佔鰲頭地位益加鞏固自是不言而喻。

　　令人費解的是，911事件原說明美國的龐大情報系統嚴重失責，理當精簡機構和提高效率，然而結果卻是擴大其職權範圍和大幅增加經費；該事件又說明恐怖主義的唯一解決辦法便是消除造成問題的潛在原因，然而美國卻憑藉對內加強安全措施，來「攔截」沒有任何前科記錄的潛伏恐怖分子，對外則通過武器的批判製造更多的冤死鬼與仇恨；911還揭示內部的敵人和非傳統武器更加防不勝防，而其政府卻嘗試部署更多瞄準器朝外的攔截武器。因此就效

果觀之，這一系列的措施目標無異於「有意栽花花不發」；至於恐怖主義的蔓延，反倒是「無意插柳柳成陰」。

2001/12/15

九、部署「國家導彈防禦系統」的動機與反應

2001年2月3、4日，美國新上任的國防部長在德國慕尼黑市所舉行的「安全政策會議」上再次宣佈美國政府即將建立攔截彈道飛彈系統的計劃。拉姆斯菲爾德聲稱「冷戰時期嚇阻原則曾經湊效，但如今時過境遷，該辦法已不敷需要」。所謂「國家導彈防禦系統」（NMD），既為美國兩大政黨所贊同，拉姆斯菲爾德國防部長又是1998年倡議建立「國家導彈防禦系統」的《拉姆斯菲爾德報告》的主持者，今後建立該系統顯然已是無可變更，因此對整個國際社會也必然會產生深遠的影響。就目前看來，除了英國之外，其他主要國家要麼積極反對，要麼消極抵制，因此美國的處境可說是相當孤立。為了說明大多國家的顧慮所在，似有需要詳細介紹冷戰時期的「嚇阻原則」與後冷戰時期國際形勢的變遷。

何謂「嚇阻原則」

「嚇阻原則」簡單地說就是保障美、蘇兩國擁有核彈反擊的能力。換言之，只要一方發現受到對方的核彈攻擊（先發制人），受攻擊方還能夠保有還擊和使對方也遭受致命打擊的能力。為了使雙方都承擔「同歸於盡」的風險，使雙方都感到攻擊對方毫無意義，便必須阻止任何一方發展可破壞「均勢」的導彈攔截系統。由於美蘇雙方曾一度達成如此的「風險均擔」共識，便於1972年簽署了

《美、蘇限制反彈道導彈系統條約》。由是,「均勢」對雙方產生「嚇阻」效果,也因此通過「嚇阻」促成和平。此後,對攔截武器的監測也成為美、蘇軍備管制的最重要環節之一。

星球大戰

1981年雷根總統上任後不久便試圖通過建立「戰略防禦計劃」(Strategic Defense Initiative,俗稱「星球大戰」)把蘇聯擠垮(outrace)。雷根的理由是,美國的安全不應依賴反擊(後發制人),而應當在敵方的導彈觸及美國國土之前加以攔截和摧毀。由於雷根當時提出的軍事開支估算遠遠超過國力所能及,同時又不具備攔截導彈的技術能力,因此該方案很快地就銷聲匿跡。

設想,或說理論上,「戰略防禦計劃」果真能夠實現,那麼,必然的結果是美國既有自衛能力,又具備毀滅敵方的能力,如此不但「均勢」遭到破壞,所有軍備管制條約也失去意義,蘇聯的唯一出路就是參加競賽或俯首聽命。

冷戰結束後的新格局

蘇聯與華沙集團的瓦解不只是迫使俄羅斯退出國際舞臺,同時也造成美國獨佔鰲頭、不可一世的局面。既然敵對陣營不再存在,美國便試圖趁此天賜良機重新佈局:首先,藉波斯灣紛爭先決定出兵,後爭取聯合國授權;在巴爾幹,則完全不顧聯合國授權,直接指使北大西洋公約組織超越其章程所規定的活動範圍對南斯拉夫進行軍事攻擊;在全球戰略方面,不顧盟國與中、俄的反對,也無視《美、蘇限制反彈道導彈系統條約》的規定,公然提出發展攔截武器的「國家導彈防禦系統」,同時為了配合其全球性軍事干預政策

和保障現有的19個境外軍事基地的安全，而籌劃建立「戰區導彈防禦系統」（TMD）。

　　值得注意的是，冷戰時代東西兩軍對壘，攻防目標極為明確；如今處於後冷戰時代，美國所提出的理由則純屬假想、虛構，例如：防止受到流氓國家偷襲，或防止受到軍事干預地區的被干預國家的打擊報復。前者，矛盾明顯在於美國不擔心俄、中這兩個核子大國的存在，反擔心不擁有核子武器國家的核武偷襲；後者的矛盾在於，既然美國四下進行軍事干預，受到安全威脅的應當是受干預國家（如南斯拉夫）而非干預方。有鑒於此，美國的真正動機在於把「相對安全」的狀況改變為「絕對安全」，其辦法是，藉「流氓國家偷襲」為由，快速發展針對中、俄兩國的攔截武器系統，以便在「絕對優勢」的基礎上，要脅中、俄銷毀所有的核武器，並把過去「均勢」狀態改變為「戰略控制」，從而達到最終的統治全世界的目的。

中、俄為何反對？

　　對於美國後冷戰時期的戰略部署，中、俄兩國自然感到忐忑不安。就國防安全方面，一種對策便是同樣發展攔截武器，或擴大現有核武殺傷力，以抵消或徹底破壞美國的攔截能力。但是如果作此選擇，將緩減經濟發展速度，甚至可能由於經濟停滯不前，而發生社會動亂。如果不理不采，將來就可能受制於美國。然而就實際情況評估，只要俄羅斯不對美國俯首稱臣，中國短期之內尚不至於成為美國的主要對手，因此似有必要利用有限的時機，一方面加緊建設，一方面努力改善國際形象。至於俄羅斯，儘管外交上會對美國的意圖激烈反對，但也不致孤注一擲地發展軍備。相反地，更可能

的對策是採取「以退為進」的辦法，利用歐美之間的矛盾，以放棄軍事競賽來博取歐洲國家的好感和換取資金、技術的支持。

歐洲為何反對？

如前所述，當前除英國外所有其他歐洲國家均對發展「國家導彈防禦系統」提出反對意見。中西歐雖長期依靠「嚇阻原則」、「風險均擔」取得安全，但卻不像美國的右派戰略家那樣，以為東歐集團的瓦解應當歸功於軍備競賽的優勢。相反的，在中西歐看來，西方勝利是其經濟體制發揮了力量，或者說，經濟力量的強大就是最有效的國防。此外，國防的改善也絕不能寄託於個別兵器的技術性改善。根據此邏輯，今後應當努力的方向仍然是繼續採取經濟手段，逐步把潛在的東歐敵對國家納入歐洲聯盟的軌道。至於「國家導彈防禦系統」，一旦引起連鎖反應，完全可能破壞現有的核武均勢，並觸發一場新的軍備競賽，由是又使歐洲倒退到冷戰時期。除了軍備競賽可能導致經濟浪費和戰爭危機之外，歐洲人也生怕美國的軍事冒險行動（如轟炸中國駐南斯拉大使館事件）隨時會把歐洲拖入混水。總而言之，歐洲人雖然需要美國，但畢竟也是戰略棋盤上的老牌玩家。如今美國認為時過境遷要作唯一發號施令的莊家，歐洲大陸恐不會輕易讓步。

2001/02/07

十、時間與民主

當前，時間與民主是兩個非常核心的問題。

先談伊拉克。在美國攻擊之前，安理會任命監核組進行調查伊拉克的「大規模毀滅性武器」。美國再三阻撓，為的是急於佔領，而不給與監核組充分調查時間。事後恍然，伊拉克根本不存在所謂的「大武器」。

911之後，也不給與阿富汗申辯的時間，說打就打。於是乎，國際法有關安理會審理、決定以非武力或武力手段制裁、組織聯合部隊⋯⋯的所有法律規定與程序均遭徹底踐踏。

回顧歷史，其實整個第三世界自十九世紀以來就經受無休止的欺辱、剝削、殺戮，而淪落到民不聊生的地步。因此無論是物資建設，或政治文化建設也需要許許多多的時間，然而，今天的情況恰好是：霸權主義高舉其「生活方式、普世價值」，動輒進行軍事干預，其動機就在於不給與第三世界充分時間。以中國為例，至少需要15年的和平發展才能渡過難關，但要不是911事件，自己恐怕就爭取不到「戰略機遇期」。

有人形容伊拉克的亂象為「浴火重生」。以筆者之見，這就像原始資本積累一樣，未必是每個國家必經之路。許多地方，如巴勒斯坦，尤其是加沙地帶，早就掉進十八層地獄，如何重生？伊拉克浴火已4年之久，何時重生？

民主選舉的確是個先進的政治程序。但是，以阿富汗為例，80%土地為山區，每個山谷就是一個獨立王國。整個國家缺少現代通訊、交通、教育設施，各個宗教團體、族群、部落、家族均缺少民族、國家認同觀念，歷史上不曾有過工業社會的階級政黨、工會。試問，怎麼個民主選舉法？

諸如此類的國家佔全球多數，經過數千年的較量、鬥爭、磨合、考驗，早就形成一定的政治格局。即便是最強大的部落佔據統治地位，也相當程度地具有自身的「民主性」。外來勢力打亂原有

格局，最終還是得向「舊勢力」妥協，而最壞的情況則是，外來軍事干預造成被侵略方的同仇敵愾，於是既招惹了廣泛的反侵略戰爭，又引起民眾對裏通外國者進行的鬥爭。這就是為什麼美國佔領阿富汗、伊拉克之後無法進行由下而上民主選舉的根本原因。既然如此，霸權為何頻頻干預、樂此不疲呢？說穿了，就是為了扶持傀儡，覬覦資源、爭取戰略制高點等等，從來就是為了搶佔先機，不是民主。

2007/03/08

十一、波蘭、捷克部署「國家導彈防禦系統」

2002年6月13日，美國單方面正式退出《美、蘇限制反彈道導彈系統條約》（ABM）。這意味著，這項於1972年東、西兩大敵對陣營開始解凍時刻所簽訂的裁軍條約宣告壽終正寢。布希政府否決該條約的原因，當然不在於華沙集團解體、蘇聯瓦解，由是俄羅斯喪失繼承該條約的權利，而是，布希有意在盡可能靠近俄羅斯的適當地點，部署1999年構思的「國家導彈防禦系統」（NMD）。如今，已經選定波蘭與捷克為歐洲範圍第一個參加此系統的國家。前者，將安裝導彈攔截系統；後者，則部署功能強大的雷達系統。

筆者6年前在《談「國家導彈防禦系統」的動機與反應》一文裏，曾預言美國將會藉口防止「流氓國家偷襲為由，快速發展針對中、俄兩國的攔截武器系統，以便在絕對優勢的基礎上，要脅中、俄銷毀所有的核武器，並把過去戰略均勢狀態改變為戰略控制，從而達到最終的統治全世界的目的。」果不其然，目前美國在裝備波蘭與捷克時，所提出的理由正是「為了防止伊朗和朝鮮的導彈襲

擊」。這項決定，未經歐洲聯盟協商，且受到多數歐盟民眾的反對，而引起俄羅斯的強烈抗議自在預料之中。

眾所周知，伊朗與朝鮮皆不具備發展洲際導彈和微型核武的能力與技術，更何況裝置核彈頭導彈的技術要求更高，因此該藉口之荒謬，不下於「動用龐大的國家軍事機器去打擊恐怖分子」。

俄羅斯之提出反對，自然是理解攔截系統在技術上根本還沒過關，但擔憂的卻是，雷達系統將覆蓋俄羅斯的整個歐洲部分，將使得俄羅斯無國防隱私可言。此外俄羅斯也極為明瞭，美國亟亟於在波蘭與捷克進行戰略部署，還有著分化歐洲聯盟的重要意圖，而俄羅斯所期盼的歐盟卻是一個團結的、與俄羅斯友好的組織，而不是一個爭執不休、扯俄羅斯後退的團體。

中西歐國家自二次大戰結束以來，一路經整合、統合順利走來，躊躇自滿。九十年代初眼看冷戰結束、自身經濟蓬勃發展，便以為從此之後可以擺脫北約組織這個「冷戰殘餘」、邁步推動歐洲人自己的外交與安全政策。殊不知美國背道而馳，做的是「維持全球統治地位」、「阻止全球出現強大對手」、「維護美國在北約組織的領導地位」、「阻止歐盟達成內部的安全協定」的打算（見1992年3月8日《紐約時報》所透露的國防文件）。在此政策推動下，北約組織不知不覺地跳上了美國的戰車，違背了北約組織章程的「軍事行動限於成員國領土範圍」的規定，積極參與了1999年的攻打南斯拉夫戰爭。最後，直到美國本土起飛的轟炸機炸毀了中國駐南斯拉夫大使館，歐盟成員才驀地驚醒，由是急急忙忙地試圖動用《聯合國憲章》的授權機制，來約束美國的蠻幹。

歐盟國家始料不及的是，隨著歐盟組織的擴大，卻加入了若干貌合神離的新成員。美國見有機可乘，便巧妙地對歐盟的「軟腹」進行大規模軍事與經濟支持。於是到了2003年攻打伊拉克前夕，歐

盟組織內部明顯地分裂為兩派，即支持美國的「新歐洲」成員，與早就構成歐盟核心力量的「老歐洲」成員。與此同時，在美國的干預下，歐盟的「獨立安全政策」也基本上胎死腹中。如今的歐盟，與其說是按原先計劃建立「共同外交、安全政策」，甚至連建立一支歐盟的「快速反應部隊」也必須讓位於「在北約組織框架內建立快速反應部隊」。

當前，眼看著戴高樂時代所提出的「歐人治歐」遠大理想荊棘滿布，竟然又在歐盟內部毫無協調的情況下，冒出個波蘭、捷克部署「國家導彈防禦系統」事件，情況確是雪上加霜。

據民意調查，多數波蘭與捷克民眾對部署反導彈系統表示反對。也就由於捷克一方反對聲浪較大，其政府退而求其次地答應僅僅部署雷達系統。至於波蘭，自脫離華沙集團以來就成為美國的重點支持對象。去年自帶有民粹色彩的卡欽斯基孿兄弟先後擔任波蘭總統和總理職務後，其親美、反俄傾向極其明顯。然而儘管如此，政府內部並非鐵板一塊，以其副總統為例，便提出了進行公民投票決定是否部署反導彈系統的建議。不論波蘭最終作何決定，該國與俄羅斯、德國的歷史宿怨將可能在此問題上起發酵作用。

美國除了分化歐洲聯盟的意圖之外，推動「國家導彈防禦系統」還有其內在邏輯。冷戰結束原意味著解凍和接踵而來的裁軍。然而其軍工體系早已滲透一切主要政治、經濟領域，一旦放棄既得利益等於宣告破產和解體。有鑒於此，早在九十年代初期，美國政府便透過一切管道，宣揚文化衝突論、恐怖主義威脅論和中國威脅論。一方面把北大西洋公約這個單功能的集體防禦組織打造成一個超越章程允許範圍的多功能組織，即橫跨大西洋與整個歐洲之間的政治、軍事組織（即1999年所提出的「北約新觀念」），同時還利用巴爾幹作為突破點，讓北約組織透過對南斯拉夫的空襲，進行了

該組織創建以來的第一次的大規模軍事行動。然而,此次行動不止是缺少安理會的授權,也違反自己的章程規定(不許越界,不許進攻),由是構成雙重的罪惡。

值得順便提及的是,從1999年的南斯拉夫戰爭、轟炸中國使館、推動「國家導彈防禦系統」、推動「戰區導彈防禦系統」(TMD)、在中國周邊建立半月包圍圈等等行動看來,柯林頓總統卸職之前實際上已經成為美國新保守主義的俘虜,而此時中國這個「戰略夥伴」,也已在實彈攻擊下降格為「戰略對手」。

不言而喻,美國的軍工體系、情報系統為了自身的存在,需要危機、需要戰爭,而其最為荒謬絕倫的辯解,就是像大炮打蒼蠅那樣地,發動戰爭機器來打擊四下流竄的恐怖分子。

言歸正傳,「國家導彈防禦系統」涉及100億美元的開支。儘管破壞攔截系統的技術遠較發展攔截武器來得方便、有效、經濟,但既然布希政府主要成員皆是軍工企業的直接代理人,就沒有任何商量的餘地。如此看來,冷戰結束不過是個遙不可及的海市蜃樓了?以筆者之見,今後事態未必如此發展。昨日消息傳來,美國民主黨已正式向政府提出「於明年選舉前由伊拉克撤軍」的要求,否則將拒絕批准軍事撥款。除此之外,鑒於美國民眾、國際人士也越來越認清布希政府的真面目,類似七十年代初導致改弦易轍的反戰運動並非不能想像。

2007/03/09

後記:2007年12月12日,俄羅斯政府針對美國在捷克、波蘭部署反
　　　導彈系統,正式宣佈中止《歐洲常規武裝力量裁軍條約》。

十二、評孟加拉灣的軍事演習

本月5至9日，亞太經合組織在澳大利亞悉尼舉行商業峰會。1989年，亞洲國家鑒於歐洲共同體的長足發展及豐碩成果，也在本地區成立了一個旨在促進區域整合、平等互利、定期對話的合作機制。顧名思義，這次商業峰會以討論本地區經濟、貿易、能源、環境、教育等凸出問題為主題，傳媒界對該次會議「低調處理」，絲毫不讓人感到意外。

值得注意的倒是，幾乎同時，自4日開始，澳、印、日、美、新5國在孟加拉灣舉行為期5天的軍事演習。孟加拉灣扼守波斯灣、阿拉伯海通向東亞、大洋洲的航運，戰略地位極其重要。近年來，中國出於長遠經濟、安全考慮，決定在緬甸建立一條通往中國的油管，以避免繞道不甚安全的馬六甲海峽。今後，一旦孟加拉灣受控，意味著所有非、阿地區的投資泡湯，緬、中油管成為擺設，中國的能源安全必然受到威脅。

九十年代末期，就出現過在中國周邊建立半月灣包圍圈（或稱「弧形包圍圈」）之議。當時除了韓國考慮到朝鮮半島安全以及韓中友好關係而冷淡對待之外，相關國家如越南、印度都成為積極爭取對象，日本、臺灣，更是對參加「戰區導彈系統」極表熱衷。

911事件之突然發生，轉移了美國的注意力，也因此使此戰略計劃束之高閣。或許，正因為如此，北京提出了「戰略機遇期」概念，以敦促國人未雨綢繆、積極建設。

伊拉克薩達姆政權徹底瓦解之後，亞太地區又漸漸成為美國關注領域。除了加強與澳大利亞的軍事合作、發表「美日聯合聲明」將台海問題視為「美日共同戰略目標」、增加對印度提供援助之外，還由日本出面，提出建立「澳、印、日、美聯盟」建議。該構

想，不單是作為戰略考慮寫進日本安倍首相的《走向美麗之國》
（2006年發表）的著作裏，也在其就職演講中再次提出。本年8月
底，安倍造訪印度時，除了強調印、日的共同「民主價值」外，也
不忘重申建立該四國聯盟的重要性。

　　如今，從孟加拉灣的軍事演習看來，該倡議已多少進入落實階
段。那麼，為何新加坡也參與其中？筆者認為，原因一方面是受到
邀請，不便拒絕。更何況，參加聯合軍事演習並不意味加入該戰略
聯盟。不過，從該聯盟的初步動作或可看出，它也帶點防範伊斯蘭
教勢力的意義。不論如何，對新加坡這樣一個彈丸小國說來，夾在
美、中、伊斯蘭教三大勢力之間，肯定履步維艱。這或許也是新加
坡媒體對此次軍事演習一字不提的最大原因。

2007/09/06

第五章　情報活動與宣傳

一、美國的民主外銷與顏色革命

　　自從吉爾吉斯總統阿卡耶夫在反對派的壓力下突然出走俄羅斯後，有關該國亂象的背景也逐漸透過不同媒體曝光。以《紐約時報》為例，3月30日即透露吉爾吉斯大選期間反對派的宣傳品均由美國大使館協助印刷，其1200萬美元活動經費也由美國的「自由之家」（Freedom House）提供……。如果仔細觀察，不難發現，近年來，美國政府直接介入前共產國家的選舉活動，支持親美政客上臺，不僅是日益頻繁，甚至已成為美國許多駐外使節的首要任務。

　　前不久，儘管設立在英國的赫爾辛基觀察小組，對烏克蘭的第一次選舉進行實地觀察後，公開指出烏克蘭在野黨的作票舞弊規模遠遠大於執政黨。然而，美國主導下的西方主流媒體卻廣泛採用烏克蘭在野黨觀察員的一面之詞，而在野黨的1000名觀察員卻又是美國「自由之家」所培訓出來的臨時工作人員。至於「自由之家」，其實就是一個美國新保守派成立的「民間組織」，其領導人甚至是中央情報局局長烏爾什（James Woolsey）。除此之外，烏克蘭反對派中最為活躍的波拉（PORA）學生組織，也直接受到美國「國家贊助民主組織」（National Endowment for Democracy—雷根時代所設的中情局周邊組織）、索羅斯基金、國務院援外組織（USAID）、美國全球公正行動會（Global Fairness Initiative）等機構的直接資助。如此裏應外合，反對派「自然」能夠發揮巨大能量，並於第二次舉行的投票中獲得勝選。另據報導，類似的外國勢力「助選」情況也涉及2000年的南斯拉夫大選和去年的格魯吉亞大

選，而這兩次選舉均是在同樣的「美援」支持下，把在野黨推上執政舞臺。

更加令人矚目的是，美國除了發動傳統媒體進行宣傳外，還借助美國民間公關公司的力量。其實，無論是1991年攻打伊拉克之前推動的宣傳戰，或1999年轟炸南斯拉夫之前對南政府所發動的妖魔化活動，俱有美國公關公司的積極參與。往往，先由這些受聘公司無中生有地製造假資訊，隨後，再通過主流媒體廣為傳播。事後，即便發現真相並非如此，然而，生米已煮成熟飯，局勢不但無可挽回，忙著擺佈下一個議題的主流媒體自不會加以理會。

美國政府之如此積極干預他國內政，主要目的不外是鞏固冷戰結束後的獨佔鰲頭地位，但其公開的辯解，卻是「於全球範圍推行民主體制」。

就民主議題而言，美國本身便視外國勢力介入本國選舉為犯罪行為。然而對外，以強大財政、宣傳手段擺佈他國的選舉，其結果必然是破壞公平競爭原則，以至於脫穎而出的政客大多系親美派，而未必是民主代表。

在前共產國家方面，絕大多數的領導階層都是老體制下的舊官僚。當華沙集團崩潰、蘇聯瓦解之時，他們多能及時借「民族自決」名義，取得獨立地位並繼續維持自己的集團利益。在此基礎上，呈現在利益集團內的問題至多是既得利益多少之分，而非民主改革健全與否。因此，此時個別領導人與美國政府的關係與態度（譬如烏克蘭現任總統的妻子為美國人），便成為獲得美國支持與否的唯一標準。如此這般，「民主」，便逐漸演變為「親美」的同義詞。

回顧歷史，民主政治實為中西歐在特殊歷史條件下產生的社會制度，其開端，甚至可追溯到十四世紀文藝復興運動。其後，又經

過宗教革命、啟蒙運動的洗禮，逐步從古希臘、古羅馬文化中引進了民主議事程序。嗣後，又在資本主義時代階級鬥爭的衝擊與妥協下，最終產生了二十世紀遵守憲政原則的民主政黨、階級政黨政治。這種經過近600年醞釀的特殊經驗，非但前共產國家不曾有過；甚至美國本身，其政黨政治也缺少一個勞工黨，而無從維護勞動階級的利益。因此起碼在歐洲發達國家的眼裏，所謂的「美式民主」也未必是個地道的民主政治。如今，冷戰結束後，強行把空洞的民主程序推廣至全世界，必然的結果就是讓各地區美國利益的代理人施盡渾身解數，不計代價地爭取美國的繼續支持。

就像中西歐曾經經歷了「原始公社、奴隸社會、封建社會、資本主義社會和目前的社會市場經濟」獨特道路一樣，目前的社會市場經濟、社會民主主義雖然具有一定參考價值，但未必就是所有國家必須沿襲的道路；而民主、自由的真諦，恰恰在於各個國家的人民應當具有自由選擇、自我改進、不受外國鉗制、不容強權強姦民意的權利。

2005/04/05

二、歐洲聯盟揭發「白基教集團」的竊聽活動

星期前，據歐洲聯盟議會「梯級活動調查委員會」（Echelon-Committee）向歐盟提出的調查終結報告所揭露的消息，長年以來，美國即連同英國、加拿大、澳大利亞、紐西蘭，透過情報衛星網在全球範圍竊聽、截留電話、電傳、網際網路電子郵件傳遞的資訊。

參與該調查委員會的歐盟議會議員斯密特（Gerhard Schmid）還透露，據他所接觸的美方人員表示，「竊聽對象以各國某些企業為主」。

調查報告指出，竊聽的辦法是，將大量的信息通過特定的話音、術語、信號過濾、截留下來，再加以分析和評估；委員會也不懷疑，竊聽方會繼續將最終取得的商業、技術情報提供給各自的對口商業企業。儘管如此，調查委員會卻無從提出具體證據，證明「梯級行動」的確向本身的企業提供商業情報。此外，調查報告還指出，截留海底電纜的信息雖然費用開支甚大，但技術上並非不可能。總而言之，當前衛星竊聽系統覆蓋面幾近全球，甚至私人通訊設備也不能倖免，但由於衛星不屬歐盟國家的管轄範圍，歐盟對此侵權行為束手無策，但是既然英國為歐盟成員，必須遵守《歐洲人權宣言》保障私人權利的規定，因此可以與其交涉。

調查委員會瞭解，要避免衛星竊聽極為困難，因此作出建議，歐洲聯盟應當建立一套歐洲加密系統，以防止情報外泄。

值得注意的是，雖然時有傳聞，法國、俄羅斯也在進行類似活動，但卻並非與其他國家聯手合作。至於美國、英國、加拿大、澳大利亞、紐西蘭，則恰好均屬於所謂的「白種盎格羅薩克森基督教」（White Anglo-Saxon Protestant, WASP，可簡稱為「白基教集團」）文化圈。以其近數百年來所控制的疆域和資源而論，該集團可以說是已在「生存空間」的爭奪戰上，取得了絕對優勢地位。自冷戰結束以來，這些國家之間的合作日益密切，儼然在西方文化圈內構成了「小核心」。過去，由於加拿大對此聯盟的態度還有些模稜兩可，於是並沒引起國際社會的適當重視。然而繼澳大利亞毫無保留地向美國一面倒之後，再加上「梯級行動」的揭發，大可相信

此「白基教集團」今後在國際舞臺上將會扮演越來越不容忽視的角色。

2001/06/15

三、冷戰後的媒體「一體化」

冷戰結束後，國際上出現媒體「一體化」現象。筆者過去曾討論過中西歐左派與自由主義派媒體工作人員紛紛靠邊站的趨勢，但卻不曾涉及「一體化」的具體過程。以下，不妨從一段真實採訪記錄，為此新生事物添加注腳。該採訪係由法國電視二台主編莫利諾先生（Jacques Merlino，參見其著作《南斯拉夫的實況不好說》Les vérités yougoslaves ne sont pas toutes bonnes à dire）主持，採訪對象為當今最具影響力的全球大眾事務社路得芬公關公司（Ruder Finn Global Public Affairs）的社長哈爾夫先生（James Harff）。

莫：哈爾夫先生，貴社的工作是怎麼進行的？

哈：很簡單。我們主要靠的是一份名單、一台電腦和一台傳真機。名單上，收集了幾百個政治家、人權組織代表和大學工作人員的名字。為使消息有效地影響宣傳對象，我們根據題目性質用電腦挑出適當人選，電腦又與傳真機聯在一塊，我們只要認為這些人會有所反應，幾分鐘內便可準確地把信息傳遞出去。我們的任務在於，儘快把信息廣為傳播，讓那些與我們合拍的觀點成為最早的輿論意見，因此速度是至為關鍵的。只要某條訊息對我們有利，我們就立即採取行動，使它成為大眾輿論。我們很清楚，先入為主的意見才算數，此後他人提出的任何辯解絲毫起不了作用。

莫：你們的活動有多頻繁？

哈：關鍵不在於次數多，而在於有本事適時地影響適當人選。我不妨給你透露幾個數字：從6月到9月，我們針對重量級的報紙發行人組織了30次消息發佈會，13次獨家消息發佈會，共傳遞了37份官方信函和8份官方報告。我們還舉辦了多次會談，讓波斯尼亞伊斯蘭教的政要與美國副總統候選人戈爾（Al Gore）、在政壇上挺活躍的國務院秘書長伊構伯格（Lowrence Eagleburger）和十位頗具影響力的參議員，其中包括密丘爾（George Mitchell）和多爾（Robert Dole）接觸。我們與白宮官員與參議員分別打了48和20通電話，與記者、社論家、電視新聞播報員和其他媒體權威人士也打了上百通電話。

莫：你對情況怎麼那麼瞭解！你對哪項工作最感到驕傲？

哈：我們很成功地讓猶太人站在我們這邊。這事作起來挺棘手，風險很大，因為克羅地亞總統突基曼（Tudjman）在他的《歷史事實的歧途》一書中措辭很不小心，誰看了這本書都會指責他是個反猶太主義者。至於伊斯蘭教這一頭，情況也不妙，因為其總統伊茲別哥維奇（Izetbegovic）在他1970年推出的《伊斯蘭教聲明》一書裏言辭之間過於一面倒向伊斯蘭教原教旨主義國家。此外，過去在克羅地亞與波斯尼亞的確曾發生過殘酷迫害猶太人事件。第二次世界大戰期間，克羅地亞所設的集中營曾消滅了數萬名猶太人。因此猶太知識界和各猶太組織有充分理由敵視克羅地亞與波斯尼亞。要把這情況給顛倒過來，對我們說來當然是個很大的挑戰。結果，我們的工作出類拔萃。就在1992年8月2、5這兩日，恰好紐約的《新聞日報》（Newsday）把塞爾維亞人設立集中營的消息給抖了出來，所用的標題是「死亡之營」、「古拉格」（Gulag）和「塞族的

死亡之營」（筆者按：該報導隨後為德國記者戴希曼Thomas Deichmann指出為捏造）。我們趁機把猶太人的3個龐大組織爭取到我們這邊：反誹謗同盟、美國猶太人委員會和美國猶太人議會。

　　我們向他們建議，在《紐約時報》上刊登一條廣告，同時在聯合國大門之前發動一次抗議集會。結果出奇地順利。猶太人組織對波斯尼亞伊斯蘭教徒的支持，對我們說來，的確是個非常出色的部署。不過是舉手之勞，就讓大眾輿論把塞爾維亞人置於納粹分子的地位。你知道，南斯拉夫問題極為複雜，誰都不知道那兒到底出了什麼事。其實，絕大多數的美國人會問「波斯尼亞究竟位於非洲的哪一帶？」而一瞬之間，我們就編出了一個好人、壞人的簡單故事。我們知道這件事影響極大。就因為我們爭取了猶太人而大獲全勝。自此，新聞界急轉直下，改變了整套語言，用上了很情緒化的字眼，例如：民族清洗、集中營等等，讓人聯想起納粹德國、毒氣室和奧西維茲（集中營）。情緒之激動使得沒人再敢提出相反意見，否則就得冒風險讓人指責為撒謊。我們算是擊中了靶心。

莫：可是你們在8月2日到5日之間根本還提不出任何證據。當時唯一的依據就是《新聞日報》所登的那篇文章。

哈：我們的任務不在於審查消息的內容真實與否。我們根本就沒有審查消息的途徑，但我說過，我們的任務在於把對我們有利的信息儘快傳播出去，為達到這個目的，事先得仔細挑選宣傳對象。我們並沒有強調塞爾維亞人在波斯尼亞設立了集中營，而是廣為宣傳《新聞日報》所強調的事件。

莫：但你不認為你們負有很大的責任嗎？

哈：我們是個中能手。我們得出色完成任務。人家付錢給我們，不
　　是要我們宣揚道德學說；就算是要擔負責任，我們也十分坦
　　然。如果你想證明塞爾維亞人是犧牲者，你就不妨試試，你的
　　處境肯定是非常孤立。（採訪結束）

　　哈爾夫先生的結束語的確是畫龍點睛，一方面生動地描述了當
前忠於職守的媒體工作者面對謊言挑戰的艱辛，同時也不錯過利用
接受採訪的機會，為自己的「神通廣大」廣作宣傳。走筆至此，自
然需要探討究竟是何方神聖差遣路得芬公司指鹿為馬，同時為何此
類公關公司能夠在後冷戰時期發揮如此大的「一體化」宣傳作用。

　　據美國陸軍情報人員斯瑞上校（John Sray 見「Selling the
Bosnian Myth to America: Buyer Beware」《把波斯尼亞的神話推銷
給美國－買者當心》）1995年透露，在南斯拉夫內戰期間，愚弄全
球媒體與輿論的公司不只是路得芬公司，還有同屬紐約華爾街的
Hill Knowlton公司。後者於波斯灣戰爭期間曾一度名聲大噪，原因
是為了改善科威特的形象和加強美國軍事干預伊拉克的藉口，先後
製造了一系列妖魔化伊拉克士兵的謠言，而聘用該兩公司的雇主恰
好都是與美國友好的波斯灣石油輸出國家。

　　斯瑞在書中詳盡介紹了當時波斯尼亞各民族交戰期間，塞族如
何遭受迫害，如何再三陷入克羅地亞族與伊斯蘭教人所設的圈套，
如何受到媒體、輿論的詆毀，以及，斯瑞自己的忠實、客觀報告如
何不受美國政府的採納，美國駐巴爾幹地區的使館又是如何地顛倒
是非，「盲目」執行偏袒伊斯蘭教人與克羅地亞一方的政策……。

　　斯瑞顯然是個忠於職守的情報人員，始終不渝地把所觀察到的
事實真相反映給其政府，而疏忽了其政府恰好要根據這些原始素
材，擬定對國家擴張政策有利的方針，而各地使館工作人員正是國

家方針、政策的直接執行機構，因此素材與政策之間必然出現了極大的「落差」。雖然如此，斯瑞先生從一個難得的側面為市井小民們解答了一個問題，即沒有強大霸權力量的支撐，上述公關公司本事再大也無法一手遮天。

2002/11/02

四、權威下的暴力

自從美軍虐待伊拉克俘虜事件揭露後，報紙雜誌上便不斷出現心理學家的分析，其中，說是軍人在孤立、敵對的環境中，以虐待俘虜消遣作樂的解釋有之；強調美軍缺少法律訓練的說法也有之；最嚴重的，便是直接指控美國上梁不正下梁歪，若非其政府在境外（Guantanamo）私設監獄，常期非法扣押六百多名俘虜，甚至拒絕加入國際刑事法庭，則其軍人絕不敢在伊拉克如此猖狂。

此事使筆者憶及1979年法國導演甫紐（Henri Verneuil）推出的一部轟動一時的劇情片（火鳥I comme Icare）。主角蒙棠（Yevs Montan）飾演一個無所畏懼的檢察官，為偵察一起政治謀殺案追蹤到政府最高層，最後，該檢察官卻在破案前夕遭人謀刺。該片之高潮在於情節中安排了檢察官走訪心理學家研究犯罪心理的一幕，即心理實驗證明，只要有權威作後盾，則多數人會不顧道德良心地向無辜者施加毒手。

該片穿插的這一幕，實際上是六十年代初美國耶魯大學心理系米爾葛蘭教授Sanley Milgram進行的一場實驗（該實驗後人稱為米爾葛蘭實驗）。該實驗的主要目的在於探討權威對個人的影響，或說在權威的庇護之下，尋常人的行為可能越軌到何等極限。

實驗的安排大體如下：在身著白衣制服的權威的指導下，一些自願報名、但卻毫不知情的實驗者允許採用逐步加強的電流去處罰另一些預先安排的知情、卻假裝不合作的實驗者。進行實驗前，米爾葛蘭教授原估計至多會有0.5%的自願報名者將會使用足以使人致命的450伏特電流（實際上並不通電）處罰另一批實驗者。然而卻不幸發現，竟有三分之二的尋常人在權威的庇護下，對無冤無仇的對手狠下毒手。

有趣的是，二十年後，瑞士一位女心理學家希托伊莉Therese Corinne Streuli刻意安排了數十位人士觀看米爾葛蘭實驗的記錄片，並要求其發表觀後感。出乎意料的是，多數人並非為受害者打抱不平，而卻對加害者表示同情。

前後兩個令人震驚的實驗說明，當前人們仍舊處於一個權威教育下的盲從世界，所謂的民間勇氣（civil courage）只有在對權威的迷信破滅之後才會真正產生。該實驗也間接說明，為何美國涉入越戰二十年、直到媒體徹底揭發美軍的胡作非為之後，才引起美國民間的大規模反戰運動。如今，揭發若干虐待俘虜的事件自然還不足以撕破解放伊拉克「正義戰爭」這張畫皮。不過，可以預料的是，美國人民將遲早要為虐待俘虜事件支付代價，美國也終有一天被迫加入國際刑事法庭，接受國際司法一視同仁的監督。

2005/05/16

五、趕巧的電視報導──一場美、英的鬧劇

2月5日，德國某電臺在黃金時刻報導了美國國務卿鮑威爾在安理會的發言之後，隨即插入了一個發生於13年前、但久為人們忽視、忘卻、壓制的消息，即一個科威特姑娘在美國國會公聽會上哭

訴伊拉克佔領軍在科威特所犯下的一系列非人道罪行。播報員的旁白則是，「3天後揭發該姑娘根本是個在美國長大、多年來沒到過科威特的女孩，這是一個羅織罪狀的的典型例子。」

話說1990年秋天，薩達姆為解決與科威特之間的糾紛而徵求美國的意見。美國駐伊拉克的女大使格拉斯皮（April Glaspie）卻對他表示美政府對該兩國間的爭執不作任何干預。隨後，伊拉克便放心地把軍隊開進科威特。由於科威特國防力量薄弱、無險可守，佔領過程中基本上也沒遭遇任何抵抗。待美國大張旗鼓、派兵遣將準備教訓伊拉克這個侵略者、並為自己的出兵計劃製造「合理性」時，就突然在全球媒體上出現了上述的鏡頭：一個15歲的科威特女孩聲淚俱下、控訴她如何親眼看到伊拉克軍人拔掉早產兒保暖箱的通氣管，由是導致數十名科威特嬰兒的死亡。該消息「走漏」之後，舉世震驚。老布希在不同的演講裏也連續引用該「殘酷事件」8次之多。此後……便獲得了聯合國安理會的軍事制裁授權，逼退了伊拉克佔領軍，退兵協定達成後又全面消滅了科、伊之間高速公路（後稱「高速死亡之路」）上正在撤退的萬名伊拉克士兵，先後打死30多萬伊拉克軍民，未經安理會授權情況下，把部分伊拉克領土劃出兩個禁飛區，對伊拉克進行了可能是有史以來最長的偵查、銷毀武器行動……。

雖然，幾天後媒體便發現該「見證人」不過是科威特駐紐約聯合國的大使的千斤，同時也揭發該「鬧劇」完全是出自受人雇用的美國公關公司（Hill & Knowlton）的手筆，但是事後活人早已炸成死鬼，誰還自討沒趣地追究責任問題？！

不論如何，看到德國電視臺的報導，筆者不由想到，媒體機構對許多事情畢竟是心知肚明，何時抖露或何時壓制某條新聞完全是看一時的政治需要。不識時務者，如1999年的南斯拉夫電視臺，不

就因為報導戰爭實況而連續吃了兩次飛彈、炸死了近20名媒體工作人員嗎？！

再回到原本要談的鮑威爾先生在安理會上對伊拉克列舉的一系列指控，其中，他特地讚揚了英國政府提供的一份「好文件」（fine document），因為該文件「詳細描述了伊拉克的一系列矇騙行為」。不幸，受寵若驚且多事的英國媒體人員追蹤資訊來源時，順藤摸瓜地發現，該政府的「調查」報告竟然抄襲自一位美國加州學生12年前發表的研究報告。該報告總共不過19頁篇幅，而政府大員們（或者又是某公關公司）卻連帶所有文法錯誤「借用」了10頁之多。經媒體揭露後，英國首相也不得不在議會裏公開承認這個大烏龍。談及此，不由得地對德國電視臺的敏感與勇氣佩服三分。其實許多媒體界人士兜裏的類似醜聞、鬧劇多得不勝枚舉，只不過時機不對，發表了也沒人相信；或者，萬一發表的時機不巧，造成「惡劣影響」，就必須面對炒魷魚的厄運。

2003/02/10

六、北約組織的宣傳

最近，筆者在加拿大、多倫多市召開的「世界華文大眾傳播媒體協會首屆年會」上所作的演講中曾提及一個小故事，即在八、九十年代之交，全球媒體一度同時傳播著從羅馬尼亞發佈的幾個鏡頭，即幾具剛由地下挖出來的屍體赤裸裸地展現在螢幕上，死者的年齡不等，而每具屍體胸腹上經過縫合的傷口則清晰可見；其旁白則是，「這些人都是國家安全人員暴行之下的犧牲者」。數星期後，共產政權崩潰，總統齊奧塞斯庫夫婦也遭槍決。突然間，個別媒體又傳出「那些屍體其實是經某醫院解剖之後才埋葬的病亡者」。

　　針對該假消息，歐洲新聞界與學術界事後就「為何全球媒體明明知道受騙上當之後，多不願繼續報導和加以糾正？」進行了廣泛的討論，最後，大家的一致結論是，大多媒體將錯就錯的原因在於，散佈該錯誤消息可以達到反共的目的。

　　眾所周知，此次北約組織對南斯拉夫進行為期三個月之久的狂轟濫炸，提出的主要理由是「南斯拉夫當局對科索沃的阿爾巴尼亞族進行迫害，以致於造成2萬多阿族的逃亡」。轟炸展開後，北約為了自我辯解，又大肆宣傳80多萬難民多是南斯拉夫政府塞爾維亞族的「民族清洗」行動所導致。轟炸結束後，北約為了鞏固轟炸行動的合理性，又到處散佈「在科索沃地區多處發現屍體總數高達上萬人的萬人坑」。

　　如今，經過四個多月的調查，可以肯定的是，在北約進行轟炸之前，科索沃地區塞爾維亞族難民人數遠遠超過阿爾巴尼亞族。換言之，科索沃解放軍與阿族暴民所從事的排除異己的行為與規模遠較塞族為嚴重。

　　至於導致80多萬難民的原因，雖然目前還沒有一個客觀的全面調查，但單單從俄羅斯當局對車城的軍事行動看來，即便彼處不存在任何民族清洗問題，狂轟濫炸就已造成30－40萬的難民。比較之下，北約組織在轟炸過程中所投擲的炸彈、導彈總火力相當4顆二次大戰時期投在日本廣島的原子彈。因此從邏輯推理，大可相信80萬難民中至少有半數以上系直接由北約的軍事行動所造成。

　　在「萬人坑」方面，最近先後有美國斯特佛調查中心（Stratfor Intelligence Center，一個為美國大企業服務的民營新聞社）、國際戰爭犯罪法庭和西班牙的調查小組所提出的調查報告加以證實，所謂的「萬人坑」純為虛構。迄今各處發現的屍體至多有200人為塞

族所殺害,該數字不止是與北約的宣傳有很大距離,甚至還遠低於直接由北約炸彈所炸死的2000名塞族平民。

　　固然,上述北約組織所編織的假消息在西方媒體已有零星報導,但與北約的宣傳力量與影響力加以比較,目前這些「揭發材料」所能起的作用基本上等於零。西方媒體之所以羞於公佈真相,原因應當不外於:1.媒體本身缺少職業道德和勇氣;2.將錯就錯還可達到反共目的;3.擔心一旦引起公憤,起碼北約組織與成員國的領導人都得出現在國際刑事法庭的被告席上。

1999/11/17

七、凱利之死與英國的「惹火」情報

　　2003年9月,攻打伊拉克行動箭在弦上,英國首相布萊爾召集會議,下令把已收集的有關伊拉克「證據材料」作一重大修改。此後幾經修改,政府官員卻仍不覺滿意,於是要求把內容改得更加「惹火」(sex up)。

　　9月24日,文件草案中輾轉出現「伊拉克可在45分鐘內動用大規模毀滅性武器」一語。布萊爾隨後便依據此內容,宣稱伊拉克之威脅「嚴重又迫切」。此後,政府有關單位甚至把1991年左右一個研究生的論文內容抄襲來作為情報證據。除此,政府還提出「伊拉克向尼日利亞進口核原料」的指控。其實,該發貨單早經聯合國專家揭穿為偽造。嗣後,這些「偽材料」(dodgy dossier,英國媒體用語)還受到美國國務卿在安理會會議上正式引用。這一系列烏龍事體經媒體揭發後,一度使得美國極為尷尬,而不具有911事件「道德優勢」的英國政府則更加灰頭土臉。

　　伊拉克戰爭結束後，曾經參與聯合國監核調查工作、兼具英國政府武器專家顧問身份的生化博士凱利（Dr. Kelly）由於不滿政府的弄虛作假行為，便將更改材料的內幕，和參與編制文件的專家的抵制情緒，吐露給至少兩位以上的記者。

　　5月29日起，英國廣播公司（BBC）記者吉雷根（Gilligan）多次在大媒體揭發此「惹火」材料的黑幕，並表示「他認為政府應當知悉、參與整個經過」。隨後，政府有關官員一方面指責泄漏消息者為散佈謊言的「邪惡分子」（rogue elements），一方面強烈要求BBC更正與道歉。布萊爾的首相寶座一時岌岌可危。

　　6月19日吉雷根在國會外事委員會聽證會上堅守職業道德，拒絕吐露凱利博士真實身份，並重述消息之可靠性。BBC公司則全力以赴維護公司與記者的聲譽。

　　6月30日凱利博士感覺不妙，向上司承認曾與記者接觸一事。7月7日布萊爾再次召集會議討論凱利問題，國防部則於7月9日對外揭露凱利之姓名身份，此後還下令凱利接受國會外事委員會聽證會的兩次「煎熬」（grilling），目的則在於讓不願當眾承認吐露情報的凱利博士在聽證會上「操掉」BBC的記者吉雷根（fuck Gilligan，原文見首相府新聞主管茨貝爾Campbell的日記http://www.guardian.co.uk/hutton/story/0,13822,1021813,00.html）。

　　7月18日，凱利博士出於「萬念俱灰」（其妻語）的心情自殺身亡。20日BBC宣佈凱利博士確實為吉雷根記者與女記者瓦茨（Susan Watts）的消息供給人。21日，布萊爾任命高級法官赫頓（Lord Hutton）進行調查責任問題。8月28日，布萊爾宣佈承擔泄漏凱利身份的責任。9月17日吉雷根記者坦承「政府知悉整個經過」的提法為「一時失言」。

本年1月28日赫頓法官提出調查報告，其中指出要點（大意）如下：

1.凱利之死純為自殺，與政府透露其身份無關；凱利透露機密為「不知輕重」的「求表現」，其個性「難以相助」。2.布萊爾無不當行為，其要求「文件內容證據確鑿的殷切心情可能影響下屬編制言辭過頭的文件」。3.BBC的編輯工作有問題，因為它沒適當注意到吉雷根單單依據採訪筆錄的失實報導，以及對民眾所造成的不利影響。4.吉雷根的「製造惹火材料」的報導，是種不瞭解情況下對政府與情報機構的嚴重誣衊。即便「45分鐘……」一事以後的確證實是錯誤的評估，但此時指控政府「知悉製造假材料」卻是毫無憑據。5.英國情報單位對伊拉克的評估基本無誤（赫頓不提是否存在大規模毀滅性武器問題）。政府之吐露凱利的身份，主要是考慮到民眾對此問題的關心，但為了避免刺激凱利起見，應當事先通知他。

如此這般，赫頓大法官洗清了布萊爾及政府的所有責任，同時也一面倒地對BBC作出嚴厲譴責。赫頓報告提出後，BBC公司若干領導相繼辭職，記者吉雷根也提出辭呈。但通過民意調查揭示，多數民眾卻認為BBC的可信度更高。

赫頓的「調查」最大漏洞在於單憑吉雷根記者的手頭筆錄，便對吉雷根的報導的真實性作出駁斥。實際上，如果同時也參考女記者瓦茨的電話錄音（見上文網站資料），完全可證明凱利博士提供的資訊與吉雷根的報導基本上無任何差別。吉雷根的「錯誤」僅僅在於採用藝術誇張的手筆，把政府編制材料時層層加碼的做法，用「惹火」一詞給自己惹禍。除此之外，他應當正確地說「凱利認為政府知悉、參與更改文件」，而不該說「我認為政府知悉、參與更改文件」。如果拿此記者的小小瑕疵與布萊爾最初「矢口否認曾決

定揭露凱利的身份」的推脫責任加以對比，赫頓法官的毫無「中立性」便一目了然。

就凱利博士而言，從電話錄音上，可以瞭解他作為一個學術權威對弄虛作假的權術手段所感到的不屑和痛苦，但是當他被上司（國防部）拋給聽證會「煎熬」時，卻出於種種考慮，不敢直接承認曾經與上述兩記者吐露過任何信息。因此，「不敢承認」的客觀效果等於是出賣了兩位記者。新聞主管茨貝爾的原意是讓凱利博士當眾「操掉」記者，卻沒料到凱利這個書生如此不堪煎熬，反倒逼他結果了自己的性命。這就難怪在聽證會上，若干議員眼看著凱利的痛苦表情便直言問道：「凱利博士，你是否覺得讓人給拋到狼群之中？」

布萊爾以至於國防部對凱利之死負有刑事責任嗎？即便沒有，至少該受到「逼迫一個有道德的科學家走投無路」的良心譴責。

二次大戰結束時，紐倫堡大審曾試圖改變西方的傳統法制觀念，即任何下屬均不得以「執行命令」為由，從事不法行為（那怕是書桌邊的共謀），或為自己參加、從事的罪行加以開脫。凱利正是看不得行政官僚的無法無天而採用自己的辦法「糾偏」。如今，為此正義之舉不但丟了性命，還受到最高司法人員的奚落，這或許說明紐倫堡大審的精神不過是對戰敗者提出的要求，對自己則是繼續抱團和互相包庇。除此之外，頗令筆者感到離奇的是為何英國竟可能發生「行政當局挑選調查人選對行政機構的責任問題進行調查」的荒唐事體，同時也不能理解為何BBC負責人直到赫頓法官作出不公裁決之後，才對此「叢林程序」提出質疑？

走筆至此，筆者除了以新聞工作人員身份對BBC與其記者吉雷根的風度與勇氣表示高度讚揚之外，也同時擔心八十年代美國雷根

政府對新聞媒體的整肅是否也會發生在英國。果真如此,則全世界的媒體都將淪為國家的宣傳工具。

最後,捺不住地要問,到底伊拉克的大規模殺傷性武器何在?這點,似乎非屬赫頓法官的職權與興趣範圍。但是,這卻是真正的核心問題、良心問題所在!

2004/02/01

八、英、美的情報工作進退維谷

上月底,具有美國中央情報局身份、負責調查伊拉克大規模毀滅性武器的大衛凱(David Kay)除決定撤回500名軍方調查人員外,還表示經過半年多的實地調查,沒有發現任何「大武器」。本月初,美國國務卿鮑威爾被問及「如果事前確知伊拉克沒有大規模毀滅性武器,是否還會發動戰爭?」鮑威爾答道:「不知道!」,但卻表示「歷史會證明攻打伊拉克是正確的」。與此同時,美、英兩政府均指令負責人對情報當局的「錯誤情報」進行調查。

布希、布萊爾既然要拿情報人員充當替罪羔羊,自然會引起情報單位的反彈。例如英國前任國防情報局的局長瓊斯(Brian Jones,去年卸職),兩天前便毫不客氣地向《獨立報》(Independent)指出,草擬「調查報告」時,所有情報人員均對「伊拉克可在45分鐘內動用大規模毀滅性武器」的指控不表贊同,儘管如此,「聯合情報委員會」(JIC)與首相府新聞官坎貝爾(Campbell)卻執意要如此措詞。這點,他曾向負責調查凱利博士(Dr. Kelly)之死事件的赫頓法官(Lord Hutton)透露,但赫頓卻沒予理會。今日(星期四),據聞美國中央情報局局長田能特(Tenet)也將公開發表說明,為情報局的工作進行辯護……。

　　九十年代以來，不時有情報人員和聯合國監核組人員不顧職業風險、挺身出來揭發美、英政府在南斯拉夫及伊拉克捏造假情報的事件，其中較有名者，首推凱利博士和瑞德斯高特（Ritter Scott）。原因在於，當前的情報工作涉及高科技，因此必須招聘受過嚴格學術訓練的專業人士。然而始料不及的是，一旦這些具有扎實學術訓練的人員取得任何具體調查結果，多不能忍受上級政客的肆意歪曲和濫用。如果發現辛勞的調查結果經上級過濾後偷梁換柱，甚至是非顛倒，則沒有任何後顧之憂的情報人員尚且敢於當面頂撞；至於年邁者，如凱利博士，便只能滿懷委屈地偷偷將內幕透露給新聞記者。

　　在凱利博士的電話錄音中，其實已明確指出英國情報人員對上級的舞弊行為不滿一事，如今經情報局局長再次證實，責任問題似乎就已一目了然，如今再指派任何調查委員會進行半年時間的調查，除了為達到拖延目的之外，對事實真相的探討則完全於事無補。目前值得注意的倒有兩點，一是調查人員的委派多經行政當局的任命，因此其「調查」結果多半是替當局開脫責任；一是情報人員早已牢騷滿腹，如果還要褙上「失職」黑鍋，則造反的人數就肯定更多。

2004/02/05

九、英、美政治醜聞欲蓋彌彰

　　本月26日，聯合國發出通函，稱「如果外間媒體報導的『英國情報機構竊聽聯大秘書長的電話談話』一事屬實，則我們至感失望……，果真如此，秘書長要求立即停止此行為……」。除此之外，聯合國發言人還著重強調1946年與1947年聯合國與美國政府之

間達成的協定，以及該兩協定與「1961年維也納外交關係協定」一道規定的，「聯合國設施不受侵犯、搜索、查詢和任何干預的特權」。

究竟該竊聽醜聞是如何揭發出來的呢？首先，據英國媒體報導，本星期四，英國前國際發展部大臣肖特（Clare Short）對外透露，在去年伊拉克戰爭發動前，英國間諜曾對聯合國秘書長安南進行竊聽活動，以掌握聯合國及各關鍵國家在伊拉克問題上的態度。肖特表示，她親眼見過安南談話內容的竊聽記錄……。

肖特的指控經媒體傳開後，英國首相布萊爾便公開指責她「不負責任」，並辯稱「我們的情報及安全部門一向都是據國內和國際法行事。」

「巧合」的是，就在此醜聞揭發的前一天（2月25日），一位任職於英國政府情報部門「政府通訊總部」（GCHQ）的翻譯，現年29歲的凱瑟琳・岡獲無罪釋放。凱瑟琳・岡（Catherine Gun）操一口流利中國話，平日主要工作為替情報部門翻譯收集來的有關中國的機密文件與錄音。去年1月31日，她偶然在電腦上看見一封由美國情報機構發來的機密信函，內容為要求英國派人協助在6個國家駐聯合國代表的住房與辦公室進行竊聽，目的是，一旦掌握此6個「動搖國家」的意向後，便較易推動美國想要通過的安理會決議。凱瑟林・岡原本就不贊同攻打伊拉克，見此機密便私下裏製作了一份副本透過報章披露。此機密文件見諸報端後凱瑟林隨之受到逮捕、開除和起訴。主控方要求以「泄露國家機密罪」將她處以2年徒刑。如今，突然無罪獲釋，頗讓人懷疑是否有前部長肖特路見不平拔刀相助。凱瑟琳・岡於星期三離開法庭時說，「我不後悔，下回還會這麼幹」。令人關心的是，不知英國情報局是否還會讓她繼續幹？不論如何，此次事件，再度使英國的司法機構的中立性讓人懷疑，也再次使司法機構為了行政機構的胡來而蒙羞。

　　至於布萊爾，打從布希上臺後就讓人牽著鼻子沒過過一天好日子。一而再，再而三的弄虛作假事件經揭發後更是狼狽不堪。英國媒體每每嘲諷布萊爾為美國的哈巴狗，然而真正令人歎為觀止的是他睜眼說瞎話的硬功夫。

2004/02/27

十、媒體擺佈下的非典恐慌

　　中國的媒體向來存在「外銷轉內銷」的問題，即當政府有意製造輿論時，往往先把消息在境外散佈，然後再當做中立、客觀意見引進國內並廣為宣傳。這次，非典事件，卻是一件典型的、反向的「進口轉出口」事件。

　　首先，它是在伊拉克戰爭期間，美國媒體刻意採用設置議題（agenda－setting）的手法，把非典事件當作第二條重要消息報導，其目的不外是故意製造錯覺、轉移視線，讓人誤以為殘酷的戰爭之外，還有其他更嚴重的恐怖事件。此主流媒體傳來的消息再經國人的「恐怖處理」，更是讓主流媒體感到證據確鑿和振振有詞，於是乎，幾經雙向渲染，中國就得蒙受110億美元的經濟損失。如果中國人的體質如此易受感染，如此缺少甄別能力，如此樂於充當西方媒體的奴隸，試想中國的人口佔全球五分之一，每年由中國源起的傳染病理當佔全球的同樣比例，如果每種傳染病都成為西方媒體設置的首要議題，都能達到「進口轉出口」目的，和損失110億美元的結果，那麼中國還需要什麼國防，還會有什麼指望？

　　誠然，任何傳染病都應當認真對待、嚴加防範，但是，必須瞭解的是，全球每年流感造成的死亡人數就不下於50萬，而非典擴散了幾近半年，死亡人數不過在300左右。此外，幾乎任何一種常見

的流行性肺炎死亡率都要超過非典（非典死亡率在5-10%之間），國人有必要那麼風聲鶴唳、失魂落魄嗎？筆者雖無統計數字，但相信以中國人的體質（指肺虛、低血壓、貧血等等），單單以戴口罩所引起的缺氧後遺症，危害性就遠遠超過非典。

其實，如果願意接觸一下西方專門機構的評估，應當瞭解國人自殘的無知與可笑。以下，不妨節譯幾條德國法蘭克福大學病毒研究所負責人拉本瑙（Holger Rabenau）的意見（原文載於4月26日奧地利《標準報》）：

「此次造成的恐慌主要該由媒體負責，而非非典……」；「非典擴散遠遠不到引起恐慌程度」；「這次或可視為預防未來可能發生的災難性流感所進行的全球性演習（筆者按：1918年曾有10億人感染，2000萬人死亡）……國際社會發揮了充分合作」；「大多預防措施均為必要、有效，之仍然引起過度驚慌，系由媒體的煽情報導、非真實消息和重複宣傳所造成。只要提個上百遍昨天死亡217人，今天高達250人……然而，250人死亡究竟算什麼呢？導致眾多人數死亡的疾病不勝枚舉，而媒體卻半字不提」；「即便在北京也無戴口罩的必要……迄今受感染的主要群體為醫務人員……除非有人當面擤鼻涕、咳嗽，否則我不覺有戴口罩的必要」；「相信至遲兩個月後即跨過春季患病高峰期，而後則逐步淡化，對此我基本上持樂觀態度。」總而言之，中國為此一場「國際大演習」、「大鬧劇」已付出了太大代價。為防患未然，華夏文化圈各個當局似有必要從速建立應付危機機制，不僅隨時對傳染病能夠有所提高警惕，尤其對國內外媒體的失實報導、惡意宣傳要拿出對應辦法。如果此次教訓能夠提高國內媒體、政界的體質與素質，或許110美元的代價還算是個撿來的便宜。

2003/4

十一、誰毒害了五千庫爾德人？兼談美國情報官證言的真偽

2003年3月24日，對伊拉克開戰的第4天，筆者發表了一篇以《一個中東問題專家兼情報官員的證言》（見附件）為題的報導，主要內容涉及美國具有「情報人員」、「中東問題專家」雙重身份的戰爭學院皮勒迪教授（Stephen C. Pelletiere）的調查結果，即1988年對庫爾德人施放毒氣彈的元兇不是當時備受指責的伊拉克當局，而是伊朗。

皮勒迪的調查報告發表在2003年1月31號的《紐約時報》上。其時，美國攻打伊拉克的意圖已相當明顯，對伊拉克「擁有大規模殺傷性武器」的指責也不絕於耳，其中自然也包括主流媒體對伊拉克當局毒害庫爾德族的抨擊。在此背景下，突然有位美國專家提出與官方的中東政策相左的意見，並卸除伊拉克當局使用化武的部分責任，便引起了包括筆者的許多人注目，同時也促成本人加以報導的決定。究竟，皮勒迪教授的調查報告是真是假呢？

話說1988年初，伊朗經過8年苦戰，轉被動為主動，開始向伊拉克本土進攻。由於伊拉克的庫爾德族向有獨立傾向，並不斷受伊拉克政權的壓迫，伊朗便於戰爭期間不斷向伊拉克境內的庫爾德族進行軍事支持。3月中旬，靠近伊朗的伊拉克哈拉布亞鎮（Halabja town）周邊地區已為伊朗部隊所佔領，而哈拉布亞鎮則由當地的庫爾德民兵控制。伊拉克當局在此之前已對境內反叛的50多個庫爾德村鎮進行過毒氣掃蕩，此時見哈拉布亞鎮又落入敵方之手，便於3月16、17兩日一不做二不休地投擲大量毒氣彈。據估計，死亡人數至少為5000人。消息傳出後舉世譁然，聯合國也迅即於4月11日派送專家小組前往調查。儘管參與調查工作的比利時毒理學專家海恩德利斯（Aubin Heyndrix）與瑞士國防部化武部主任亞諾伯斯特格

博士（Dr. Ulrich Janobersteg）從毒氣彈的彈片對比、傷者的血樣、尿樣、頭髮化驗，得出「肇事者為伊拉克一方」的結論，聯合國卻出於不難理解的原因，始終沒有將該報告公佈於眾。儘管全世界均交相指責伊拉克一方的野蠻行為，同時，其後也無法證明伊朗一方使用過化學武器，美國政府卻交待外交人員散佈「伊朗一方也施放毒氣」的假消息。不論如何，該事件14年之久無人追究而不了了之，受難家屬與傷殘者也得不到任何一方的關注、照料與補償。2001年，911事件發生，美國政府為了攻打伊拉克，突然又把該事件提出來作為摸黑薩達姆的憑據。到此為止，哈拉布亞事件應當已是取得共識、真相大白了。那麼，為何皮勒迪教授此際卻突然提出異議呢？

　　據筆者推測：一種不太可能的可能即是他的專業能力有問題，或說他根本就沒有深入探討問題的道德、興趣與能力；二是，以他的任何一重身份，不可能不接觸聯合國調查小組的報告。於是乎，如果「刻意散佈假消息」的推測能夠成立，便極為可能是又受到政府的交待，要趁機把伊朗一併摸黑，並為攻佔伊拉克之後的下一場戰爭製造輿論。

　　就客觀意義而言，筆者發表的《一個中東問題專家兼情報官員的證言》文稿，以及所有做了同一報導的國際媒體與評論員，都不自覺地充當了美國中情局的傳聲筒。該事件不啻說明一個事實，即在一個強大的國際力量刻意壓制信息和製造假情報時，即便是一個新聞系研究「情報與宣傳手段」的學者，也難逃陰溝裏翻船的厄運。

2007/01/04

參考一：Salar Bassireh，Der CIA-Mann und der Giftgas Einsatz gegen Kurden im Irak　http://www.kurdbun.com/basireh/Jungewelt.pdf
參考二：http://www.answers.com/topic/halabja-poison-gas-attack

附件

一個中東問題專家兼情報官員的證言

911事件過後，美國皮勒迪教授（Stephen C. Pelletiere）的反應極為令人矚目。事發兩天後（13日），他即對媒體表示：美國政府將把該事件當做戰爭對待；美國的客觀情況雖無改變，但今後政策會使國家改觀；賓拉登雖不具備策劃該事件的能力，但會被美政府當做替罪羊；美國即將攻打阿富汗……。

皮勒迪教授還認為，美國的新政策並非政客、媒體要員的即興之作，而是智囊團與政策研究機構的長期結晶，今後政策只有在商業利益直接受損的情況下才會改變。

皮勒迪為加州伯克來大學政治學博士，主攻中東問題，曾在母校執教，現職為美國陸軍大學教授。皮勒迪還在中東擔任過記者和研究員多年，82至87年兩伊戰爭期間曾以美國政府情報官員身份，專門分析該次戰爭情勢。以下，不妨順便介紹一下，他對若干熱門問題的解釋：

1. 伊拉克施用毒氣彈殺害庫爾德族問題：根據皮勒迪接觸過的美國政府機密調查報告，以及他本人所領導的軍方調查，他說，「我們確知，毒氣彈事件發生在兩伊的戰鬥過程中，伊拉克曾嘗試使用毒氣彈殺害佔領伊拉克哈拉布亞鎮（Halabja town，靠近伊朗）的伊朗士兵，庫爾德人並非伊拉克的攻擊目標，只是不巧陷身於戰火之中。該戰役結束後，美國國防情報局（USDIA）向所有有關機構提出的機密調查報告指出，庫爾德族實際為伊朗一方的毒氣彈所殺害，而非伊拉克。

情報局查證兩方均曾在該地區互相使用毒氣彈。就庫爾德人死者的跡象分析，可推測死於伊朗一方擁有的氰化物毒氣彈（Cyanide-based），而一貫使用芥子彈的伊拉克，則在當時還沒有氰化物毒氣彈……據調查所知，雙方再三使用的化學武器均使用於戰鬥中，而非針對平民」。

2. 雙方執意奪取哈拉布亞鎮的原因：「伊拉克可能是世界石油蘊藏量最豐之地是眾所周知，但就區域政治和地緣政治意義而言，更關鍵的可能是伊拉克擁有中東地區最發達的河流系統……西元六世紀時，伊拉克的灌溉系統已是四下密布，並成為該地區的穀倉。兩伊戰爭之前，伊拉克在庫爾德人區域建立了龐大的水利系統……伊朗佔領哈拉布亞鎮的目的即在於控制規模最大的水壩（Darbandikhan）。九十年代即經常見人提議建一條所謂的「和平管道」，把幼發拉底、底格裏斯河的水引至乾旱的海灣國家及以色列，但由於伊拉克不合作，並沒取得進展。如果伊拉克落在美國人手裏，情況自然改變。美國一旦控制伊拉克的石油，甚至控制它的水源，則完全可以改變中東地區的人口密度，由是可能在數十年內沒人能夠對美國進行挑戰……打仗之前，美國政府似有必要把實情向美國百姓交待……除非美國政府能夠證實薩達姆的其他嚴重罪行，否則必須解釋清楚，為何我們在再三責備伊拉克的人權問題之時，卻同時在支持那麼許多的暴政？」2003/2/24編譯資料取自美國陸軍大學戰略研究所，參見：http://www.carlisle.army.mil/ssi/bios/prev/spelletiere.html。

第六章　中東、中亞問題

第一節　巴勒斯坦

一、哈馬斯何去何從？

2月9日，俄羅斯總統普京對外表示，俄羅斯從來沒有將哈馬斯視為恐怖組織，因此將於近期內邀請哈馬斯領導人前往莫斯科訪問。普京此舉，頓然引起廣泛關注，美國一時之間也不知如何反應是好。

自1月25日哈馬斯在在巴勒斯坦立法委員會選舉勝出後，即造成各當事方進退維谷的局面。一方面，西方國家及以色列始終把該組織定性為恐怖主義組織，對其採取不接觸、不承認的態度；一方面，不得不承認該次選舉為「民主、公平」（布希語），由是又必須正視巴勒斯坦人民的自由選擇。哈馬斯方面，眼看即將主政，既需要國際社會的承認與資助，又無法堅持武裝鬥爭的強硬政策。值此關鍵時刻，普京突然打破僵局，向哈馬斯投擲橄欖樹枝，不啻為國際外交謀略的大手筆。此舉，一來給各爭議方提供了下臺階，同時又討好了整個阿拉伯與伊斯蘭世界。尤其難得的是，才不過一個星期，便輕而易舉地改善了「在國際原子能機構幫助美國欺負伊朗」的不良形象。此外，通過此一動作，也讓大家清楚看到俄羅斯的外交自主性。雖然，多年來它為了融和於歐盟框架，儘量與歐盟配合，但是，也不時能夠透過主動行動，適時表明自主立場。

　　當下引起各方關注的是，哈馬斯今後一旦執政，將如何面對以巴衝突的3大核心問題，即難民問題，國界問題（包括耶路撒冷問題）和猶太人不斷擴充的定居點問題。

　　1948年以色列建國前後，一共驅趕了70-80萬阿拉伯人口（其中包括30-40萬左右的巴勒斯坦人）。60年過後，如今其人數已膨脹至370萬左右，散居在巴勒斯坦各難民營和鄰近的阿拉伯國家。這批難民生活困苦，失業率極高，又遭各「庇護國」的歧視待遇。無可諱言，難民回歸問題始終是個無從解決的問題。

　　就國界問題而言，當前所謂的領土劃分問題或國界問題，並非是1947年聯合國大會第181號決議所劃分的土地。根據該決議，以色列應當只佔有巴勒斯坦地區的56%土地。但是通過幾次戰爭，以色列的佔領地區便擴充至整個地區的80%。甚至在1967年戰爭之後，以色列還不斷通過定居點的建立，實際佔據和控制巴勒斯坦人所剩的20%的土地的一半以上（西岸猶太移民人數約達20萬，佔據最好的土地）。如今所討論的「歸還巴勒斯坦領土」，實際上是指恢復1967年戰爭前的狀態，也就是說，恢復在此之前巴勒斯坦人擁有的20%土地，其中，自然也包括大部分猶太人非法定居點。

　　按照聯大181號決議，耶路撒冷應當成為聯合國託管的國際城市。如今西城受以色列控制，東城除了部分猶太人定居點（此地猶太移民也已達20萬之多）之外，大部地區為巴勒斯坦人居住並受其自治政府控制。至於位居耶路撒冷中央的老城，佔地雖不足1平方公里，卻劃分為巴勒斯坦人、基督教徒、猶太人、和亞美尼亞區。耶路撒冷同時為猶太、基督、伊斯蘭三大宗教的聖地，以色列建國以來，雖然多次大打出手，但各當事方多不敢傷及該聖地，同時也不敢貿然提出獨佔耶路撒冷的主張。

顯然，上述情況對巴勒斯坦人極為不利。戰爭、反抗越是頻繁，權益與領土丟失反倒越多。原因除了實力對比過於懸殊、西方國家偏袒以色列之外，更重要的是阿拉伯民族既不團結，又無法洞穿以色列的蠶食策略目的在於製造永久的張力，同時還可通過新的既成事實，來轉移巴勒斯坦人對老問題的關注。

以色列的持續擴張，顯然超過本身的國防需要，而維持張力的目的，無非是鼓動周邊國家以資源出口換取軍備。如此這般，既滿足了強權的利益，又凸出了以色列的地緣戰略重要地位。鑒於此，「解決問題」既不符合「公司路線」；而且現實上，上述任何一個問題也根本無從以傳統辦法獲得解決。該現象與台海兩岸作一對比，確有許多雷同之處，即維持「不戰不和」、「不獨不統」狀態，最符合美國的經濟、戰略需要，也最能夠讓美國「買空賣空」、隨時利用新的花招（如臺北當局的不斷動作），迫使北京做出美國期待的讓步。

哈馬斯之所以獲得民眾支持，原因固然是多方面的。但最主要的是法塔赫看不到以色列需要張力，因此始終試圖通過抗爭與談判來「解決問題」，而所得到的卻是不斷的羞辱與民眾的失望。80年代末期哈馬斯作為法塔赫的對立面、以強硬姿態出現於政治舞臺，初時還甚至受到以色列當局的鼓勵與容忍。1994年後，巴勒斯坦一方的部分抗爭方式轉化為人身炸彈，其實也不應由哈馬斯承擔所有責任。追根究柢，此種恐怖主義活動的始作俑者，還是八十年代中期起在阿富汗大規模培訓恐怖分子的美國政府（英、沙、巴基斯坦均參與其中）。如今，哈馬斯既登上執政舞臺，便面對著無法從事游擊戰術、無從逃遁的局面。於是乎，今後給哈馬斯擺明的出路不外如下幾條：一是，與法塔赫組織聯合政府，走阿拉法特的老路，其結局則是讓民眾再度失望；二是，堅持武裝鬥爭，而後遭到以色

列的武力剷除；或者⋯⋯採取一種新的思維方式：把巴勒斯坦境內
各民族、各宗教群體一視同仁，以促進融和、不抗爭、不提要求的
方式對待猶太人，從而讓「和平攻勢」來消除「張力」的一切著力
點，讓時間來化解上述三大問題。如此一來，主張和平解決的猶太
人社團自然會積極配合，國際社會也不再有任何偏袒一方的理由。
外來武裝干預一旦失去打擊對象與合理性，則整個中東地區將有組
合自己的政府，安排自己的資源與前途的機會。當然，要求哈馬斯
如此改弦易轍，困難度絕對不低於讓鷹變成鴿。

2006/02/13

二、巴勒斯坦難民問題何時了？

自去年9月以色列、巴勒斯坦紛爭激化以來，一個最凸顯的現
象就是：過去，生活在東耶路撒冷的巴勒斯坦人不曾參與反以色列
的暴力活動；如今，該地區竟有不少的巴勒斯坦人為支持被佔領區
的阿拉伯弟兄，不顧一切地進行鬥爭。如此一來，以色列人民更加
為自己的安全感到忐忑不安，因此，一方面在選戰中給強硬派鋪平
了執政的道路；一方面也引起各方揣測，沙龍上臺後是否會為了一
勞永逸，甚至把東耶路撒冷的巴勒斯坦人也一併趕走。

最近，柯林頓總統卸任之前，曾為以、巴紛爭進行調解，結果
無功而返，其原因除耶路撒冷的歸屬問題之外，最棘手的便是巴勒
斯坦難民問題。巴勒斯坦當局在談判期間始終援引1948年聯合國大
會《第194號決議》，堅稱370萬巴勒斯坦難民具有返回故居的權
利；以色列一方則只願讓少數難民以「家庭團聚」名義返回老家。

巴勒斯坦難民究竟有多少？為何事隔50多年問題仍不見解決，
責任在何方？難民的前途為何？以下，為有助於讀者對該問題的瞭

解，筆者在介紹難民產生的經過同時，也將列舉以、巴兩當事方的辯解。

最初的難民

當以色列於1948年5月14日依據聯合國大會1947年11月通過的第181「巴勒斯坦分治」決議宣佈獨立之後，立即受到阿拉伯國家的聯手攻擊，但由於阿拉伯國家不敵，便造成了一般人所理解的「73萬巴勒斯坦難民問題」（此為聯合國統計數，阿拉伯一方認為人數多達85萬）。

對猶太人說來，這73萬人之中實際上至多只有35萬稱得上真正的巴勒斯坦人，其他則多屬遊牧為生、居無定所的貝督因人和第一次以、阿戰爭前不久才移居至巴勒斯坦的阿拉伯人。

在巴勒斯坦人看來，不論這73萬難民是否為地道的巴勒斯坦人，關鍵是他們流離失所的命運與巴勒斯坦人毫無二致。

增長的難民與永久的難民

據統計，1948年因戰爭而逃亡的「73萬難民」經過50多年三、四代的人口增長（增長率3.9），目前人數已達到370萬之多，其中，絕大多數分佈在西岸（包括東耶路撒冷）、加沙（此兩地約140萬）、約旦、黎巴嫩、敘利亞（此三地約230萬），而這370萬人之中約有三分之一始終滯留在難民營內，並長期以難民身份接受聯合國近東救濟工程處（UNRWA）的援助。

依據猶太人的看法，1948年的戰爭也同時使原生活在阿拉伯地區的猶太人遭到驅趕的命運，並因此造成82萬猶太人難民投奔以色列的大悲劇。如果說，單憑以色列這彈丸之地先後就能吸收將近

300萬來自100個國家的猶太人移民，其他小國家如葡萄牙也能夠在放棄若干殖民地時毫不猶豫地接納多達100萬的僑民，而巴勒斯坦難民儘管每年花費聯合國2.8億美元的援助，卻隨著人口膨脹而使問題日趨嚴重。除此之外，巴勒斯坦難民在其他疆域遼闊、資源豐富的阿拉伯國家，非但無法融合於主流社會，甚至長期受到二等公民的歧視性待遇，其責任自然就不能單單推諉至戰爭或猶太人身上，而要檢討聯合國無休止的援助政策是否現實？收容國家是否為了向以色列討回失地而有意拿難民問題當作鬥爭、施壓手段，而沒有盡到向阿拉伯同胞兄弟施加援手，使巴勒斯坦難民早日安頓、歸化、融合的責任？

　　針對猶太人的批評，巴勒斯坦一方認為，根據一系列國際條約，難民具有返回原居地，取回原有財產或獲得賠償的權利，因此起碼在阻止難民回返方面，以色列政府明顯違背了國際條約的規定。

　　據旁觀者觀察，儘管巴勒斯坦領導當局在談判桌上態度強硬，實際上卻非常瞭解其他阿拉伯國家最感迫切的問題是如何通過和平談判手段從以色列一方取回失地。至於難民問題，如果巴勒斯坦人放棄武力收復故土的打算，諸收容國讓幾百萬難民歸化、融合完全不是件難事，但如果巴勒斯坦難民自組武裝力量，不聽從客居地政府的指揮，便既可能給客居地帶來安全危機，又極易造成社會動蕩，因此反倒成為客居地極欲切除的腫瘤。有鑒於此，阿拉法特當前的處境極為尷尬：如果輕易揚言放棄難民回返的要求，便等於失去眾多巴勒斯坦難民的支持；而如果對以色列採取強硬態度，則手頭上既沒有可以支配的軍事力量，又無法仰仗兄弟國家的支持。因此就近幾個月的事態發展觀之，阿拉法特唯一的手段就是煽動烏合之眾進行「自發」的暴動，用不斷騷擾的辦法讓以色列不得安寧。

面對巴勒斯坦人的街頭暴力，以色列始終採取變本加厲的強硬手段還以顏色。自去年9月以來，350多名死亡者和數千名傷者絕大多數為巴勒斯坦人便是最好的證明。繼本月14日一個巴勒斯坦公車司機撞死8名、撞傷20多名以色列候車者之後，以色列民眾的反應異常激烈，要求趕走東耶路撒冷的百萬巴勒斯坦居民的呼聲甚囂塵上。然而據筆者觀察，這種過激反應應當不致付諸實施，原因是如此一來更會激怒所有阿拉伯國家並引起國際社會的譴責，另一方面也會打亂美國對阿拉伯世界分而治之的戰略部署。有鑒於此，以色列現時無論是誰主政，今後必須面對的選擇仍然是，要麼繼續視阿拉法特為談判對手並作出更多讓步，譬如，放寬難民「依親返歸」的限制；要麼讓阿拉法特靠邊站而後直接應對狂熱分子的挑戰。顯然，阿拉法特雖然手無寸鐵，但經過審時度勢，完全明白自己的籌碼雖然不多，但還不是一手臭牌。

2000/02/16

三、以、阿紛爭之癥結

以色列、阿拉伯之爭，如果從1948年5月15日以色列宣佈獨立之日開始算起，至今已維持了52個年頭；而如果從三十年代德、奧兩國的猶太人受到驅趕，導致大量移民並引起民族利益糾紛開始計算，則該問題幾乎可稱為本世紀最為棘手的爭執。

卸任在即的美國柯林頓總統自然瞭解整個問題的複雜性，但是，如果能夠通過他的斡旋，化解兩民族之間的紛爭，他將毫無疑問地在歷史上留下不可抹煞的功勳。

雖然自東、西兩大陣營緩和局勢明朗化之後，也相當程度地使中東各個有關當局採取更加平和的手段解決相互間的矛盾，然而越

是發展到所謂的「最後階段」，越是凸顯最具爆炸性的耶路撒冷的歸屬問題。當去年9月以色列反對派領袖沙龍走訪聖殿山之時，儘管其初衷並不一定是使矛盾激化，但巴勒斯坦一方的激烈反應，以及隨之而來的一切嚴重後果，均說明了耶路撒冷這個心臟地帶的事體恐怕不是柯林頓的三言兩語所能輕易打發過去的。

柯林頓兩星期前所提出的解決方案至今未正式發表，但通過媒體與若干當事人的透露，大體上包括以下幾點：1.耶路撒冷市西部歸屬以色列，東耶路撒冷，包括聖殿山、基督教區、亞美尼亞住區均歸屬巴勒斯坦；2.巴勒斯坦一方放棄人數約達370萬難民回歸故居的要求；以色列將其所佔領的加沙地帶的全部與95%的西岸地區歸還巴勒斯坦。

迄今為止，無論是巴勒斯坦當局或以色列政府均不敢冒然聽從柯林頓的建議，但一個可喜的現象是，雙方均同意以柯林頓的建議作為談判的基礎。如考慮到長期以來兩民族對耶路撒冷的特殊感情，以及去年9月以來紛爭的白熱化程度，目前兩當事方不斷然拒絕上述建議，甚至願意把談判推動到此一深度，凡對以、阿問題稍加留意者均知道該成果的確得來不易。如果國際社會值此關鍵時刻挺身而出，給予兩當事方更多的實質性幫助與保障，則談判便很可能在近期得到圓滿的解決。為說明問題之複雜與困難，同時在進一步分析兩當事方的立場之前，似有必要勾畫一下耶路撒冷的歷史背景。

耶路撒冷佔地僅158平方公里，人口65萬，同為猶太教、基督宗教和伊斯蘭教視為聖地。在猶太人眼下，耶路撒冷早在西元前十世紀即是猶太人的祖先大衛王所建的以色列王國的首都，由此，猶太人陸續在此地耕耘了500年之久，直到公元一世紀猶太人受到羅馬帝國的驅逐為止。當然，猶太人極不願提及的是，除了兩千年前

的「舊聞」之外，近兩千年流離失所的猶太人與耶路撒冷基本上脫離了任何實質性關係。

就基督徒而言，耶路撒冷是耶穌佈道、受難和復活升天之地，因此是天主教與新教這兩大基督宗教的發源地。基督徒自然也不希望任何人過度強調，唯有在拜佔庭時期的3百年和十字軍東征的2百年間的若干年，基督徒才真正與對該地進行過有效的控制。

據伊斯蘭教的解釋，耶路撒冷是先知穆罕穆德登霄之地，也是麥加與麥地那之後的第三大聖地，同時又是西元638年之後伊斯蘭教統治了長達10個世紀（包括十字軍東征的2百年混亂時期）的固有領土。但伊斯蘭教徒所不願面對的事實是，從宗教淵源觀之，《舊約》（見《創世紀》15.18，與《申命記》11.24）與《新約》有關耶路撒冷的記載遠遠超過《古蘭經》。

持平而論，儘管宗教在人類文化與生活中始終起著巨大作用，但現代社會應當具有的共識是，數千年前經書中的隻言片語不能再作為任何現實政治行為的圭臬，同時也不能拿來作為排斥他人的生存權利與居住權利的依據。

如前所述，以、阿之爭始於三十年代，到二次大戰結束時更是不可開交，於是聯合國安理會在美國的主導之下，於1947年11月通過了巴勒斯坦分治的《181號決議》，決議中規定巴勒斯坦分為兩部分，分別由巴勒斯坦和以色列這兩個將待成立的新國家統治；耶路撒冷則國際化，交由聯合國代管。

不料《181號決議》出籠後，在阿拉伯人的激烈反對之下更加使紛爭激化，結果在1948年5月15日以色列宣佈立國之日，阿拉伯國家聯合起來對以色列採取軍事進攻，並從此導致以後一系列大大小小的爭戰。爭戰的結局大體是：以色列的佔領地越來越大，耶路撒冷、落入以色列之手並成為其勢力範圍（95年，以方歸還部分西

岸、東耶路撒冷領土予巴勒斯坦自治政府），巴勒斯坦的立國計劃
至今停留在1988年發表的《巴勒斯坦獨立宣言》的一紙之上。最令
人費解和痛心的是，370萬流離失所的巴勒斯坦難民至今要麼仍然
居住在難民營中，要麼在流亡所至的阿拉伯國家中淪為二等公民或
廉價外籍勞工。也就由於阿拉伯人的不團結，以色列政府便能夠輕
易地逐個與阿拉伯國家達成協定，以歸還佔領地為條件取得安全
保證。

　　就當前情況而言，最為棘手的問題便是難民的回歸，和西岸、
東耶路撒冷猶太人移民點（兩地各有約20萬猶太移民）的處置問
題。為打破僵局，柯林頓的建議是「阿拉伯人自行解決難民問題以
作為取得對東耶路撒冷及西岸統治權的交換條件」。該建議固然是
個最便宜的辦法，但難處是，多數阿拉伯國家對難民問題漠不關
心，巴勒斯坦人本身則缺乏解決難民問題的資源與手段，因此一旦
阿拉法特輕易同意柯林頓的建議，便甚可能引起巴勒斯坦的內訌和
造反。至於以色列方面，將東耶路撒冷全部歸還巴勒斯坦人，即將
面對的現實必然是心臟地帶的安全問題。一旦巴勒斯坦人從東耶路
撒冷向西耶路撒冷進行軍事進犯，結局自是不堪設想，其責任又由
誰來承擔？為徹底解決各當事方的困境，筆者憶及久已束之高閣的
《181號決議》。如果國際社會在此關鍵時刻提出由聯合國藍盔部
隊保障東西耶路撒冷之間的安全，與促使耶路撒冷非軍事化、非首
都化和逐步國際化的建議；同時籲請各個阿拉伯政府分擔使難民融
合於本地主流社會的責任，並由聯合國作出承諾，對巴勒斯坦本地
難民的安置提供財政支持，那麼，便既可維護聯合國決議的尊嚴，
又顧全了兩當事方的隱憂，甚至可取得多數西方國家的支持。

2001/01/06

第二節　以色列

一、《以色列院外遊說集團與美國對外政策》讀後感

　　有關基督教世界歧視猶太人的宗教原因，筆者十年來已有許多論述，其中曾提及西方社會進展到資本主義階段之後，歐洲的猶太人除了傳統的「弒神」罪狀外，又平白添加了「控制國際金融」、「操縱美國政治」、「幕後主導兩次世界大戰」和「製造經濟危機」的罪名。如今，當這些指控尚未加以澄清之時，美國哈佛大學的兩位知名教授聯名發表了這篇以《以色列院外遊說集團與美國對外政策》為題的論文，批評美國猶太人遊說團體「操縱美國國家政策」，並對美國國家利益造成不利影響。這自然會引起全球猶太人的強烈抗議。據聞，哈佛大學的一位猶太裔資助人便向校方提出「終止提供贊助」的威脅，由是導致該兩教授的離職。如此一來，更加顯得他們對猶太人的指控並非空穴來風。[1]

　　細讀這篇論文，不難發現該兩位作者除了列舉美國「祖護以色列政策」的大量弊端之外，也如實指出，「美國民主黨的活動資金約有60%來自猶太人的捐款」，「美國大部分猶太人傾向於對巴勒斯坦讓步」，以及，「支持伊拉克戰爭的美國民眾佔62%，而美國猶太人卻只有52%支持這場戰爭」。照理，既然多數美國猶太人對共和黨政府的「公司路線」持有較保留的態度，做出美國猶太人遊說團體「操縱美國政治體系」和「美國猶太人遊說團體促使美國政府支持以色列」的結論似乎就顯得無法自圓其說。或許，就因為他

---

[1]　芝加哥大學政治科學系教授約翰・米爾斯海默（John J. Mearsheimer）、哈佛大學甘乃迪政府學院教授斯蒂芬・瓦爾特（Stephen M. Walt）。米爾斯海默也同時在哈佛大學講課。

們太過片面強調「美國支持以色列的種種不是」，而忽略了幾個重要方面：一是，美國的猶太人在所有反政府組織、左派團體、反戰組織之類的社會運動團體裏都扮演重要角色。該事實說明猶太人的整體素質很高，但決非鐵板一塊，因此不該一竿子打翻一條船。就這點而言，該兩位作家雖然意識到一般猶太人與猶太人利益集團之間有些區別，但落筆時忽略了「許多猶太人社運團體如何反對公司路線」的一面；二是，猶太人遊說組織固然對國家政策產生一定的影響，但如果不符合其他財團、軍火商、石油商的利益，絕不可能如此神通廣大地「左右國家整體的政治體系」；三是，美國的支持以色列政策究竟給國家帶來什麼利益？此方面該文卻著墨不多。鑒於此，筆者以為有必要略作探討：

首先，美國猶太人約有80%以上支持民主黨。這說明，美國猶太人比一般美國人更加開明，或起碼，其「草根性」更強。另外，還有一個重要因素是，猶太人處身於美國這樣一個基督教佔統治地位（86%以上人口認同於基督教，包括新教與天主教）的社會裏，一向感觸到民主黨對猶太人的歧視較輕。至於與保守勢力較緊密的共和黨，則帶有較強烈的反猶情緒。言及此，我們看到一個非常有趣的政治生態，即民主黨較善待猶太人，卻不一定盲目支持以色列；而共和黨人士雖然較歧視猶太人，卻大力支持以色列。從猶太人這一頭觀察，情況則是，一般美國猶太人較願意與巴勒斯坦人達成妥協與讓步；而猶太人遊說團體卻與共和黨保守派的利益較一致，主張對整個中東採取強硬措施。此間奧妙無他，不過是因為猶太人遊說團體的利益與軍火、石油大財團的利益一致！因此談論猶太人問題時，必須區分以色列，西方的猶太人，猶太人遊說團體之間的巨大區別。否則，其謬誤有些像是把東南亞華人都當成「控制金融的資本家」，又兼具「為中共效命的革命分子」的身份。

九十年代柯林頓總統執政期間的一項重大戰略部署便是：為了肢解南斯拉夫，既支持巴爾幹地區的天主教派（如斯洛文尼亞、克羅地亞），同時也積極扶持波斯尼亞和科索沃的伊斯蘭教派。要推行此一政策，自然有必要說服美國的猶太裔政客，而此工作便落到一些公關公司的頭上。此後，這些公司透過各種製造假新聞的伎倆，「出色」地完成任務。參見《冷戰後的媒體「一體化」》。

該事件說明，美國猶太人政客與遊說團體只不過是對美國的以色列政策發揮些影響力。至於其他廣大領域，當然還必須聽從美國政府的擺佈。如果據此而聲稱「猶太人財團與政客具有長期左右美國體制或政策的能力」，要麼是低估美國政府的能力；要麼是像《新約》把羅馬當局的過錯推諉在猶大身上那樣，讓猶太人遊說團體替美國政府背黑鍋。

嚴格說來，美國之長期對中東表示興趣，與以色列的存在與否毫無關係。1928年英、法私下非法簽訂的「紅線協定」（Red Line Agreement），便在瓜分中東石油資源的策劃中，保障了美國的利益。1945年美國政府石油司也明確指出，其戰略與商務的最重大目標，便是與英國一道確保兩國共同利益，和確保對全球巨大石油資源的控制與自由開發。此前，當大批歐洲猶太人為逃避納粹迫害而登門求救時，美國所採取的立場也與英國大體一致，即為了防止阿拉伯人投靠德國而限制猶太人移居巴勒斯坦或美國。當時，即便猶太人遊說團體施出渾身解數，也無法絲毫改變美國政府的外交政策，甚至無法說服政府提高猶太移民的名額。及至第二次世界大戰結束，美國開始逐步頂替英、法兩國在中東的影響力，甚至還把該兩國於二十世紀初將阿拉伯地區「分而治之」、「抑強扶弱」的政策也一併繼承。

　　就「抑強扶弱」方面，先介紹一下本年9月日德國《明鏡》雜誌對卡特政府安全顧問布熱辛斯基的一段採訪。布熱辛斯基是當前美國影響力最大的戰略家之一。七十年代末誘使蘇聯軍事干預阿富汗，而後提出「扶持阿富汗塔利班勢力與訓練基地組織的恐怖主義分子以抵抗蘇聯佔領軍」；以及，「讓伊拉克與伊朗兩敗俱傷」均系出於他的大手筆。採訪中，布熱辛斯基除了批評布希政府「誤把恐怖主義犯罪分子當作強敵，大張旗鼓地發動超區域範圍的宗教戰爭」之外，還譏諷這場戰爭的結果是「疏遠友邦，促使敵人團結」。

　　就伊拉克問題，他認為「目前要求美國撤軍的伊拉克政要，俱是將來會留在該國奮鬥的人士；至於那些要求美軍逗留者，都是美軍一旦撤退、拔腿即跑者」，「美軍待得越久，則越是可能發生內部宗教戰爭……」。再結合貝克/翰繆頓的最新建議，即「給伊拉克當局定下一些時刻表，不能完成任務便加以制裁……」，這些事例說明「抑強扶弱」的根本目的在於「讓列強的軍事干預成為客觀的需要」，而一旦軍事干預得不償失，則隨時可以找到藉口，遺棄那些扶不起的阿斗。

　　就中東政治環境而言，以色列的立國無異於在歐洲基督教文化圈的心臟地帶建立一個伊斯蘭教的波斯尼亞或科索沃。這種預設的不穩定狀態，即是最好的軍事干預藉口。為了維持一個相對的弱勢國家或政權，固然每年要向以色列提供30億美元的援助，然而在一定條件下，以色列也可承擔美國不便出面從事的活動，譬如：幾個月前對黎巴嫩進行的大肆破壞。過去，則長期扮演抵制蘇聯在中東的影響力的角色。至於以色列的時刻表，恐怕不會離中東地區資源耗竭之日太遠，屆時，或許40年之後，當以色列失去美國的援助，空有大量核子武器也未必能夠擺脫四面楚歌的困境。因此就戰略意

義而言，猶太人遊說團體與以色列政府不過是當代戰略大博弈中的一個過河卒子，扮演的又是猶大一般的替罪羔羊角色。

1948年西方國家之協助以色列立國，部分原因固然出於人道主義關懷，但是，也不應當忽略至少同樣重要的其他因素。以伊朗總統內賈德最近針對以色列建國的合理性所提出的指責而言，便提出一系列令人尷尬又必須深思的問題，即為何1938年納粹政府開始驅逐、殘害猶太人之後，全世界基督教國家均見死不救？當戰爭結束時，為何不協助逃往各地的猶太人僅存者回返原居地？相反的，卻縱容猶太移民陸續前往巴勒斯坦，並大規模驅趕巴勒斯坦地區的阿拉伯原住民（建國前即已開始）？說穿了，其原因不外是基督教世界趁此機會一勞永逸地擺脫那些不為其所歡迎的猶太人群體。

從宗教信仰角度觀察，西方國家支持以色列建國的基督教基本教義派也大有人在。這些人深信以色列的建國是《新約》某些預言的實現。大體說來，他們認為《啟示錄》所預言的世界末日大災難已經來臨，而以色列的建國，則是災難過程中征服異教徒和上帝審判異教徒的起點。審判中或有少許猶太人（《啟示錄》記載為一萬四千人）皈依基督教並獲上帝賞賜，但多數則會受到煉獄的懲罰。待災難期過後，世界上將會出現長達千年的上帝與基督徒共同治理的千禧王國……。

顯然，這種宗教思想把《舊約》裏上帝允諾「猶太人在巴勒斯坦重建家園」的情節，與《新約》裏「末日審判」的預言結合起來，認為以色列建國不過是實現上帝的意旨，因此必須無條件地加以成全。問題是，猶太人有自己的猶太教，無論陷入任何戰爭或災難，均不會按基督徒的要求歸順基督教。在這種情況下，絕大多數猶太人不過是充當了與伊斯蘭教徒拼鬥的炮灰。此外，基督教，尤其是新教福音派基本教義分子認為，《啟示錄》所稱的「撒但」、

「假先知」即是指伊斯蘭教和穆罕默德，而末日決戰的結果則是基督徒以耶路撒冷為基點，取得的千禧年全勝局面。[2]由此觀之，基督教保守派即便全力以赴地支持以色列，真正的背後動機在於，在全世界建立基督教王國，而並非對猶太人表示任何興趣。

　　另外還值得對上述兩位作者的論述加以補充的是，冷戰結束後，美國的基督教保守派，即福音派勢力突然急劇擴大。尤其是到了911事件後，美國政府閣員似乎都成了福音派代理人[3]。該擴展最初發生在民主黨柯林頓總統執政期間，顯得與上文對共和黨的分析互相抵觸。實際上，正如此次美國議會中期選舉結果兩院為民主黨多數所控制，導致布希政府成為「跛腳鴨」一樣，柯林頓整個執政期間，上、下兩個議會俱以共和黨議員構成多數，因此柯林頓政府

2　《啟示錄》20：4-6 我又看見幾個寶座，也有坐在上面的，並有審判的權柄賜給他們。我又看見那些因為給耶穌作見證，並為神之道被斬者的靈魂，和那沒有拜過獸與獸像，也沒有在額上和手上受過他印記之人的靈魂，他們都復活了，與基督一同作王一千年。這是頭一次的復活。其餘的死人還沒有復活，直等那一千年完了。在頭一次復活有分的有福了，聖潔了！第二次的死在他們身上沒有權柄。他們必作神和基督的祭司，並要與基督一同作王一千年。11：15 第七位天使吹號、天上就有大聲音說、世上的國、成了我主和主基督的國。他要作王、直到永永遠遠。11：18 外邦發怒、你的忿怒也臨到了。審判死人的時候也到了。你的僕人眾先知、和眾聖徒、凡敬畏你名的人連大帶小得賞賜的時候也到了。你敗壞那些敗壞世界之人的時候也就到了。20：1 我又看見一位天使從天降下，手裏拿著無底坑的鑰匙，和一條大鏈子。20：2 他捉住那龍，就是古蛇，又叫魔鬼，也叫撒但，把他捆綁一千年，20：3 扔在無底坑裏，將無底坑關閉，用印封上，使他不得再迷惑列國，等到那一千年完了。以後必須暫時釋放他。20：7 那一千年完了，撒但必從監牢裏被釋放，20：8 那迷惑他們的魔鬼，被扔在硫磺的火湖裏，就是獸和假先知所在的地方。他們必晝夜受痛苦，直到永永遠遠。

3　目前美國 95%人口信仰上帝，86%為基督教徒，其中 60%為新教徒，其中又以福音派為主流。所謂的「新保守主義」領導人（如布希）多屬福音派。

始終處處受制於人，非但政策計劃必須配合保守黨的意願，甚至於任職屆滿前基本上就實施著保守黨的內政、外交政策。儘管如此，美國民主黨的對外政策一向側重於「以夷制夷」、「分而治之」，同時儘量避免直接的軍事參與。最近也就因為中期選舉改變了美國的政治生態，民主黨所取得的優勢，促成了所謂的「貝克/翰繆頓建議」，而該「戰爭伊拉克化」實際上無異於金蟬脫殼計劃。不論今後美軍是悉數撤退，還是更加可能的據守少數戰略要地，只要是美軍的負擔減輕，便意味著以色列的任務將更加吃重。此外，從美國的戰略目標分析，目前的困境至多表現在，攻打伊拉克之後並沒產生預期的骨牌效應。同時，國際石油價格也沒滑落到能夠使美國政府對其友邦有所交代的程度。然而對一個超級大國說來，如此微小的挫折，遠遠談不上時下論客所誇大的「戰敗」。長遠看來，在中東地區有生存之虞且無處逃遁的國家唯獨是以色列。

就後冷戰時期基督教基本教義派抬頭方面，需要提及的是，隨著傳統意識形態鬥爭的結束，宗教文化衝突便浮現為國際紛爭的主軸。此際基督教勢力如果能夠挾美國獨佔鰲頭之勢，四下擴張，「教化」全球自然是個千載難逢機會。尤其是911之後，福音派先是積極支持攻打阿富汗與伊拉克，如今又與猶太人遊說團體一道，極力主張對伊朗採取軍事制裁手段，揭示其終極興趣在於建立一個以基督教為基礎的政教合一的新世界，而非對猶太人或以色列情有獨鍾。果真基督教著眼的是博愛與世界大同，那最為顯著的標誌應當是對伊斯蘭教和猶太教一視同仁，而不會依循近50多年的做法，「以夷制夷」或「以以制伊」。

總而言之，《以色列院外遊說集團與美國對外政策》一文的兩位作者，芝加哥大學政治科學系教授約翰‧米爾斯海默（JohnJ. Mearsheimer）、哈佛大學甘乃迪政府學院教授斯蒂芬‧瓦爾特

（Stephen M. Walt）翔實地反映了許多猶太人遊說集團對美國外交政策的影響，也明確地指出了該影響對美國的國家利益所招致的負面結果。但是，如果他們的切入點不僅僅是猶太人遊說團體，同時也包括美國的石油公司與軍工體系，那麼，或許會即刻發現這些利益集團的利益完全一致，既非美國之福，也非以色列與猶太人之福。

2006/12/11

《以色列院外遊說集團與美國對外政策》一文節譯本，附錄如下

以色列院外遊說集團與美國對外政策（節譯）

作者：芝加哥大學政治科學系教授約翰·米爾斯海默（John J. Mearsheimer）、哈佛大學甘乃迪政府學院教授斯蒂芬·瓦爾特（Stephen M. Walt）

譯者：劉波

前言

　　美國的對外政策影響到世界的每個角落，尤其是在充滿動盪而又極具戰略意義的中東。近年來布希政府試圖將該地區改造為一個民主政體的聯合體，而這激發了伊拉克的抵抗活動，引起了世界油價大漲，以及馬德里、倫敦和安曼遭到恐怖分子的炸彈襲擊。

　　由於美國的對外政策影響如此之大，所有國家都需要瞭解它的背後驅動力量。美國國家利益本應是美國對外政策的首要目標。但在過去的幾十年裏，尤其是在1967年的「六日戰爭」後，與以色列的關係佔據了美國中東政策的核心位置。美國對以色列始終不渝的

支持、以及與此相關的在整個地區擴展民主的努力，激怒了阿拉伯和伊斯蘭世界的民眾，威脅到美國自身的安全。這在美國政治史上是前所未見的。美國為何會甘願為另一個國家的利益而不顧自己的安全？有人可能會認為，兩國的聯合是源於共同的戰略利益或迫切的道德需要。但我們將指出，這兩種解釋都無法說明美國提供給以色列如此巨大的物質和外交支持是合理的。

實際上美國在該地區的政策是由美國的國內政治左右的，尤其是「以色列院外遊說集團」的活動。曾經有些利益集團改變過美國的對外政策方向，但從沒有任何遊說集團像這些集團那樣，能夠讓美國的政策轉到不利於美國國家利益的方向。

第一節　巨大的受益者

自1973年「十月戰爭」以來，美國給以色列提供了遠超別國的支持。1976年之後以色列是美國年度直接經濟與軍事援助的最大接受國，總額上是美國戰後援助的最大接受國。根據2003年的美元幣值，美國提供給以色列的直接援助總額超過了1400億美元。每年以色列得到約30億美元的直接援助，約佔美國外援預算的五分之一。平均每個以色列人每年得到美國500美元的直接資助。雖說以色列是個富國，人均收入與韓國和西班牙相當。

美國要求大多數軍事援助資金接受國將這筆錢全部用於購買美國裝備，但卻允許以色列留下約25%發展本國的國防業。以色列是唯一一個不用報告援助用途的接受國，這樣美國就無法阻止這些錢花在它所反對的東西上，如在約旦河西岸修建定居點。

美國還提供給以色列近30億美元研發「獅」式戰鬥機等武器系統，這些武器五角大樓並不需要。美國還給以色列最先進的武器，

如「黑鷹」直升機和F16戰鬥機。美國還向以色列提供一些向北約盟國都不提供的情報，而對以色列獲取核武器則不聞不問。

美國還給予以色列持續的外交支持。1982年以來，美國否決了32項批評以色列的聯合國安理會決議，超過了安理會其他4個常任理事國行使否決權的總和。美國還阻止阿拉伯國家將以色列核武庫置於國際原子能機構監督之下的努力。

美國在戰時幫助以色列，和談時又加入它的一方談判。2000年戴維營會議的一位參加者後來說「太經常了，我們總是在做……以色列的律師。」

華盛頓還放手讓以色列對付被佔領土，甚至在以色列的行為和美國既定政策不符的情況下。布希政府野心勃勃的中東改造計劃（以入侵伊拉克開始）部分是為了改善以色列的戰略處境。美國對以色列的支持是史上絕無僅有的，除了在戰時的盟國之間，很難想像一國會在如此長時間裏給另一國如此大的物力與外交支持。對此只有兩個合理解釋，一是以色列有重要的戰略價值，二是這樣做有強烈的道德依據。但這兩個解釋都不能令人信服。

第二節　戰略包袱

「美國—以色列公共事務委員會」（AIPAC）在其網頁上說，「美國和以色列結成了獨特的夥伴來應對中東日益增長的戰略威脅……這種合作關係帶給兩國巨大的利益。」以色列的支持者經常這麼說，但仔細考察並非如此。

在冷戰期間還可以說以色列具有重大的戰略價值。在1967年的「六日戰爭」後，以色列充當美國的代理人，遏制了蘇聯在該地區的擴展，讓蘇聯的代理人埃及和敘利亞遭到慘敗。以色列有時還會

幫助保衛美國的盟友（如約旦的侯賽因國王），其強大軍力讓蘇聯不得不花費更多來支持它那些打不贏的盟國。以色列還提供給美國有關蘇聯軍力的有用情報。

但不應誇大這種價值。美國支持以色列的開支也很大，而且這攪亂了美國和阿拉伯世界的關係。例如，1973年的「十月戰爭」期間，美國提供給以色列22億美元的緊急軍事援助，這激起歐佩克國家發起石油禁運，給西方經濟帶來重大打擊。而且，以色列的軍隊不足以保護美國的地區利益。例如1979年伊朗革命爆發，波斯灣石油供應的安全性受到影響，而美國卻無法依賴以色列，只能組建自己的「快速行動部隊」。

海灣戰爭說明，以色列已經從戰略資產變成了戰略包袱。戰爭中，美國無法使用以色列的基地，否則就會讓反伊聯盟破裂，而且美國還必須動用資源（如愛國者導彈發射架）保護以色列，防止它做出一些事情破壞反薩達姆聯盟。2003年的伊戰與此類似，布希總統擔心觸發阿拉伯人的反對，因而也不能尋求以色列的幫助。

從上世紀90年代開始，尤其是9‧11之後，美國支持以色列的理由變成了：兩國都遭到源自阿拉伯－穆斯林世界的恐怖組織，以及一些支持恐怖組織、發展大規模殺傷性武器的「流氓國家」的威脅。因為以色列的敵人就是美國的敵人，所以以色列是反恐戰爭的重要盟友。

這麼說聽著像那回事，但其實不然。首先，「恐怖主義」見於多種不同類型的政治組織，它們並不組成一個單一的敵人。威脅以色列的恐怖組織（如哈馬斯和真主黨）並不威脅美國，除非美國干預它們（如1982年在黎巴嫩）。巴勒斯坦的恐怖組織也不是針對以色列或「西方」濫施暴力，而主要是針對以色列將約旦河西岸和加沙地帶殖民化的長期努力。

更重要的是，這違反了因果關係：美國的恐怖主義問題很大程度上是它和以色列的密切關係帶來的，而不是相反。美國支持以色列是反美恐怖主義的重要誘因之一，支持以色列給反恐戰爭平添困難。根據美國9‧11調查委員會的報告，本‧拉登明顯是因看到美國支持以色列的政策而想懲罰美國。美國給以色列的無條件支持還給本‧拉登等極端分子爭取同情和招兵買馬的理由。

就所謂的「流氓國家」而言，它們並不對美國利益構成嚴重威脅，只是威脅到美國給以色列的承諾。如果美國不是和以色列走得那麼近，它根本不需對伊朗、伊拉克的復興黨政權或敘利亞那麼擔心。即使它們獲取核武器，那對美國也不是戰略災難。美國和以色列都不會遭遇它們的核訛詐，因為它們知道那樣做將會舉國覆亡。

而且美以關係使美國在處理與地區國家的關係時遇到困難。以色列的核武庫是它的一些鄰居想發展核武器的原因，而威脅對這些國家進行政權更迭只會刺激它們追求核武的願望。但當美國要對這些政權動武時，以色列又不發揮什麼作用，因為它不能參戰。所以說，以色列不僅幫不上忙，還給美國添麻煩。

在中東以外，對以色列的無條件支持也影響到美國的聲譽。例如，2004年，52位英國退休外交官給布萊爾寫信，說巴以衝突「毒化了西方與阿拉伯－伊斯蘭世界的關係」，而布希和沙龍的政策是「一邊倒的、非法的」。

最後，以色列作為盟友的忠誠度值得懷疑。以色列官員經常無視美國的要求，對美國高層的許諾經常食言（包括近期停止定居點修建和「定點清除」行動的許諾）。美國審計署還認為，以色列「在美國的盟國中，是對美採取間諜行動最積極的一個。」上世紀80年代，喬納森‧波拉德（Jonathan Pollard）向以色列提供了大量機密文件（據報導以色列將這些文件轉給蘇聯，以換取其給予更多

蘇聯猶太人出境簽證）。2004年，五角大樓高官拉裏·佛蘭克林
（Larry Franklin）將機密情報透露給一位以色列外交官，據說兩名
AIPAC的人員參與此事。

第三節　站不住腳的道德理由

　　以色列的支持者還經常提到美國應當支持以色列的4點道德理
由：1.以色列弱小，強鄰環伺；2.以色列是個民主國；3.猶太人過
去遭受迫害，應得到特別待遇；4.以色列的行為比其對手要更有道
德。仔細考察這四點，一點也站不住腳。

1.支持弱者？

　　以色列領導人經常把自己的國家描繪為強鄰環伺的弱國。但實
際上，1948年戰爭期間以軍的人數、裝備和訓練就好於對手，1956
年和1967年的戰爭中，美國提供的大筆援助剛剛裝船，以色列國防
軍就輕而易舉地獲勝。今天它有中東最強的軍力。埃及、約旦和沙
特與以色列和好，敘利亞失去了蘇聯的撐腰，三場戰爭讓伊拉克元
氣大傷，巴勒斯坦人只有拼湊的警察部隊，沒有能夠威脅以色列的
軍力。而且這種強弱差距正在擴大。

2.民主國家互助？

　　這是說，以色列是個民主國家，因而應當得到援助。實際上，
為了國家利益，美國過去推翻過民主國家，扶植過獨裁者，現在也
和一些獨裁國家維持著良好關係。民主不是給以援助的理由。

不僅如此，以色列民主制的一些方面和美國的核心價值觀相抵觸。美國是個自由民主國，不分種族、宗教享有平等權利。而以色列明確表示自己是猶太國，根據血統原則確定國籍。所以境內的130萬阿拉伯人被當作二等公民，近期以色列政府一個委員會發現，國家「漠視和歧視」他們。而且以色列不授予與本國公民結婚的巴勒斯坦人國籍，不給這樣的夫妻居住權。以色列還不讓巴勒斯坦人建立一個可以生存的國家。以色列主宰著380萬巴勒斯坦人的生死，還在繼續將土地殖民化。

3.贖罪？

這種說法是，因為猶太人歷經千百年的苦難，現在才有了家園，所以許多人要美國給它以特殊待遇。然而，以色列的建立對無辜的巴勒斯坦人犯下了罪行。十九世紀後期猶太復國主義剛產生時，巴勒斯坦只有約1.5萬猶太人。1893年，阿拉伯人佔當地人口約95%，它們在這塊土地上生活了1300年。以色列建國時，猶太人只佔當地總人口的35%，擁有7%的土地。

大部分猶太復國主義領導人根本沒有興趣建立一個多民族國家，或者接受兩國分治。接受分治只是個權宜之計。上世紀30年代末大衛·本—古裏安就說，「建國後要建立一支強大的軍隊，然後我們就撕毀分治約定，擴展到整個巴勒斯坦。」為了達到這個目標，除了將大批阿拉伯人驅逐外別無他法。本—古裏安在1941年說，「除了野蠻的強制流放，沒有別的辦法。」

1948年戰爭中以色列驅逐了70萬巴勒斯坦人。以色列官員堅持認為，巴勒斯坦人是聽了阿拉伯領導人的指令後離開的，但細心的學者指出這是瞎編。當時大多數阿拉伯領導人要求巴勒斯坦人留在

原地，他們因害怕被猶太復國主義者打死才逃走。戰後以色列又禁止巴勒斯坦人返回。

本一古裏安當時對「世界猶太人大會」主席納胡姆・古德曼（Nahum Goldmann）說過這樣的話，「如果我是阿拉伯領導人，我永遠都不會和以色列談判。這很自然：我們佔據了他們的國家……我們來自以色列，但那是兩千年前的以色列，對他們有什麼意義？過去有反猶主義、納粹、希特勒、奧斯維辛，但他們有什錯？他們只看到一件事：我們來到這裏，竊取了他們的國家。他們難道能接受這個？」

從那之後，以色列就一直試圖否定巴勒斯坦人的建國理想。梅厄夫人說，「沒有所謂的巴勒斯坦這個東西」。拉賓也反對巴勒斯坦完全建國。後來暴力襲擊和巴勒斯坦人口的增多迫使以色列從一些被佔領土撤離，但從未有任何以色列政府允諾讓巴勒斯坦人建立一個可以生存的國家。2000年戴維營會談中以總理巴拉克的建議被稱為慷慨大度，而其實質不過是建立一些「班圖斯坦」（南非種族隔離期間給黑人劃定的居住地），還規定巴勒斯坦人解除武裝，四散分開，實際上仍處於以色列的實際控制之下。

4.「道德的以色列人」vs.「邪惡的阿拉伯人」？

這種說法是，以色列總是在尋求和平，即使遇到挑釁時也保持克制。而阿拉伯人則無比狡猾。這是另一個編造的故事。雙方的行為沒有道德高下之別。

早期的復國主義者對巴勒斯坦的阿拉伯人絕不友善。阿拉伯居民曾抵抗過復國主義者的蠶食，復國主義者給以猛烈反擊，雙方沒

有誰有道德優越性。學者研究表明，以色列建國過程中有種族清洗行為，包括處決、屠殺和強姦。

後來以色列對待敵人和本地巴勒斯坦人也是以野蠻的方式。1949-1956年，以色列安全部隊打死了2700－5000名阿拉伯滲透者，大部分都是手無寸鐵。上世紀50年代初，以國防軍對鄰國發動無數次越境襲擊，這常被描繪為防禦行動，其實是為了擴大領土。1956年和英法進攻埃及也是為了領土目的，後來在美國強大壓力下才被迫撤離。

1956年和1967年的兩次戰爭中，以國防軍殺害了數百名埃及戰俘。1967年，他們將10萬－26萬巴勒斯坦人逐出約旦河西岸，將8萬敘利亞人逐出戈蘭高地。1982年，黎巴嫩薩布拉和沙提拉兩座難民營有700名無辜巴勒斯坦人遭屠殺，以色列也是共謀。以色列一個調查委員會認定沙龍對此負有「個人責任」。

以色列虐待許多巴勒斯坦俘虜，羞辱和騷擾巴平民，並經常濫殺無辜。1987年－1991年第一次巴勒斯坦人起義中，以國防軍給士兵分發短棍，要他們敲斷巴抗議者的骨頭。瑞典的「拯救兒童」組織估計，「在起義的前兩年中，有2.36萬－2.99萬兒童被打傷需要治療，而只有不到三分之一的骨頭被接好。被打兒童的三分之一在10歲以下。」

2000年－2005年第二次巴勒斯坦人起義，以色列的反應更加暴力，《國土報》說，「國防軍……變成了一個殺人工具。」在起義的頭幾天，國防軍發射了100萬發子彈。自那之後，平均每死一個以色列人，以色列就打死3.4個巴勒斯坦人，大部分都是無辜路人。巴以兒童被殺比率是5.7比1。以軍還打死了幾位外國和平人士，2003年3月以色列推土機碾死了一位23歲的美國婦女。

巴勒斯坦人針對以色列佔領者採取了恐怖主義，他們襲擊無辜平民是錯的。但巴勒斯坦人認為他們除此之外沒有別的辦法逼以色列讓步。以前總理巴拉克曾承認，如果他生為巴勒斯坦人，他「會加入恐怖組織」。

最後，不應忘記的是，當猶太復國主義者處於類似處境，想建立自己的國家時，他們也會採取恐怖主義的做法。1944年－1947年，幾個復國主義組織用恐怖炸彈的方式將英國人從巴勒斯坦趕走，之後繼續濫殺無辜。1948年以色列恐怖分子殺害了聯合國特使貝爾納多特男爵，因為他提出了將耶路撒冷國際化的方案。謀殺案的策劃者之一最終被以政府赦免，還選為議員。另一個曾同意該刺殺行為的恐怖組織領導人非但沒有受審，後來還當選為總理，那就是伊紮克・沙米爾。沙米爾公開表示，「猶太人的道德和傳統都不否認恐怖主義是一種戰鬥方式」，「在我們打擊佔領者（英國）的過程中……發揮了重要作用」。

第四節　以色列院外遊說集團

美國對以色列巨大的物質援助和持續的外交支持，唯一的解釋是以色列院外遊說集團的強大力量。如果不是遊說集團操縱了美國的政治體系，美以關係絕沒有今天這親密。

什麼是以色列院外遊說集團（以下簡稱遊說集團）？

這是指任何積極活動影響美國政策的以色列組織和個人。其核心成員是美國的猶太人，當然並不是全部。他們主張不同。AIPAC和「猶太人主要組織主席聯議會」（CPMJO）的成員多是強硬

派，支持利庫德集團的擴張政策，反對奧斯陸和平進程。而大部分美國猶太人則傾向於向巴勒斯坦人讓步，如猶太和平之聲（Jewish Voice for Peace）就強烈要求這樣做。但溫和派和強硬派都呼籲美國支持以色列。

美國猶太人領袖常和以色列官員會面。他們反對批評以色列，反對向以施壓。2003年，世界猶太人大會主席埃德加・布隆夫曼（Edgar Bronfman）寫信給布希總統，要他向以色列施壓阻止修建隔離牆。布隆夫曼此舉被指責為「背信棄義」。2005年11月「以色列政策論壇」（Israel Policy Forum）主席西蒙・雷西（Seymour Reich）建議賴斯向以色列施壓，以重開加沙的一處通道，也被指責為「不負責任」。

AIPAC是最大、最著名的一個遊說集團。根據1997年《財富》雜誌對國會議員和工作人員的調查，它在美國所有院外遊說集團中它的力量排第二位。2005年《國家雜誌》（National Journal）的調查也將其排第二。

遊說集團的成員包括基督教福音派的要人，如前眾議院多數黨領袖湯姆・狄雷（Tom De Lay）。他們相信以色列的重建是聖經預言的一部分，支持以色列的擴張計劃，並認為向以色列施壓違反上帝的意志。遊說集團中還有新保守主義者要員，如現任美國駐聯合國代表的博爾頓、已故的《華爾街日報》編輯羅伯特・巴特利（Robert Bartley）、前教育部長威廉・貝內特（William Bennett）等。

力量來源

遊說可以採取多種方式，如遊說當選議員、行政官員，提供競選捐款，影響公共輿論等。以色列遊說集團和其他集團做法上區別

不大，但效率卻極高，因為他們工作努力，另一方面也是因為阿拉伯人基本沒有什遊說集團。但需要強調的是，這種遊說並不是非法的，也不是什陰謀。

遊說策略

第一是在華盛頓大力施加影響，向國會和行政部門施壓，推動其支持以色列。第二，努力使輿論正面討論以色列，傳播一些似是而非的說法（如以色列是「道德」的），以及在政策辯論中為以色列做宣傳，防止政界聽到批評以色列的聲音。控制辯論是關鍵，因為如果就美以關係進行坦誠辯論，美國就不會採取那親以的政策。

影響國會

遊說集團在國會的工作非常有效，實際上以色列在美國國會是不會受到批評的。如果討論到墮胎、先發制人行動、醫療、福利等，國會肯定會辯論。但一旦涉及以色列，沒有人會辯論。

造成此現象的原因之一是，一些重要議員是基督教錫安主義者（Christian Zionist），如迪克・阿梅（Dick Armey），他在2002年9月說，「在對外政策方面，我的首要目標是保衛以色列」——注意，不是保衛美國。還有一些猶太裔議員支持以色列。此外還存在一些親以的國會職員。

而AIPAC是個核心組織。它會獎勵支持它的議員和候選人，懲罰反對它的人。金錢在美國選舉中至關重要，AIPAC的朋友獲得強大的資金支持，而對反對以色列的議員，AIPAC會將競選捐款投到其競選對手身上。AIPAC還組織向政治家寫信，並鼓勵報紙編輯為親以的候選人造勢。

　　僅舉一例。1984年，在AIPAC的影響下，伊利諾斯州參議員查爾斯・配西（Charles Percy）競選失敗，因為他對AIPAC關注的東西「不感興趣，甚至反對。」時任AIPAC主任的托馬斯・戴恩（Thomas Dine）解釋說，「美國的所有猶太人，從東海岸到西海岸，都聚集起來反對配西──美國政治家對此很清楚。」

　　前AIPAC職員道格拉斯・布龍菲爾德（Douglas Bloomfield）說，「議員和職員在需要信息時通常都不會找國會圖書館、國會研究服務部門或者政府專家，而是先找AIPAC。」

　　AIPAC經常「被叫去起草演講，立法，出謀劃策，做研究，拉贊助和拉選票。」AIPAC作為一個外國政府的代理機構，在美國國會紮下了根。前參議員恩斯特・霍林斯（Ernest Hollings）在離職前說，「除了AIPAC定好的政策之外，我們無法通過任何其他的對以政策。」無怪乎沙龍有次在對美國人演講時說，「當人們問我該如何幫助以色列時，我告訴他們：幫助AIPAC。」

影響行政部門

　　首先是影響競選。美國猶太人佔人口總數不到3%，但卻給兩黨的總統候選人大量的捐助。《華盛頓郵報》曾估計，民主黨候選人「60%的資金都依賴猶太支持者提供」。猶太選民投票率高，在加州、佛羅里達、伊利諾斯、紐約和賓州等關鍵州比較集中，所以總統候選人都很注意不要得罪猶太選民。

　　然後是直接影響政府，不讓批評以色列的人擔任要職。卡特總統曾想任命喬治・波爾（George Ball）做國務卿，但他知道波爾被認為是批評以色列的人士，會遭到遊說集團反對。這樣，在美國外交界中批評以色列的人士就成為了瀕危物種。

　　2004年民主黨總統候選提名人霍華德‧迪恩（Howard Dean）呼籲美國在阿以衝突中扮演更為「中立的角色」，參議員約瑟夫‧利伯曼（Joseph Lieberman）馬上指責他「出賣」以色列，「不負責任」。幾乎所有眾議院的民主黨要員都在一份信上簽名，批評迪恩的言論。現在迪恩只是建議「把（巴以）雙方拉到一起」，如此溫和的態度，也遭到遊說集團的咒罵。

　　親以人士還經常在行政部門佔據高位。柯林頓政府的負責中東政策的高官馬丁‧英蒂克（Martin Indyk）就曾任AIPAC研究部副主任，還有丹寧斯‧羅斯（Dennis Ross）和阿隆‧米勒（Aaron Miller）。2000年7月的戴維營會談中，這三位都是柯林頓最親密的顧問。他們雖然都支持奧斯陸協定和巴勒斯坦建國，但只是在以色列政府接受的範圍內。美國代表團聽命於巴拉克，事先就協調了立場，而且沒有提出美國方面的意見。所以巴勒斯坦的談判官說，他們「在和兩個以色列代表團談判，一個掛以色列旗，一個掛美國旗。」布希政府中有更多熱烈親以的人士，如前副國務卿愛略特‧艾布拉姆斯（Elliot Abrams）、駐聯合國代表博爾頓、前國防部副部長道格拉斯‧費斯（Douglas Feith）、副總統辦公室主任劉易斯‧利比（Lewis Libby）、國防部顧問理查德‧珀爾（Richard Perle）、現任世界銀行行長的沃爾福威茨和副總統顧問大衛‧烏姆瑟爾（David Wurmser）。我們可以看到，這些人在不斷推動有利於以色列的政策。

操縱媒體

遊說集團不喜歡媒體就關於以色列的問題展開公開討論，因為這種討論將讓公眾質疑美國為何給以色列那大的支持。因此它們努力影響媒體、智庫和學術界，這些都是與論形成的關鍵。

主流媒體很大程度上反映了遊說集團的態度，大部分美國評論員都親以。記者埃裏克‧埃特曼（Eric Alterman）寫道，關於中東問題的學術辯論「為那些絕不批評以色列的人所主導」。他列出了61位專欄作家和評論員，他們「條件反射性地、毫不保留地支持以色列。」而埃特曼只發現了5位學者主要是批評以色列、支持阿拉伯人的。

這也反映在報紙社論中。已故的《華爾街日報》編輯羅伯特‧巴特利說，「沙米爾、沙龍和比比（對內塔尼亞胡的昵稱），這些人說什我都贊同。」《華爾街日報》、《芝加哥太陽時報》和《華盛頓時報》的社論經常強烈親以。《評論》、《新共和》、《標準周刊》等雜誌也幾乎在發生任何事時都強烈為以色列辯護。

《紐約時報》等報紙的社論也有傾向。《時代周刊》前執行編輯馬克斯‧弗蘭克爾（Max Frankel）在回憶錄中承認，「我偏向以色列的程度連我自己都不敢承認」；「我為雜誌寫大部分的中東評論……我是從親以的角度寫的。」

而關於以色列的報導要比評論更平衡些，因為記者都試圖更加客觀些，而且身處被佔領土，知道以色列的所作所為。對此遊說集團會組織寫信抗議、並阻撓「反以」報紙開設新攤點。CNN的一位職員因為寫了篇「反以」的文章，一天之內受到了6000封抗議郵件。2003年5月，一個親以機構組織人員在33個城市的國家公共廣播電臺門外示威，要求電臺改變對以態度。以色列在國會的朋友

也給電臺打電話，讓他們進行內部審查，更好地監督有關中東的版面。

一邊倒的智庫

親以力量主導了美國智庫，而智庫不僅影響輿論，而且影響決策。遊說集團在1985年成立了自己的智庫——華盛頓近東政策研究所（WINEP）。雖然該所淡化和以色列的關係，聲稱提供「平衡而現實」的角度，其實並不是。

過去25年裏，親以力量主導了美國企業研究所（AEI）、布魯金斯學會、安全政策中心、外交政策研究會、傳統基金會、哈德遜研究所、外交政策分析學會、國家安全事務猶太學會（JINSA）等等。

例如，在許多年裏，布魯金斯學會中東問題方面最權威的專家一直是威廉‧昆特（William Quandt），他一貫堅持不偏不倚的態度。但現在，布魯金斯學會這方面的工作主要是由「薩班中東研究中心」進行的，該中心的資金來自猶太富商、堅定的猶太複國主義者海姆‧薩班（Haim Saban）。主任就是前面提到的柯林頓政府官員英蒂克。布魯金斯學會已經從中立的機構加入了親以的大合唱。

檢查學術界

沙龍上臺和第二次巴勒斯坦人起義爆發後，美國大學中對以色列的批評增多。遊說集團開始努力「奪回校園」。2002年9月，兩位新保守主義者馬丁‧克拉默（Martin Kramer）和丹尼爾‧派普斯（Daniel Pipes）建立了「校園觀察」網站，公佈了一份可疑學者名錄，鼓勵學生舉報反以言論或行為。此舉激起強烈反響，二人後來被迫撤下了名錄。

　　已故的巴勒斯坦學者愛德華・薩義德（Edward Said）生前任職於哥倫比亞大學，因此哥大成為親以勢力的重要攻擊目標。哥大前教務長喬納森・科爾（Jonathan Cole）說，「愛德華・薩義德一發表任何支持巴勒斯坦人民的公開講話，我們都會受到數百封電郵、信件和報導，要我們譴責薩義德、封殺甚至解雇他。」

　　2004年末，「大衛計劃」（David Project）拍了一部宣傳片，聲稱哥大的中東系教師反猶，恐嚇猶太學生。這讓哥大遭到各方嚴詞指責，但校方委員會的調查發現這純屬子虛烏有。

　　猶太集團甚至要求國會建立相關機制，監督教授關於以色列的言論，取消對「反以」學校提供的聯邦資金。但此舉未能成功。猶太慈善家還建立了猶太人研究項目，增加校園中的親以學者。

叫人閉嘴的好方法

　　遊說集團最強大的武器就是指責對方反猶，質疑以色列的行為、質疑猶太集團對美國外交政策的影響。甚至談到「猶太遊說集團」這幾個字，都會被指責為反猶，而反猶是令人憎惡的，沒人願意被戴上這頂帽子。

第五節　「尾巴搖狗」

　　接下來的問題是，猶太遊說集團對美國對外政策有何影響？遊說集團已經影響到美國中東政策的核心，成功說服美國領導人支持以色列對巴勒斯坦人的持續壓迫，並把以色列的地區對手伊朗、伊拉克和敘利亞當作敵人。

將巴勒斯坦人妖魔化

現在已經基本被人遺忘的是，就在2001年秋－2002年春，布希政府出於緩和阿拉伯世界反美情緒的目的，曾試圖遏制以色列在被佔領土的擴張政策，推動巴勒斯坦國的建立。布希當時用減少對以援助的手段施壓是完全可行的，也能得到民眾支持。2003年5月的一份民意調查顯示，60%多的美國人同意，如果以色列抗拒美國的施壓，就斷絕對其援助，而在「關注政治」的美國人中這一比例有70%多。73%的人認為美國應當對巴以衝突保持中立。

但布希政府未能改變以色列的政策，最終還是支持以色列的強硬立場，這主要的原因就是遊說。2001年9月，布希總統向沙龍施壓，要其在被佔領土上保持克制，敦促沙龍讓以外長佩雷斯會見阿拉法特。布希還公開聲明支持巴勒斯坦建國。沙龍則指責布希試圖「犧牲我們的利益討好阿拉伯人」，並警告說，以色列「不是捷克斯洛伐克」。

據報導，布希對沙龍將他比作張伯倫大發雷霆，白宮新聞官說，沙龍的話是「不可接受」的。沙龍道歉。但他很快和遊說集團一起遊說布希政府，說美國和以色列面臨共同的恐怖主義威脅。他們不斷強調，阿拉法特和本·拉登沒有區別，美以應當孤立阿拉法特，不與他來往。

11月16日，89位參議員給布希寫信，讚揚他拒絕會見阿拉法特，同時要求美國不要約束以色列報復巴勒斯坦人的行動。據《紐約時報》報導，「這封信源於兩周前幾位重要參議員和美國猶太人領導人的會面。」到了11月底，美以關係大大改善，部分原因是美國在阿富汗取得初步勝利，不用再在打擊基地方面尋求阿拉伯國家的支持。12月初沙龍訪美。

　　但2002年4月又出了麻煩，以國防軍發動「防衛牆」行動，佔領約旦河西岸大部。布希考慮到對反恐戰爭的影響，在4月4日要求沙龍「停止進攻，開始撤退」。兩天後又要求「立即撤退」。4月7日，時任國家安全顧問的賴斯對記者說，「立即撤退就是立即撤退。就是說現在撤退。」同一天國務卿鮑威爾起程去中東，要求各方結束戰鬥，開始談判。

　　這時遊說集團又行動了，而且目標直指鮑威爾。切尼辦公室和國防部的新保守主義者指責他對恐怖分子認識不清。猶太人領袖和基督教福音派人士則開始向布希施壓。迪雷和參議院少數黨領袖特倫特·洛特（Trent Lott）前往白宮，警告布希要適可而止。

　　4月11日布希顯露出屈服跡象，表示沙龍是「和平人士」。鮑威爾的出訪無功而返，布希告訴記者，沙龍同意立即完全撤軍。但實際上沙龍並未那麼做，布希總統卻再未提起此事。

　　5月2日，兩院通過兩項支持重申以色列的決議（參議院是94：2，眾議院是352：21），強調兩國「現在參與到共同的反恐鬥爭中」。眾議院決議還將阿拉法特描繪為恐怖主義的主因。幾天後，訪以的國會兩黨代表團公開要求沙龍拒絕美國的壓力，不要和阿拉法特談判。5月9日，眾議院開會決定再給以色列2億美元反恐援助。鮑威爾表示反對，但無濟於事。

　　簡言之，沙龍和遊說集團和美國總統對著幹，並戰而勝之。一位以色列記者的報導說，沙龍的顧問們「在看到鮑威爾的失敗之後，無法掩飾自己喜悅之情。沙龍和布希總統對視，布希先眨了眼。」

　　之後美國政府就一直拒絕和阿拉法特打交道，直到他去世。阿巴斯當選後，沙龍繼續進行單邊撤離計劃，雖從加沙撤出，但在約旦河西岸繼續擴張，手段是修建「隔離牆」，奪取巴勒斯坦土地，擴大定居點和公路網路。沙龍拒絕和阿巴斯談判，阿巴斯遂無法帶

給巴勒斯坦人可見的利益，這直接導致哈馬斯在議會選舉中獲勝。哈馬斯一上臺，以色列又有了拒絕談判的藉口。布希甚至許可以色列單方吞併一些被佔領土的行為，這與約翰遜以來歷屆美國總統的政策相悖。

美國官員曾經小小批評過以色列的幾次行為，但沒有做任何事情來建立一個可生存的巴勒斯坦國。前國家安全顧問布倫特・斯考特羅夫特（Brent Scowcroft）甚至在2004年10月說，沙龍把布希總統「玩弄於股掌」。

民主黨總統候選人也深知遊說集團的力量。2004年克利就長篇大論地表達他對以色列的無條件支持，今天的希拉利・柯林頓也這麼做。

以色列與伊戰

許多美國人認為伊戰是「為石油而戰」，但其實這場戰爭在很大意義上是為了讓以色列更安全。賴斯的顧問菲利普・澤利科（Philip Zelikow）說過，伊拉克的「真正威脅」不是威脅美國，而是威脅以色列。2002年8月16日，《華盛頓郵報》報導，「以色列呼籲美國官員不要拖延對薩達姆的軍事打擊。」

但9月布希總統試圖尋求安理會的戰爭授權，這讓以色列領導人很不快，他們還擔心薩達姆會同意聯合國核查員重返伊拉克，那樣戰爭就可能避免。以外長佩雷斯對記者說，「必須打擊薩達姆・侯賽因，」不需要再讓核查人員重返伊拉克。前總理巴拉克在《紐約時報》撰文稱，「不行動是最大的危險」。內塔尼亞胡在《華爾街日報》撰文《推翻薩達姆的理由》。2003年2月《國土報》報導，「（以色列）軍方和政界渴望伊拉克戰爭」。有記者描述說，

「以色列是西方唯一一個領導層絕無例外地支持伊戰的國家。」而美國則在此時呼籲以色列克制言論，以避免讓人覺得美國是為了以色列打仗。

遊說集團與伊戰

在美國推動伊戰的主要是新保守主義者的小團體，很多和利庫德集團關係甚密。但儘管他們和遊說集團渴望戰爭，美國的大多數普通猶太人並不這想。戰爭開始時皮尤中心的全國調查顯示，美國人支持戰爭的比例為62%，而在猶太人中只有52%。所以不能指責說，伊戰是受「猶太人的影響」，而只能說是受遊說集團的影響，尤其是其中的新保守主義者的影響。

早在布希當選總統前新保守主義者就決心推翻薩達姆。1998年寫公開信給柯林頓總統呼籲推翻薩達姆的人中，很多和JINSA或WINEP關係密切。但直到布希當選後，他們都無法在民眾中鼓舞起開戰的熱情。

但突然發生了9‧11事件，改變了形勢。遊說集團中的新保守主義者，如利比、沃爾福威茨和普林斯頓大學歷史學家伯納德‧劉易斯（Bernard Lewis）等在勸說布希和切尼同意對伊開戰中發揮了關鍵作用。

對新保守主義者而言，9‧11是個絕好的機會。沃爾福威茨建議布希先打伊拉克，後打阿富汗，儘管沒有證據表明薩達姆參與了9‧11。布希沒有接受，但在11月21日下令軍方擬定侵伊作戰詳細方案。

新保守主義者還不遺餘力地宣揚，入侵伊拉克是贏得反恐戰爭的關鍵。這一方面是為了給布希施壓，另一方面是為了壓制反對聲

音。羅伯特・卡根（Robert Kagan）和威廉・克利斯托爾（William Kristol）在10月1日的《標準周刊》上撰文呼籲在擊敗塔利班後馬上進攻伊拉克。同日查爾斯・克勞塞默（Charles Krauthammer）在《華盛頓郵報》上撰文稱，擊敗阿富汗後，應當進攻敘利亞，然後是伊朗和伊拉克。

反恐戰爭將在巴格達結束

　　這只是一個開始，接下來是大規模的宣傳攻勢，為入侵伊拉克造勢。其中的關鍵是操縱情報，把薩達姆描述為迫在眉睫的威脅。利比多次造訪中情局，向情報分析員施壓，要他們尋找可作為戰爭理由的情報。然後在2003年初出了一份關於伊拉克威脅的詳細報告，由鮑威爾在安理會宣佈。記者鮑勃・伍德沃德（Bob Woodward）說，鮑威爾「對他看到的報告之添油加醋、聳人聽聞感到目瞪口呆。利比完全是捕風捉影，拼湊出一個最不可能的結論。」鮑威爾在聯合國的演示捨棄了利比最粗糙的那一部分內容，但依然錯誤百出，現在鮑威爾也承認此事。

　　參與編造情報的還有9・11後成立的兩個直接向副國防部長費斯匯報的組織——「反恐政策評估組織」和「特別計劃辦公室」，一個負責搜尋基地組織和伊拉克的關係，一個負責尋找可以用來為伊戰做論據的證據。這兩個組織都由新保守主義者組成，裏邊也有遊說集團成員。費斯強烈支持以色列。他和利庫德集團有長久的良好關係，曾撰文支持以色列修建定居點、甚至吞併被佔領土。還曾建議以色列採取行動重塑中東秩序。國土報評論他和珀爾「在對美國政府的忠誠和滿足以色列利益之間踩鋼絲」。沃爾福威茨也強烈

支持以色列，他被認為是布希政府中最親以的人士。2003年《耶路撒冷郵報》因他「虔誠支持以色列」而評他當選「年度人物」。

還要提的是新保守主義者在戰前對艾哈邁德·沙拉比（Ahmed Chalabi）的支持。這位伊拉克流亡分子之所以得到青睞，是因為他和美國猶太人團體的密切聯繫，以及承諾一旦掌權將和以色列友好，猶太遊說集團對此感到很滿意。

看到新保守主義者對以色列的忠誠，他們對伊拉克的癡迷，以及他們對布希政府的影響，毫不奇怪，很多美國人懷疑這場戰爭是為了以色列的利益而戰。2005年3月美國猶太人委員會的巴利·雅各布（Barry Jacobs）說，在美國情報機構的內部「普遍流傳」的是，以色列和新保守主義者合謀把美國拉入伊戰。但很少有人敢公開這表示，參議員恩斯特·霍林斯和眾議員詹姆斯·莫蘭（James Moran）曾提過此事但遭到譴責。專欄作家麥克·金斯利（Michael Kinsley）在2002年底寫道，「關於以色列的角色缺乏公共討論……就像『屋裏的大象』那個寓言：所有人都看到大象，但沒有任何人說。」他認為原因是，他們擔心被貼上反猶標籤。以色列和遊說集團是達成戰爭決策的關鍵，這點似無疑問。如果沒有遊說集團，美國在2003年3月開戰的可能性極小。

地區改造夢想

當時還沒有想到伊拉克會成為泥潭和無底洞。當時伊戰只不過是更大計劃的一部分，那就是重塑中東。這一野心勃勃的計劃大大偏離了美國過去的政策，而遊說集團和以色列是這種偏離背後的推動力量。伊戰爆發時《華爾街日報》的大標題是《總統的夢想：不

止改變政權，而且改變國家：親美、民主地區的目標其根源在以色列人和新保守主義者》。

　　親以力量一向希望美軍加大對中東的干涉以保護以色列。但在冷戰期間這收效不大，因為當時美國扮演著「離岸協調者」的角色。在地區搞平衡術，讓各國相互制約，例如雷根政府在兩伊戰爭中支持伊拉克打擊伊朗。

　　海灣戰爭後這一政策改變，柯林頓政府採取「雙重遏制」政策，即在該地區部署重兵，同時遏制兩伊，而不是讓兩伊相互制衡。「雙重遏制」就是英蒂克在1993年5月任職於WINEP期間提出的，然後他就在國家安全委員會任職期間實施這一政策。

　　到上世紀90年代中期，「雙重遏制」引起了很多批評，因為要同時遏制相互為敵的兩個國家，這是個巨大的負擔。這時遊說集團又介入了，要維護這一政策。在壓力下，柯林頓在1995年春對伊朗實施經濟制裁，加強了這一政策。但AIPAC要求更多，所以1996年柯林頓政府又通過《制裁伊朗與利比亞法》。

　　但到了90年代末期，，新保守主義者又認為雙重遏制還不夠，應當在伊拉克進行政權更迭，這樣將改變整個中東。這一想法見於新保守主義者寫給內塔尼亞胡的信中。到2002年，地區改造已經成為新保守主義者的共識。

　　克勞塞默認為，這一想法的創始人是以色列政治家納坦·沙蘭斯基（Natan Sharansky），布希總統對他的作品印象深刻。不僅如此，整個以色列政壇都認為推翻薩達姆將會以對以色列有利的方式改變中東。2003年2月17日的《國土報》報導說，「國防軍高官和沙龍的親信描繪了一幅玫瑰色的戰後前景。他們想到了多米諾骨牌效應，在薩達姆傾覆後以色列的敵人一個個垮臺。」因為以色列領

導人、新保守主義者與布希政府有此計劃，所以伊戰剛有了一點勝利的影子，他們就轉向以色列的其他敵人。

瞄準敘利亞

2003年4月美軍攻陷巴格達，沙龍馬上開始催促美國瞄準大馬士革。4月16日，沙龍和國防部長莫法茲接受好幾個以色列報紙採訪，要求美國給敘利亞施加「沈重壓力」。《華盛頓郵報》報導說，以色列在「煽動」針對敘利亞的行動，向美國提供關於敘總統阿薩德的情報。

當時遊說集團也做了相同的事。沃爾福威茨說，「敘利亞必須進行政權更迭。」珀爾對記者說，「我們可以給（中東的其他敵對國家）很簡潔的信號──你就是下一個。」勞倫斯·卡普蘭在《新共和》上撰文稱，阿薩德嚴重威脅美國利益。

在國會，4月12日，議員愛略特·恩戈爾（Eliot Engel）重提一項法案，要求敘利亞從黎巴嫩撤軍，銷毀大規模殺傷性武器，停止支持恐怖主義，否則進行制裁。並要求敘利亞和黎巴嫩採取切實措施與以色列議和。該法案是由國會中一些以色列最好的朋友制定的。後來法案以壓倒性獲得通過（眾議院398：4，參議院89：4）。但當時布希政府仍然猶豫是否應當把目標指向敘利亞，當時中情局和國務院也都反對把敘利亞當目標。這種顧慮是有道理的。

首先，9·11後敘利亞政府向美國提供了關於基地組織的重要情報，並警告美國當心在海灣地區一起策劃中的恐怖襲擊。敘利亞還讓中情局有機會審訊9·11劫機犯的招募者之一穆罕默德·紮馬（Mohammed Zammar）。如果指責敘利亞將會破壞這種關係，影響反恐戰爭。其次，伊戰前敘利亞和美國關係不錯，甚至在2002年

投票支持美國提出的聯合國1441號決議，而且敘利亞對美國不構成威脅。最後，逼迫敘利亞可能導致敘利亞在伊拉克給美國製造麻煩。但因為AIPAC和以色列官員的壓力，國會堅持要逼迫敘利亞。如果沒有遊說集團，美國的對敘利亞政策應當會更加符合美國的國家利益。

瞄準伊朗

以色列將他的所有敵人都儘量抹黑，而伊朗被認為是最大的威脅，因為它最有可能獲取核武器。2002年11月沙龍在接受英國《泰晤士報》採訪時開始公開催促美國遏制伊朗。他稱伊朗是「世界的恐怖中心」，呼籲布希政府在征服伊拉克的「第二天」就對伊朗動手。2003年4月，以色列駐美大使就呼籲對伊朗進行政權更迭。他說，推翻薩達姆是「不夠的，」美國「必須走下去。敘利亞和伊朗對我們構成同樣大的威脅。」新保守主義者也迫不及待地加入進來。5月6日，美國企業研究會、保衛民主基金會和哈德遜學會開會討論伊朗問題，發言者都主張對伊朗進行政權更迭。

面對遊說集團的壓力，布希政府努力阻止伊朗的核計劃，但收效不大。因此遊說集團採取各種方式繼續施壓。出現了各種文章，聲稱伊朗的核威脅迫在眉睫，警告不要對「恐怖」國家採取綏靖政策。遊說集團還敦促國會通過《支持伊朗自由法案》，加大對伊朗的制裁。

我們可以說阻止伊朗擁有核武器也符合美國的利益，但這只對了一半，因為伊朗的核野心不對美國構成現實威脅。如果美國能和擁有核武器的蘇聯、中國或朝鮮共處，它就也能和伊朗共處。假設

沒有遊說集團，雖說伊朗和美國不大可能會結盟，但美國的對伊政策應會更溫和，而且先發制人戰爭不會成為嚴肅的考慮。

結論是：以色列和其在美國的支持者希望由美國出面對付以色列所面臨的所有安全威脅。如果他們成功改變了美國政策，削弱或者推翻了以色列的敵人，以色列就可以隨心所欲地對付巴勒斯坦人，但所有的戰鬥、死亡、重建和花錢都是由美國人承擔的。

即使美國未能改造中東，而是面對一個更為激進的阿拉伯－伊斯蘭世界，以色列仍然會受到世界唯一超級大國的保護。這不是遊說集團希望的完美結局，但至少要比美國疏遠以色列、或者逼迫以色列和巴勒斯坦人講和要好。

結語

看到美國在伊拉克的困境、美國在阿拉伯－伊斯蘭世界形象的破壞，以及近期披露的AIPAC職員將美國的國家秘密透露給以色列，看到這一切，人們可能會問：我們有可能制止遊說集團的力量嗎？人們也可能想到，阿拉法特的死和溫和的阿巴斯的當選會促使美國推進和平進程。簡言之，美國領導人有充足的餘地疏遠遊說集團，更加根據美國的國家利益制定中東政策。利用美國的力量在以色列人和巴勒斯坦人之間實現公正的和平，這將促進戰勝極端主義、推動中東民主的長遠目標。

但這樣的前景很遠。在遊說界，AIPAC和基督教錫安主義者沒有什麼對手。他們知道自己的工作會越來越困難，所以正在擴充人員，加大力度。美國政治家非常依靠競選捐款，而主流媒體也不會轉變立場。

形勢讓人非常擔憂，遊說集團的影響造成了多方面的麻煩。首先它加劇了恐怖主義威脅，而且這影響到了美國的歐洲盟國。它使得巴以問題無法解決，這讓極端分子找到藉口招兵買馬，刺激全世界的伊斯蘭極端主義。如果遊說集團鼓吹的政權更迭導致美國打擊伊朗和敘利亞，將會帶來更大的災難。遊說集團對這兩國的敵意使得華盛頓無法在反恐和穩定伊拉克方面取得它們的支持，而這種支持是非常迫切需要的。

在道德方面，遊說集團使得美國實際上成為以色列在被佔領土擴張政策的推動者，成為針對巴勒斯坦人罪行的共犯。這會使得美國在海外推進民主的努力受挫，而美國要求他國改善人權狀況會被視為虛偽。美國接受以色列擁有核武器，這樣它在控制核擴散方面的努力也會被視為虛偽。

而且遊說集團壓制了關於以色列的討論，這危害了民主。把批評者列入黑名單，或者動員抵制他們，或者稱其為反猶分子，這都違反了民主制中的公開辯論原則。美國國會無法就如此關鍵的問題展開真誠討論，這讓民主決策的整個程序陷於癱瘓。

最後，遊說集團也對以色列不利。以色列覺得自己有能力說服美國支持它的擴張計劃，因此沒有動力抓住和談機會，而和談本來可以挽救以色列人的生命，壓縮巴勒斯坦極端分子的生存空間。侵犯巴勒斯坦人的合法政治權利絕沒有讓以色列變得更安全，對整整一代的巴領導人採取暗殺和疏遠的做法只是加強了哈馬斯等極端組織的力量。

但仍有一絲希望。儘管遊說集團很強大，但其負面效果越來越無法掩蓋了。強大的國家政權可以將錯誤的政策維持一段時間，但事實不會永遠被蒙蔽。我們需要就美國在中東地區的政策坦誠討論。以色列的生存符合美國的利益，但它對約旦河西岸的佔領及它

的整個中東計劃並不一定符合。公開的討論將有助於使美國的政策更加符合本國利益、符合該地區其他國家的利益，以及以色列的長遠利益。

二、談「世界反種族主義會議」對以色列的譴責

8月31日，聯合國150多個成員國在南非德班市召開了「世界反種族主義會議」。由於會議籌辦單位在「大會宣言草稿」中安排了「永不忘卻阿拉伯居民在巴勒斯坦所遭受的苦難和民族清洗」以及「基於猶太復國主義的種族主義行動在世界若干地區的有增無減，以及特別是在猶太復國主義和種族優越論思想影響之下的歧視性暴力運動的產生，使本次世界會議深表憂慮」幾段文字，使得以、巴紛爭成為此次會議的主題，同時也引起以色列、美國等國的抗議，結果雖然以、美兩國仍然派員參加了會議，卻刻意把代表團成員的級別降低以表不滿。

聯合國通過宣言、決議譴責以色列並非毫無先例。早在1975年10月10日聯合國大會便曾通過《第3374號決議》，明確指出「猶太復國主義是種族主義和種族歧視的一種形式」。爾後，於1991年12月16日聯合國大會又通過《第46、86號決議》把上述決議撤銷。如今，在「世界反種族主義會議」上再次把舊話重提，究竟又是出於何種原因呢？

就「種族」而言，歷史上的猶太人或稱希伯萊人的血統與阿拉伯人極為相近，所操的也同屬閃米特語系的語言。自2000年前猶太人在羅馬當局驅趕下流離失所之後便四處飄零並與各地區的居民混血。因此今天以色列的猶太人固然是個政治、宗教、文化團體，但已不能成為傳統血緣關係上的種族，同時猶太、阿拉伯兩族群之間

的爭執也就因此不能隨意套用「種族主義」來概括。尤其是考慮到一般的種族主義的主要依據在於膚色，就更是不能把具有返回故土衝動的猶太人當作排斥有色人種的種族歧視者。

如果從猶太復國主義的各種書面主張追究，當然也可找到種族主義思維的蛛絲馬跡。例如，十九世紀猶太復國主義之父赫澤（Theodor Herzl）便曾以歐洲人自居並主張「我們要在巴勒斯坦建立一個對付亞洲的歐洲橋頭堡，一個以文明對抗野蠻的前沿基地」。但是，這畢竟是少數謀士為了爭取歐洲人助其復國的策略，絕不是大多數走投無路之下，無奈地投奔巴勒斯坦的樸素猶太人的主張。

阿拉伯一方其實多有視以色列的猶太人為歐洲人或歐洲派來侵佔阿拉伯土地的代理人的傾向。就此意義而言，其種族主義思維成分還較猶太人略多一些。但由於巴勒斯坦人處於絕對弱勢，因此強調其種族主義傾向也就毫無意義。

另外，阿拉伯人也不時抨擊以色列政府執行殖民主義。但殖民主義也一般是指基於種族主義的領土擴張或剝削。從以色列政府的阻撓巴勒斯坦難民的回歸，支持激進分子在境外建立居民點，拒絕歸還佔領土地等等方面加以觀察，嚴格說來屬於國際間的一般性領土糾紛，因此稱呼其為「殖民主義」就大有偏差。

1975年聯合國大會之所以通過決議譴責以色列，主要原因在於當時第三世界處於最風雲際會時期，此外以色列又與南非結為軍事聯盟，一下便得罪了所有黑人國家，再加上以色列當時完全無視聯合國的一系列要求歸還佔領領土和解決難民問題的決議，於是終於導致該譴責決議的通過。至於1991年該決議的撤銷，自然也與後冷戰時期的國際大氣候有關。共產陣營的瓦解不只是使得第三世界更加孤立、無援，同時也影響了阿拉伯集團的團結，除此之外，多數

國家也逐漸認識到－在國際糾紛中過度偏袒一方絕不是解決問題的辦法，由是隨之加以糾正。

8月31日聯大秘書長安南在會議上表示，他完全可以理解曾經經過納粹大屠殺浩劫、死裏逃生的猶太人在至今仍不斷受到反猶太勢力的攻擊的情況下會對「種族主義」指責產生如何強烈的反感，但是儘管如此，卻不能期待巴勒斯坦人民忘卻他們所經受的不合理待遇，不論這些不合理待遇是用何種概念加以表達。筆者認為這不失為十分公允的概括。另外值得順便一提的是，美國柯林頓總統執政的8年可以說是戰後猶太人最揚眉吐氣的時期。這期間不僅僅是徹底瓦解了阿拉伯國家的攻守同盟，同時也迫使許多歐洲國家坦承迫害猶太人的罪責和同意賠償損失。或許就因為若干以色列右派政客有恃無恐，而於去年9月再度挑起以、巴爭端。至於以色列目前突然又成為眾矢之的，當然多少與冷戰結束以來，猶太保守派鋒芒畢露、引起公憤有關。

2001/09/01

第三節　黎巴嫩

一、談以色列「夏雨」行動的戰略目標

6月25日，巴勒斯坦武裝組織「伊斯蘭軍」襲擊了加沙南部的一處以軍哨所，打死兩名士兵，並綁架了19歲的以軍士兵沙利特。隨後，該組織即向以色列政府提出條件，以該人質交換遭以色列當局關押的1000名巴勒斯坦「戰俘」。以色列當局拒絕該要求後，隨即逮捕了7名巴勒斯坦自治政府的閣員（佔其1/3人數），炸毀加沙地帶唯一的一所發電廠、自治政府的內政部、數座橋梁、學校、醫

院等等基本設施，除此之外，還發動所謂的「夏雨」軍事行動，重新佔領了加沙地帶的三個地區……。

如此大規模的報復行動顯然與「伊斯蘭軍」對以色列所造成的傷害不成比例，然而國際社會對此「小題大做」卻三緘其口，似乎朝鮮試射3枚導彈的嚴重性遠遠超過巴勒斯坦人民的基本人權。

筆者於6月22日《歐美峰會與歐美關係》一文中曾提及，自1991年以來，美國對外用兵的一貫戰略目標就是「摧毀敵方的指揮部與控制據點；摧毀工業生產基地及民用基本設施；瓦解敵方的軍事力量與民眾意志。」

如今，對比之下，不難理解以色列政府當前的所作所為，也無非是透過對哈馬斯政府的羞辱以及對民用設施的破壞，向巴勒斯坦人民宣示，推選一個伊斯蘭教政府必然是條死胡同。

2003年美國對伊拉克發動戰爭的最高期待即是造成骨牌效應，從而促使整個中東地區產生親美的「民主「政府（即「民主化的大中東」）。然而事與願違，當伊朗的伊斯蘭教政權絲毫不為所動時，突然間，在巴勒斯坦竟通過一次阿拉伯世界最為民主的選舉，建立了該區域第二個伊斯蘭教政權。

該發展自然讓美國感到狼狽不堪，由是便處心積慮地透過一系列經濟制裁手段（如扣押稅款、停止經濟支持），把巴勒斯坦人民推向生存困境。這一系列「陰招」即便一時挑起法塔赫巴解組織與哈瑪斯政府之間的局部衝突，但明眼人都很清楚，巴解組織對哈馬斯政權的敵對行為根本無法向巴勒斯坦人民交待，或得到人民的任何認同。

在此情況下，也唯有靠以色列直接採取軍事行動，一方面曝露哈馬斯政權的無助，一方面讓巴勒斯坦人民徹底絕望並放棄一切反

抗行為。如果該策略能夠兌現，自然又意味著，以色列將可高枕無憂地把佔據約旦河西岸的大半土地永遠劃進以色列的版圖。

翻翻《舊約》，就明瞭猶太人與阿拉伯人同為亞伯拉罕的子孫。當猶太人長期流離失所、經受無邊的苦難都沒有對乖違命途屈服時，不知為何就認為阿拉伯人甘願放棄做人的價值與基本權利。說穿了，原因就在於一些不明就理、胡作非為的政客誤以為自己的力量是加上美國的總和。

2006/07/07

二、黎巴嫩戰爭的兩個「勝利」

黎巴嫩戰爭似可從3個維度審視其後果：

一是直觀對比

黎巴嫩一方無論在物資上或有生力量上均遭到巨大損失；精神上，卻由於巨大的犧牲促進了阿拉伯、伊斯蘭世界的團結，以及國際社會對以色列的強大壓力，而取得了「精神勝利」。以色列一方，其微小的損失，顯示兩交戰方實力對比的巨大反差，也間接說明發動戰爭理由（無論是兩名士兵被俘，或國家安全受到威脅）的虛假。因此即便「勝利地」達成了「嚴重削弱敵人」目的，卻失去了一切道德基礎。

二是歷史的審視

此次戰爭再次揭露阿拉伯世界的虛弱與無奈，純為十九世紀以來列強所部署的結果（見《黎巴嫩問題與我們的反思》）。慮及上

述的實力對比的巨大反差及戰爭的嚴重破壞，我們既可預見在全球化激烈競爭過程中，「倒退數十年」所造成的嚴重後果，也可預測今後阿拉伯與伊斯蘭世界難以迴避「邊際化」與逐個擊破的厄運。

三是物質主義的觀察

由於列強之戰略部署、程序設置使然，弱勢方往往被迫採取「自殺性」措施，以製造「博取同情」和「擴大嚇阻力」效果，而結果卻不是預期的正面突破，而是逆向連鎖反應。

戰爭，就本身規律而言，不外是交戰方綜合實力的正面對抗。對弱勢一方來說，一旦主力受挫，任何拖延的戰爭，俱是有生力量和物資建設的無謂消耗與犧牲。當第一次世界大戰的德國與二次大戰的法國領導人發現戰場上無法達成任務，立即果斷尋求政治解決。該舉措反映出兩戰敗國政治家對戰爭規律具有物資主義（即大陸所謂的「唯物主義」，[4]）的正確理解，對人民生命與硬體建設的珍惜，對自己的職責有一明確的認識與擔當，尤其重要的是，絕不因為個人前途的斷送，而遷怒於國家並斷送國家的前途。

就物資主義觀點審視，在此次交戰中，擁有核武絕對優勢的以色列無論如何是不會戰敗的。所謂「弱國戰勝強國、小國戰勝大國、游擊戰打敗正規軍」除了天方夜譚與宣傳機器以外，在現實世界裏是不曾存在的。古今中外，優勢方撤軍，從來不是出於軍事理由，而是要麼出於憐憫之心，要麼受到政治壓力，再不然便是，早已完成戰略目標。是以，把非屬「軍事敗北」的以色列撤軍理解為「戰敗」，多少反映出「精神勝利方」的知識貧乏，且基於此落後，孤注一擲造成更加落後。

---

[4]　筆者以為，將 materialism 譯為「唯物主義」純屬誤解

　　不過，話雖如此，出於人文關懷，我們應當理解弱勢方的貧困與苦惱；更應當譴責侵略方的知法犯法和明知故犯。尤其要避免的是，搖頭擺腦地拿弱勢方的缺失為霸權主義開脫。世界上，除了人文關懷之外，就不可能再有什其他「客觀立場」與「評論尺度」。

2006/08/06

三、以色列發動的是「自衛」戰爭嗎？

　　此次以色列對黎巴嫩進行攻擊之時，提出了「自衛」理由；而黎巴嫩一方，則視其為「武力攻擊」和「侵略」。其後，安理會通過第1701號決議，要求兩敵對方「停止攻擊性軍事行動」。然而，就以色列看來，對兩名以色列士兵被俘而採取「自衛行動」純屬每個國家應當擁有的自然權利，與「攻擊性軍事行動」則毫無關係；在黎巴嫩看來，以色列如此大規模不宣而戰，已構成「攻擊性軍事行動」。此外，黎巴嫩一方還認為，在黎巴嫩所屬的薩巴阿農場（1967年以來為以色列所佔領）俘虜兩名以色列士兵，也屬「自衛」手段，並不構成對侵略者的「侵略」。綜觀各地的紛紛議論，支持以、黎兩方的立場與言論均有之。鑒於此，筆者試從法律角度加以分析。

　　首先，《聯合國憲章》的基本精神就在於「禁止一切武力行動」，其中，自然包括禁止一切報復，報仇，預防性戰爭，先發制人等非法軍事行動。根據《憲章》，除了允許安理會授權的軍事行動之外，還在第51條規定，受武力攻擊的一方，具有自衛的自然權利。同一條款，還強調，自衛方「必須向安理會報告」。安理會接獲報告後，得採取行動，以維護和平與安全。雖然，在此規定中沒有具體說明自衛手段的規模，但其精神卻極其明顯，即自衛行動係

緊急措施，此後採取的任何維護和平與安全手段，均屬安理會的職責。

除了《憲章》的上述條款外，根據戰爭法的規定，只有作為「受到武裝攻擊的客體」，才具有自衛的權利。自衛反擊行動的目的在於擊退武力攻擊，其反擊規模必須限於絕對必要的範圍。同時，不得以「自衛」為藉口，向對方提出領土要求，不得要求對方進行政治變革，不得對民用設施進行破壞，不得對平民進行攻擊。

就以、黎雙方提出的「自衛」理由而言，筆者無意在薩巴阿農場的歸屬問題上發表議論，唯要指出的是，薩巴阿地區屬於長期存在爭議區，彼處也長期存在互相俘虜對方士兵的事件。真主黨一方，甚至於2004年曾俘虜過幾名以色列士兵，並成功地以此進行俘虜交換。因此，7月12日的俘虜以色列兩名士兵的事件，即便是「攻擊性軍事行動」，也至多是「孤立的小規模攻擊事件」，因此以色列的「自衛反擊」，也應當至多限於應付孤立攻擊事件，並把事體限制在「絕對必要的範圍」。

顯然，以色列的大規模「攻擊性軍事行動與肆意破壞」，不僅是遠遠超過了國際法的容忍程度，甚至還構成了黎巴嫩一方「自衛反擊」的充分理由。鑒於以色列一方既無安理會的授權，又不能提出充分「自衛」理由，又對黎巴嫩不宣而戰，又把軍事行動範圍盡可能地擴大，按常理，應當視為侵略行為。然而，出於眾所周知的原因，聯合國安理會非但不要求以色列一方立即無條件停止攻擊和撤軍，反倒一方面跨越安理會作為一個行政機構的權限，對薩巴阿的歸屬問題進行偏袒以色列的行政仲裁；一方面又干預黎巴嫩的內政，要求受攻擊的真主黨解除武裝。

冷戰結束後，成為一國獨大的美國原應當借此和平契機加強聯合國的功能、改進國際法，建立一個公平、自由的國際新秩序。不

幸的是，出於霸權衝動，軍工體系利益和提高總統個人聲望的不良動機，卻肆意破壞國際法的具體規定，並讓聯合國淪為替合眾國打下手、收拾殘局的幫傭。更加不幸的是，竟有許多大陸同胞把打下手的骯髒工作視為「體現大國風範」和「承擔神聖的國際責任」。

2006/08/19

四、聯合國維和任務與安理會第1701號決議

第二次世界大戰結束時，國際社會鑒於國際聯盟對成員國不能發生約束作用，刻意把聯合國建立為一個集體安全組織，由此，《聯合國憲章》高於簽字國的國家法律，同時聯合國又承擔了調解糾紛和對侵略行為進行制裁的職責。《聯合國憲章》除了第七章對經濟、軍事制裁作出具體規定外，還在第六章提及，聯合國可基於維護世界和平與安全的考慮，採取適當措施對國際紛爭進行調解。雖然，該條款並沒有對「適當措施」作進一步說明，但根據該機構數十年來所積累的經驗，已建立了一套「和平建設」（Peace Construction）機制。大體而言，「和平建設」係指「維持和平」（Peace-Keeping）、「促成和平」（Peace-Making）和「締造和平」（Peace-Building）三個領域。「維持和平」側重於使交戰方互相隔離，「促成和平」致力於透過外交途徑在交戰方之間進行調解，「締造和平」則著眼於改變社會經濟環境，以減少或排除引起衝突的可能性。

第六章「調解」與第七章「制裁」之間最基本的區別在於：從事「和平建設」者，無論是聯合國秘書長、安理會或維和部隊，不視任何一爭議方為敵人或侵略者；進行調解的建議與方式必須獲得各爭議方的同意；同時不以打擊、削弱任何一爭議方為目的。換言

之，「和平建設」者必須維護其中立、公平的超然地位。至於「制裁」，顧名思義，當然是指聯合國發揮集體力量對某個對象施以懲戒。

本文所探討的主要是聯合國的「調解」任務。大體而言，冷戰結束前，由於聯合國維和部隊多能恪守中立原則，不止是在國際上享有一定聲譽和信任，在實踐方面也積累了許多寶貴經驗。遺憾的是，冷戰結束後，由於一系列越軌行為，聯合國的中立性便受到嚴重質疑。

1993年初，索馬利亞發生軍閥內戰，聯合國維和部隊屬下的美軍一反「恪守中立」常規，竟幫助一方對一方軍閥進行攻擊。待美軍受到反擊，並導致若干美國士兵的死亡，維和部隊便倉促撤離索馬利亞。事後經檢討，聯合國承認這種涉入內戰的錯誤行為不足為訓。美國也隨即制訂了「危城不入」的新政策，以至於次年發生盧安達屠殺事件時，由於美國執意反對，使得聯合國無法及時派兵拯救慘遭屠殺的100萬突西族人民。

另一件不體面的事，涉及聯合國對科索沃問題的態度。話說1999年6月10日，北約組織在沒有聯合國安理會授權、對南斯拉夫進行長達79天的轟炸將近尾聲時，安理會通過一項第1244號決議，其中，明確規定「尊重南斯拉夫的主權和領土完整」。這意味著，國際社會再次明文承認科索沃是南斯拉夫不可分割的領土。除此之外，該決議還規定解除科索沃解放軍的武裝，委託北約組織承擔維護和平工作，允許南斯拉夫一方的警察力量維持科索沃的治安……。但是，又在該決議的第11條第e款裏，刻意留下一條「加促政治過程以決定科索沃未來之地位」的尾巴。筆者在1999年6月17日《科索沃紛爭的啟示》一文中即指出，該條文「為今後舉行科索沃全民投票宣佈獨立埋下了伏筆」。

就維和部隊任務執行情況而言，自始至終不曾認真執行解除科索沃解放軍武裝的工作，更有甚者，經過改編、改頭換面後，該解放軍已儼然成為即將獨立的科索沃的正規軍。當然，要達到此目的，北約軍隊，或稱美國領導下的維和部隊，還必須阻止南斯拉夫警察力量在科索沃維持治安。結果，7年以來，在3萬維和部隊的眼皮下，科索沃境內竟有20多萬塞爾維亞族人遭驅趕出境，3000以上的塞族人民遭殺害，絕大多數文化遺產（如教堂）遭破壞……。甚至，事態還一度惡化到科索沃的阿爾巴尼亞暴民直接對聯合國維和部隊進行威脅的地步。鑒於此，科索沃實際上早已在北約組織的偏袒之下邁向獨立，目前唯一還缺少的「政治過程」便是進行科索沃境內的全民投票，並促使國際社會正式承認其為獨立國家。

值得一提的是，在科索沃獨立問題上，強權完全明瞭不能操之過急的道理，因為，「時間可以彌補創傷，可以培養扭轉局勢的機會」。然而，當他們一旦決定採取攻勢時，時間便成為最吝嗇、最不願施捨的「財產」。過去，對南斯拉夫、阿富汗、伊拉克如此，如今，對伊朗、對科索沃問題又何嘗不是如此。

聯合國維和部隊的初衷在於維護和平、隔離武裝鬥爭，結果卻發展到違反安理會決議和分裂一個主權國家，其代價必然是進一步激化其他地區的矛盾。譬如，只要科索沃宣佈獨立，克羅地亞、波斯尼亞境內的塞爾維亞人也會相繼提出獨立要求。除此，俄羅斯也將不再客氣，立即援引科索沃「先例」，要求從蘇聯分裂出去的新國家中的諸多俄羅斯人聚集的行政區，如格魯吉亞的阿布哈茲、南

奧塞梯實現獨立。換言之，科索沃獨立，將可成為全球所有追尋獨立的行政區所援引的先例。[5]

安理會有關黎巴嫩的第1701號決議

如今，安理會為了以、黎紛爭又通過了第1701號決議。其中，除要求停火、撤軍，在以、黎之間部署黎巴嫩政府軍，和部署聯合國維和部隊外，還要求黎巴嫩進行國民對話，以促成解除所有非政府軍武裝的局面。據決議安排，此維和部隊並沒有親自出馬解除真主黨武裝的任務。從維和部隊的組合結構看來，今後既不會貿然與真主黨游擊隊發生衝突，也不會協助政府軍「收編游擊隊」，其原因在於，政府軍本身就至少有一半士兵屬什葉派或同情真主黨。更何況，由於政府軍不堪一擊，打游擊早已變成該國對抗以色列佔領軍的唯一途徑。嚴格說來，在「解除民兵武裝」方面，安理會既沒有得到黎巴嫩政府的「干預請求」，真主黨民兵的存在也沒造成內戰、對外侵略或人道主義問題，聯合國因此根本就無權對其內政問題說三道四。相反的，更應當動用《憲章》第七條規定，要求造成人道主義問題的以色列入侵部隊立即無條件撤軍。

總而言之，聯合國之存在已有60年的歷史，儘管它的預期目標長期受冷戰格局影響無法一一實現，然而畢竟已經從摸索中積累許多可貴的經驗，尤其是在國際法的建樹上更是取得了傲人的成績。如今處於意識形態鬥爭結束後時期，當不能聽憑少數幾個國家的擺佈，處處拿著「反恐」的幌子，四下控制資源，擴大勢力範圍，甚

---

[5] 迄今為止，國際法只支持殖民地的獨立，而不支持一般多民族國家的分離運動。科索沃將至遲於 2007 年年底前宣佈獨立。美國早已宣佈，將在不能取得國際共識的情況下，給與科索沃單方面的承認。

至進行赤裸裸的侵略戰爭。所謂聯合國,當然不是一個抽象的政治實體,而是一些主要國家發揮影響力的國際組織。當東歐勢力瓦解、西方極右勢力急遽擴張之際,國際社會應有的表現不是對強權亦步亦趨,而是至少要在聯合國這個國際舞臺上體現出不偏不倚的風範。

2006/08/25

五、黎巴嫩戰爭補遺

自安理會1701號決議通過後,國際社會遲遲無法按預期計劃組成15000人的聯合國維和部隊。各國之不積極回應,主要原因在於任務不夠明確。眾所周知,此次大規模軍事進犯與造成嚴重破壞的是以色列一方。只要以色列停火、撤軍,以、黎兩國立即恢復和平狀態。往後衝突即便繼續發生,也僅限於小規模範圍。既然如此,原來的2000名維和部隊便綽綽有餘,額外再增加13000人手完全是勞民傷財。

另一個核心問題是,以色列派幾萬大軍進犯黎南的目的何在?我們只要參照阿富汗、伊拉克、南斯拉夫戰爭的過程,答案便十分清楚,即出動地面部隊的真正目的絕不在投入戰鬥,而在佔領和其他。因為遠在佔領之前,敵方反擊力量要麼早已遭到空中打擊徹底崩潰,要麼敵方原先就不具備招架之力。以真主黨民兵為例,總人數不過兩千。手持輕裝備打游擊,對武裝到牙齒的以色列正規軍至多起點騷擾作用。此次以色列數萬士兵跨越黎巴嫩領土時,也始終避重就輕,盡量徘徊於游擊隊的火線之外,而空中則進行兇殘的攻擊。許多以色列地面部隊不明就裏,戰爭結束後還紛紛責怪其領導「瞎指揮」。其實,出動地面部隊的作用在於替全面的狂轟濫炸打

掩護，借此製造「正在進行的是一場傳統戰爭，而不是一場瘋狂破壞」的錯覺。此戰略手段說明為何以色列在發動進攻時，一口拒絕聯合國維和部隊的任何干預；而完成全面破壞後，卻突然同意由維和部隊來打理善後。

兩天前，聯合國派駐黎巴嫩的協調員伊格蘭（Egeland）甚至指出，以色列在停火前72小時內在黎巴嫩360個地區投擲了大量集束彈，由是四下分佈了10萬顆之多的「地雷」。此「地雷」狀如罐頭，色黃醒目，尤其容易引起孩童的好奇。迄今已有13人觸爆「地雷」死亡，其中包括3名兒童。伊格蘭對此「不道德行為」感到「震驚」。從以色列的「地雷」佈局看來，除了摧毀食水、發電、交通（70多座橋梁）等基本設施和數萬建築物之外，還可以讓這些夾雜在斷瓦頹垣中的「地雷」繼續拖延重建工作的進展。從這一側面，也可說明：赤裸裸的破壞就是唯一目的。經破壞後的黎巴嫩，每人原本要花兩小時去解決基本民生問題（打水、燒飯、上學等），此後則至少要消耗10多小時的時間與精力；原先還有一些精英可以參與建設和發展，往後便會向伊拉克那樣，大量流失於國外；原先還有可能稍加努力擠進發達國家之林，如今則可能永遠邊緣化。除此，往後為爭取更多外援，也必然增加支持國家（如伊朗）的負擔……。

還需要補充的是，黎巴嫩戰爭似乎也轉移了大家對加沙地帶的關注。我們只要稍加留意，不難發現主流媒體對加沙地帶的沉默也是出奇地振聾發聵。前前後後，以色列一方共向加沙發動了7000架次的攻擊，造成1100巴勒斯坦人民死亡，4000多名傷者和近百萬的難民人數。如今，加沙地區斷水、斷電、物價飛漲，情況之惡劣已無以復加。往後施以援手的如果不是親西方的阿拉伯國家，則買單

自然會落到敘利亞和伊朗的頭上，於是除了額外負擔外，又增加一條「千絲萬縷、裏通外國」的罪狀。

2006/09/03

六、從以色列的黎巴嫩戰爭調查報告談起

兩天前，由以色列最高法院前法官（Winograd）所領導的調查委員會提出了一份初步調查報告。其中，嚴厲指責總理（Olmert）、國防部長（Peretz）與參謀總長（Halutz），去年中旬對黎巴嫩發動的戰爭體現出對付恐怖分子毫無經驗和準備，同時，整個戰爭過程中，也顯示戰略目標的不明確……。由於參謀總長早已辭職，目前所有壓力當由總理與國防長承擔。該報告出籠後，直接結果便是引起民眾的示威遊行，而更加難堪的是，政府內部，尤其是現任外長頻頻催促總理引咎辭職。

其實，去年的統率將領為空軍總司令，主要的作戰手段是對真主黨所控制的南部地區狂轟濫炸。從停火前72小時以色列空軍大量投擲集束彈（佈雷）的舉止看來，其戰爭目標根本就不是「定點消滅」恐怖分子，而是對民用設施與無辜百姓進行赤裸裸的破壞與殺害。當然，為掩飾這種說不出口的「戰略目標」，以色列軍事當局又裝模作樣地出動了一些地面部隊。也就由於地面部隊越入黎境後，缺少具體作戰任務，隨後對領導當局提出嚴重抗議。

以色列對黎巴嫩發動戰爭是否有何法理、道德依據？似乎不是調查委員會所關心的問題。大規模轟炸手段究竟是否屬於不對稱反應？也非其注目焦點。對民用設施與平民的破壞與殺害是否構成戰爭罪？更不屬於其調查範圍。奇妙的是，該委員會置這些重大問題不顧，反倒去追究一個根本不曾存在也不可能完成的目標，即發動一個龐大的

國家作戰機器去消滅四下亂竄的恐怖分子。顯然，該調查委員會的「戰略目標」不在於調查事實真相，而是替國內派系鬥爭添加彈藥。

該事件不由讓人聯想到美國眾、參兩院最近所通過的決議，即要求政府設定明年由伊拉克撤軍的具體時間，否則將大幅裁減軍事預算。該兩院所關心的問題首先是伊拉克亂局無法控制。其次是美軍的犧牲與軍事負擔必須壓縮至一定範圍。至於布希發動戰爭是否違反國際法？「大規模毀滅性武器」的指控是否一片謊言？伊拉克民用設施的大規模破壞，數十萬條生命的無辜犧牲，廣大民眾生命安全和基本生活需要的不得保障是否構成戰爭罪？進兵後，造成400萬難民的慘劇是否該把肇事者送交國際刑事法庭？讓數十個國家承擔參與「維和、重建」工作是否拖人下水、勞民傷財？這一切，根本不屬參、眾兩院的議題範圍。

1990年冷戰結束以來，類似的荒唐事情實在不勝枚舉。以下，不妨列舉幾個明顯的例子：只要以色列停止攻擊，就自然化解以、黎間的衝突。因此派遣兩萬維和部隊根本就是多餘；明明就是美國一手造成的伊拉克亂局，卻要發動這個、那個國際會議，去鼓動與會國進行認捐；明明是美國堂而皇之地煽風點火、挑撥離間，造成肢解南斯拉夫的大悲劇，卻要勞駕歐盟處理善後；對南斯拉夫進行了79天的全面轟炸之後，雖有安理會明文決議，承認南斯拉夫對科索沃的領土主權，如今卻又派遣安理會考察團去為科索沃的獨立可行性進行「考察」；911事件後，不由分說地以「阿富汗政府庇護元兇」為藉口，非法摧毀一個主權國家、製造混亂。事後，即便真相大白，一切指控為子虛烏有，卻要動員國際社會去火中取栗。如此這般，整個國際社會就像是吃撐的無聊漢子，成天跟著美國後頭團團轉。

2007/05/04

七、轟炸黎巴嫩與轟炸南斯拉夫之對比

當前，進行了3星期之久的轟炸黎巴嫩南部事件，與1999年北大西洋公約組織對前南斯拉夫所採取的為期79天的軍事進攻行動，均屬典型的國際軍事衝突事件。

從法律角度觀之，這兩次軍事行動俱是在沒有聯合國安理會授權下所進行的非法軍事行動。儘管此次以色列當局所持的藉口為「自衛」，但無論是來自巴勒斯坦反以力量的個別火箭襲擊事件，或來自黎巴嫩的火箭攻擊，甚至包括俘虜一名以色列軍人的行動，對以色列所造成的破壞程度，遠遠不及以色列當局經常性的「定點消除」行動對該兩地所構成的破壞。除此之外，以色列當前所採取的「反擊」行動的規模，也與自身所遭到的威脅不成比例，由是拿「自衛」作為辯解，也缺少任何法律基礎。

根據1977年生效的《日內瓦公約附加議定書》，對民用物體與平民進行攻擊俱在禁止之列。然而，上述兩軍事行動的最大特點在於，對民用設施，包括道路、橋梁、發電站、自來水廠、學校、工廠、電臺，甚至救護車，均進行了肆無忌憚的攻擊與破壞。最後，也都是在明目張膽違反自古以來國際間「不斬來使」（指轟炸中國大使館與聯合國觀察站）的習慣與法律規定的情況下，才引起國際社會的震驚與普遍譴責。

1999年轟炸前南斯拉夫期間，也曾一度造成上百萬民眾的逃亡慘劇。北約組織為推卸責任，堅稱大批難民為「受到塞爾維亞人驅趕」所導致。如今，眾目睽睽之下，黎巴嫩向敘利亞逃亡的黎巴嫩人口已逾80萬人，充分說明狂轟濫炸正是造成大規模難民問題的唯一原因。1999年北約組織之膽敢「倒打一把」、「賊喊捉賊」，其原因無非是大多歐洲聯盟成員均積極參與了該次非法軍事行動；而

自2003年伊拉克戰爭以來，歐洲大陸則洞穿美國的戰略部署，並拒絕繼續擔任代理人的角色。

談及戰略目標，必須首先提示國際問題非傳統社會問題。對待社會問題，一般人均有「解決問題」的衝動與共識。至於國際問題，則「刻意製造問題或使問題永恒化」往往構成強權的唯一戰略目標。鑒於此，上述兩個軍事行動的目標，絕非是消滅前南斯拉夫或真主黨，而是一方面讓該兩地區倒退50年，由是使實力懸殊狀態成為永恒；同時又通過狂轟濫炸和徹底的羞辱，揭示敵方的精神靠山（前者指俄羅斯；後者指包括伊朗的整個伊斯蘭世界與阿拉伯國家）的無能為力。

通過上文分析，不難理解以色列的處境儘管困難，其國防安全問題儘管較一般國家要嚴重許多，但卻無法掩飾它的諸多軍事行動具有代理戰爭的性質。令人費解的是，當全球輿論均對以色列提出抗議，並要求其自我約束時，唯獨中國大陸有如此多的網民和中東專家把以色列的侵略戰爭曲解為「真主黨進行的代理戰爭」。

真主黨每天向以色列南部發射的土製火箭可能是伊朗提供的嗎？伊朗對都市游擊戰有任何經驗可提供嗎？伊朗反對以色列固然有過激現象，但畢竟是唯一的國家，公開指出歐洲基督教世界於二次大戰結束後把本地的猶太人問題轉嫁給阿拉伯國家，而其意義完全等同於「所有西方國家倡議土耳其放棄國土、遷居新疆，並讓新疆的漢族掃地出門」。這麼做，中國人會欣然同意嗎？

以色列立國非止是生米熟飯，考慮到該民族的悲慘遭遇，稍具理性的人士多會支持聯合國大會1947年底就「巴勒斯坦分治」所作出的決議。但是，如果以色列立國後扮演的是戰爭代理人的角色，再三羞辱的是整個阿拉伯與伊斯蘭世界，則不消再過40年，當巴勒斯坦人口成為以色列境內的多數，當該地區石油資源耗竭、西方國

家對此地區失去任何興趣時，以色列人則可能還得經歷一次前所未有的浩劫。不過，不論如何，以阿之爭、美伊之爭屬於猶太、基督、伊斯蘭三大一神教之間的長期鬥爭的延續，無論誰代理誰都有其歷史背景和現實理由。至於絲毫不搭界的中國為何要攪和在這場代理戰之中呢？中國大陸每年進口的石油至少有12%來自伊朗，即便沒有政治大智慧，也至少該有點小商人的生存本能。

2006/08/01

八、黎巴嫩問題與我們的反思

本年2月，筆者在《主權的危機與安南的聯合國改革建議》http://blog.daqi.com/article/8512.html一文中論及：

安南為了提升「國際集體責任」的地位，有意無意地給「國家存在的合理性」下了一個大膽的新定義，即「國家存在的首要理由及職責就是保護本國人民」。此「定義」，從理想主義出發，似乎是理當如此。然而從現實出發，則必須慮及，殖民主義時代以來，絕大多數的第三世界國家的統治階層都是帝國主義蓄意培植的「實力較為薄弱的部族或政治實體」。以阿拉伯國家為例，奧斯曼帝國瓦解過程中，所有新建立的12個阿拉伯國家均屬此類。1916年，英、法所簽訂的「斯克斯－皮克特條約」（Sykes-Pikot）便曾明言要「建立易受控制的低能國家」。其他，凡受西方列強扶持的拉美、非洲、亞洲國家，也少有例外。

既是傀儡、低能國家，如何保護人民？如何抵抗外侮？如何維護存在資格？一切問題究竟在於強權的部署，還是弱小國家的尷尬處境？

　　列強之所以能夠如此建立新秩序、新規則，主要原因在於十九世紀中葉通過工業革命和對外侵略，已把全球隔離為先進與落後，南與北，第一世界與第三世界。自此以降，凡一時錯過工業革命列車，並受到強權侵略的國家，無論採取任何自救措施，均難以擺脫新秩序所強加的桎梏。以中東地區為例，列強在誘使阿拉伯人對抗奧斯曼帝國時，承諾的是「建立阿拉伯民族國家」，然而一旦奧斯曼土崩瓦解，接踵而來的便是分而治之、以夷制夷、借刀殺人。列強如此出爾反爾，目的無他，主要是「控制了該地區的石油資源，便控制了世界經濟和全世界」。就這方面，英、法、美的官方論述絕非重大機密，而是在大量歷史文獻中唾手可得。[6]

　　除了強權的動機或戰略目標之外，需要關注的還有如下幾點：

　　一、「扶植低能政府」即意味著「兒皇帝」永遠要面對強硬對手的挑戰，永遠需要列強採取軍事行動削弱潛在對手，以使畸形架構成為永恒。除此之外，如此佈局，勢必迫使弱勢政府大量拋售廉價資源，以加強本身的軍事力量或償還列強的軍事援助。由是，保護國一方既能不斷取得廉價資源，又能為本身的軍工體系取得利益。言及此，阿拉伯國家或阿拉伯人民百年來所表現的「無能」、「無助」與「內耗」，其實不過是預先設定的國際秩序的必然結果，而此結果又延伸了國際社會對該民族的廣泛歧視。於是乎，這些歧見與偏見又形成一個可笑的悖論：既藐視阿拉伯傀儡政權的無能、阿拉伯人民的無助；又唾棄真主黨和哈馬斯的奮勇抵抗。

　　嚴格說來，真主黨的處境極其可憐，以30天發射不到2000枚土制火箭、造成30名左右以色列居民（此數字還包括部分巴勒斯坦

---

[6]　以下部分資料援引自 The 1991Gulf Massacre
The Historical & Strategic Context of Western Terrorism in The Gulf，
by Nafeez Mosaddeq Ahmed

人）死亡的「效率」看來，其火箭命中率至多是50比1（火箭數/命中人數）。至於以色列對黎巴嫩所造成的整體破壞，則至少要在敘利亞、伊朗傾囊相助下，20年後方得恢復。從這一側面，也反映出上述列強的戰略目標與手段，百年來基本不變。

二、「分而治之」往往是個不顧「受肢解地區」的自然環境、歷史背景、經濟關係、血緣關係、文化特點的情況下，在地圖上任意按經緯線加以切割的過程（參閱非洲地圖）。更有甚者，經常是在刻意製造民族糾紛的意圖下，為今後「永遠解決不了的領土紛爭」埋下的導火線。

以當前的黎巴嫩為例，它在歷史上便長期屬於敘利亞行政區的一個自然組成部分。待法國於二十世紀初（甚至早於1862年就有類似安排）有意裁減敘利亞的力量，便把該託管地的最富裕地區，連同一些其他不相干的地區，組合為黎巴嫩「獨立行政區」。該情況猶如「把上海連同蘇州組合為一個獨立於中國之外的國家」，結果定然不為其他中國人和部分上海人、蘇州人所接受。遺憾的是，每每在第三世界發生領土爭執時，許多中國人不是環顧大局，站在超然、客觀、調人的立場，而是偏向於列強一方說三道四。譬如，「敘利亞不得干預黎巴嫩內政」；「薩巴農場不屬黎巴嫩的領土……」。

言及薩巴農場，該狹小地帶在英、法劃分託管地時曾劃入黎巴嫩的管轄範圍，而該地區於1967年卻為以色列侵略敘利亞戈朗高地時一併佔領。2000年儘管以色列撤離黎巴嫩南部地區，卻仍然佔據戈朗高地和薩巴農場。嗣後，經聯合國安理會以「以色列已撤離黎巴嫩的全部領土」的決議，來間接宣佈該地區「不屬黎巴嫩領土範圍」。真主黨不服，2000年以來，想方設法收復該地區，由是又成為當前問題的導火線。作為旁觀者，我們除了呼籲和平外，如何能

夠偏袒任何一方的主張？難道我們除了站在侵略者一方，對那些與我毫不相干的問題以「贊成票」積極表態之外，就不能恪守中立嗎？

試想，在上文設想的「上海獨立」情況下，導致上海人與其他中國人為蘇州的歸屬問題爭執不休時，我們會歡迎阿拉伯人在一旁指手畫腳嗎？當急獨分子提出「建立臺灣國」時，大陸一方不也發射導彈進行威脅嗎？臺灣問題不也是個冷戰格局所造成的歷史問題嗎？不也是可追溯到十九世紀中葉美國就有「以佔領臺灣來控制中國」的意圖嗎？

通過以上分析，呈現在眼前的問題大體只有兩個：一是如何勇於冷眼面對工業革命以來的國際大格局；二是如何勇於冷眼面對列強為維護此大格局而繼續進行的超乎常情、悖於人性的大破壞。默然接受列強的擺佈，甚至不自覺地充當幫兇，則永遠無法終止內鬥與消耗。

2006/8/13

第四節　伊拉克

一、聯合國監核會與朗布耶談判

據報導，聯合國與伊拉克於本月1日在維也納舉行的談判達成一致。聯合國監測、核查和視察委員會（監核會）主席布利克斯宣佈，伊拉克接受安理會所有有關決議中規定的核查條款，同意核查人員可以立即和不受限制地進入伊拉克的「所有場所」進行核查。

儘管布利克斯的核查工作已得到安理會的明確授權，美英卻在談判結束後立即要求核查小組等待安理會「更強硬」的「新決議」

的通過並修改工作計劃，由是迫使布利克斯讓步，而藉故拖延在兩星期內前往伊拉克進行核查工作的原計劃。

美國提出的「新決議」提案內容涉及「自動獲得動武授權」條款，即要求伊拉克政府在決議通過之日起，一個月內全部公開其大規模殺傷性武器的發展計劃，否則對伊軍事行動自動獲得安理會授權。除此，還要求伊拉克向核查人員開放包括總統府、國防部及共和國衛隊基地在內的一切可疑地點；賦予核查人員一些新的特權，其中包括：核查人員可隨時在其工作地點設置禁區，禁止飛機飛行和車輛通行；核查小組有權移除或銷毀武器系統及其附屬設備、檔案記錄及武器製造材料；核查人員享有不受限制的通訊自由，包括使用加密通訊；核查人員可與伊武器專家及政府官員私下接觸，並可為他們及其家人安排出境。

據瞭解，該提案起碼到目前為止尚不能得到俄羅斯、法國、中國的同意。估計美國不會就此罷手，最後或以一個措辭模棱兩可的「新決議」滿足各方的需要。不論如何，今後美國對伊拉克動武的「國際法依據」只會更多，而非相反。

此事件令人憶及1999年2月6日為解決科索沃內戰問題所召開的朗布耶「談判」（Rambouillet "Negotiation"）。朗布耶「談判」實際上一開頭就以「開出南斯拉夫政府無法接受的條件，從而讓北大西洋公約組織對南斯拉夫進行軍事制裁」為目的。《朗布耶協定草案》由美國一方提出。「談判」進行前南斯拉夫一方不曾有機會過目和考慮，「談判」過程中也不得作任何更改。其正文內容，除規定北約組織所組成的維和部隊有權在科索沃採取一切軍事行動，和南斯拉夫一方必須積極配合（如提供基地）之外，最讓南斯拉夫無法接受的是所謂《附件B》中所規定的條件。以下，僅僅列舉若干大端：北約維和部隊可在南國境內任何地區活動，其中包括、但不

限於紮營、演習、屯兵和使用任何視為有需要的地區與設施；可隨意改動南國境內任何基本設施，南國不得索取費用；南國必須在要求下，免費提供任何北約組織認為有所需的電訊設施（如電視臺）、機場、碼頭、車站等等，並積極優先配合；北約維和部隊在南國境內不受任何司法管轄，工作人員的任何行為均享有豁免權；確保科索沃實施市場經濟和全面服從國際貨幣基金與世界銀行；南國政府必須配合國際債權人的要求提供資財，並完成其所安排的整頓項目；南國必須提供一切必要實施保障新聞自由⋯⋯。

　　明顯不過，如此「談判」實為要求南斯拉夫無條件投降。南國政府拒絕簽字後，於99年3月24日開始遭受北約組織長達79天的狂轟濫炸。值得順便一提的是，整個談判期間，各有關政府均刻意隱藏上述《協定》內容，事後還是由法國媒體首先透露。

　　對比之下，當前伊拉克在聯合國的框架內，自然受到一定程度的保護。因此剛結束的核查談判協定今後無論如何修改，擬議中的安理會「新決議」如何措辭，應當不會達到「投降條款」的程度，同時即便今後美國認為必要時（譬如為下屆總統選戰造勢）突然對伊拉克動武，聯合國安理會則始終有權進行適當的干預，而不是像科索沃事件那樣完全受到美國的擺佈。因此儘管可能通過的「新決議」給予了美國「援引」國際條例的機會，但就恢復國際法律程序和維護《聯合國憲章》精神而言，這次國際社會對美國所施加的壓力，可算是取得了顯著的成果。

2002/10/06

本文有關核查協定的部分文字採用《新華網》記者郭立軍先生的報導。

二、歐、美裂痕不斷加深

10號星期日，當德國慕尼黑市所舉行的國際安全會議還在進行之中，德國媒體（《明鏡雜誌》）首先透露了法、德之間的「秘密方案」，即要求聯合國立即派遣一批藍盔部隊前往伊拉克，以協助監核組人員執行任務。與此同時，比利時外長也正式宣佈，將在次日（星期一）召開的北約組織理事會上動用否決權，以反對在此時此刻作出軍事支持土耳其（如果受到伊拉克攻擊）的決定。

消息傳到美國人耳中，正在慕尼黑開會的國防部長拉姆斯菲爾德隨即表示，德、法、比的做法「不可原諒」、「不負責任」、「可恥」，美國將會採取「雙邊措施」。接著，美國國務卿鮑威爾也不客氣地提出「希望這三國在24小時之內改變態度」（德國媒體稱為「最後通牒」）。

北約組織的互相支持義務

北約組織固然是個區域性集體防禦組織，但遇有成員國受到攻擊事件，章程中並無「自動支持」（automatism）的義務。換言之，每個成員都可依據自己對情況的判斷，作出是否採取軍事行動的決定。同時，據章程規定，如果要採取一致軍事行動，則必須要取得所有成員同意。比利時與法國的特殊關係近似英、美之間。比利時外長的強硬態度，沒有法國的授意是不可想像的。

1月25日筆者曾預言歐、美關係的惡化首先會波及土耳其求入歐洲聯盟的計劃，而從今天的發展看來，其來勢還遠比筆者想像得快且凶。究竟所謂的法、德「秘密方案」由哪個國家首先提出，目前不得而知。但單單觀察拉姆斯菲爾德抵達慕尼黑之後的「外交手腕」，就已讓人略知一二。

星期前（22日），當拉姆斯菲爾德獲悉德、法兩國領導人呼籲「採取一切措施防止戰爭爆發」，便將該兩國貶為過氣的「老歐洲」，同時還誇讚積極支持美國的歐洲國家為「新歐洲」。28日，即在歐洲聯盟一致通過決議，支持聯合國監核組繼續在伊拉克執行任務的次日，美國竟召集了8個歐洲國家表明支持對伊拉克軍事制裁的態度。兩日前，當法、德等國的怒氣尚且未消、強顏歡笑主持安全會議之刻，拉姆斯菲爾德居然又數次毫不留情面地對媒體重申「老歐洲」，甚至還把德國的不合作態度與利比亞、古巴等同起來。如今，出現「法、德秘密方案」應當算是美國「鷹式外交」的自然結果。

另據歐洲媒體報導，目前該方案正在與俄羅斯、中國協商中。具體結果雖不見報導，但根據俄羅斯總統普京昨日對媒體所強調的「在安理會多數成員支持我們的立場」，似可相信該方案的提出毫無秘密、驚人之處。當前問題的實質是，美、英一方圖以「伊拉克拒絕執行安理會要求該國銷毀大規模毀滅性武器的決議」為藉口，對其用兵，而真正的目的在於剷除薩達姆政權，甚至控制該地資源。那些不願支持美、英的國家，自然就會堅持要聯合國監核組人員獲得充分的時間，來完成偵查、銷毀武器的決議任務。至於派遣藍盔部隊，與其說是協助監核組，不如說是維護和平。

看情況，14日即將召開的下次安理會會議，可能還不至於像筆者前兩天所預測的那麼悲觀（即授權用兵）。果真安理會拒絕授權對伊拉克進行軍事制裁，而最終迫使美國採取單方面行動，可以想像，將來只要美國的進展順利，難免要好好修理聯合國一番。

2003/02/09

三、試測伊拉克戰爭的後果

上星期三，布希總統著重提出「使伊拉克民主化」和解決伊拉克問題「有助於化解以色列、巴勒斯坦紛爭」。提出前者的目的，自然是繼指控伊拉克「勾結恐怖主義」、「違背聯合國決議，仍然擁有大規模殺傷性武器」之後，進一步為軍事佔領的目的添加辯解；後者，則大可理解為「預先向阿拉伯人開張支票」。

一星期來，國際媒體的興趣隨之集中於戰爭後的善後問題：例如，聯合國的出路為何？歐、美之間的裂痕如何修補？伊拉克如何管理？石油資源如何分配？建立新格局究竟會引起良性的骨牌效應，還是激化伊斯蘭教原教旨主義運動並造成更多的恐怖主義事件？

聯合國的出路

據觀察，數天內聯合國監核組負責人將在安理會再次提出最新調查結果。不難預料，美國唯有繼續矮化監核組的作用一途，而如此作的客觀意義在於否定聯合國安理會的作用。在此情況下，安理會若是授權美國對伊拉克進行軍事制裁，則等於接受美國的單邊主義和領導地位。同時若是有朝一日無法收拾亂局，背上「八國聯軍」黑鍋的聯合國將無彌補、轉圜餘地。但是，如果安理會否決授權案，美國將視聯合國為「虛設」（irrelevant），由是在無聯合國授權情況下仍將對伊拉克採取軍事行動。

聯合國若干關鍵成員考慮到橫豎要受到衝擊，為維護本身的超然地位和章程精神，動用否決權反對授權案的可能性居多，儘管如此一來將面對美國杯葛、報復的後果。走筆至此，突聞俄、

法、德三國首腦在巴黎宣佈「將不會接受一個帶有動武內容的授權決議」。

另據俄羅斯總統5日對記者透露，中國一方也持同樣立場……。聯合國監核組負責人布利克利斯原計劃於本月7日提出報告，上述三國趕在其之前發表聲明，主要目的之一不外是重申對監核組的支持，由是減輕監核組從美國一方所受到的壓力，因此該「和平軸心」的聲明大可理解為對「先發制人的否決行動」。

歐、美的裂痕

兩星期前的全球性大遊行，揭示一個有趣現象，即越是支持美國的國家，如義大利、英國、西班牙，其國內遊行示威的規模越大。就中西歐範圍而言，80%以上的人民反戰。

就聯大先後發言表態的國家看來，反對動武的國家也佔絕大多數，這一切，起碼說明這次軍事行動的「民主」基礎大有問題。因此，採取不民主的手段去建立「民主」的伊拉克本身就成為一大笑柄。

另外，歐洲許多國家反戰，也說明這次伊拉克事件的實質並非是媒體經常議論的「文化衝突」，而是全球化以及霸權擴張過程中，產生的發達國家與落後國家間矛盾的激化，以及，發達國家間的利害衝突的加劇。中西歐若干國家之所以反戰，除了對十多年來美國的頤指氣使無法繼續忍受之外，也的確擔心市場經濟深化、擴大所導致的貧富矛盾問題，可能在美國的蠻幹下蛻變為不可收拾的全球性衝突。

911事件之後沒兩天，美國國防部長即主張「先攻伊拉克，再戰阿富汗」，這顯示了美國的鷹派認識到可以利用該事件四下出

擊，直到完成主宰全球、建立新秩序的目標。中西歐若干國家自然洞穿美國的盲點，即美國於冷戰結束後，突然間竟無視俄羅斯這個核子大國的存在。據這些國家的看法，只要美國仍然缺乏核子戰爭的承受力，它就永遠得顧忌俄羅斯的舉手投足，同時只要若干歐洲國家稍微對俄羅斯表示接近，美國的全球戰略部署就全盤落空。因此不論今後美國如何處置中東的石油資源，歐洲大陸即便不出一兵一卒，分配開採權益時卻不能忽視歐洲的要求。就此意義而言，美國鷹派的冒進，客觀上並沒有提高美國的國際地位，反而可能加促中西歐與俄羅斯的合作。

對伊拉克的戰爭與控制

最近德國外長曾公開提到，911之後，聯合國監核組長達8年的銷毀武器行動與美、英兩國的輪番轟炸，對伊拉克武裝力量的破壞規模遠遠大於1991年的戰爭。此外，筆者需要補充的是，聯合國十年來對該國加諸的經濟制裁早已使其貧困不堪。鑒於此，一旦美軍挺進，伊拉克一方即便有抵抗之心，也無拒敵之力，因此較可能的結果是個「不經抵抗的佔領」。佔領之後，也將大體按照目前「禁飛區」的劃分（未經聯合國授權，美、英早已禁止伊拉克的飛機在北緯36度之北與33度之南飛行）將伊拉克分割為北、中、西三部分。

根據客觀的分析，伊拉克的民族關係複雜，宗教信仰多樣化，部族色彩濃厚又割據，仍舊不具備民主議會道路的條件。一旦外來勢力直接干預，除了把傳統的權力、資源分配重新組合之外（一如阿富汗），並不能帶來實質的「民主」變革。尤其是在土耳其勢力的參與之下，伊拉克北方庫爾德族與突厥族（也有100多萬人口）之間的矛盾反而加劇；東南部什葉教派甚至可能演變為獨立王國而

對沙烏地阿拉伯（也有眾多的什葉派人口）直接造成衝擊；最壞的
情況下，甚至會把伊朗拖入混水；中部地帶，經薩達姆領導的復興
社會黨的長期經營，大小官員早已結為一體，因此除了外來勢力的
全面軍管與鎮壓，數年之內別無其他妙方。至於軍管，一如科索沃
軍管所面對的情況：白天是走出兵營的軍管當局的天下，半夜則是
徹底的無政府主義混亂。薩達姆的王牌不在於其共和軍的武裝力
量，而在於盤根錯節的官僚機器和不易擺平的部族利益。

石油資源

美國推行單邊主義、鞏固獨佔鰲頭地位固然依憑的是軍事實
力，但取得一系列國家的支持，所靠的卻是財力，由是佔領伊拉克
之後，必須得相當程度地依靠伊拉克的石油收入來支撐龐大軍事開
支，並填補向所有參戰國家開具的支票。由是，充斥國際市場的石
油，固然可一時降低其國際市場價格，從而產生刺激全球經濟的效
果，但美國對中東石油的壟斷地位將無可避免地傷害市場經濟的運
作，傷害其他國家在此區域的經濟利益，其副作用則是：凸出中亞
石油產地的戰略地位；加促許多中西歐國家與俄羅斯這個石油大國
之間的合作。

原教旨主義

筆者近年來多次為文指出，原教旨主義的產生不過是對商品文
化擴展的反彈。當現代化努力與計劃經濟嘗試相繼失敗後，寄希望
於「以傳統的宗教力量維繫社會的穩定與傳統文化價值」便成為凝
聚各種社會力量的公分母。如果國際社會對該反應與趨勢予以諒解
和容忍，則經過若干時日後，當地人民自然會逐步擺脫清規戒律的

束縛，而在自力更生的基礎上走向開明（一如伊朗1979年後的過程）；而如果對其進行圍堵、圍剿，甚至拉一派打一派，則可能激化為恐怖主義活動。伊拉克原是中東地區少有的世俗化國家，對原教旨主義的抵制也一向不遺餘力，如今突然大軍壓境，導致復興社會黨分崩離析，伊斯蘭教原教旨主義便可能如脫韁之馬，一發不可收拾。

　　不過需要補充的是，美國獨佔鰲頭的物資基礎並非是傳統的資本主義自由經濟，而是冷戰結束前後所產生的金融資本壟斷經濟。「壟斷」當然不宜放在臺面議論，於是便產生了「人權高於主權」，「美國主權不受國際約束」，「人道干預」，「聯合國為無關緊要」，「推行民主、消滅獨裁並引發骨牌效應」，「非友則敵」，「先發制人」，「預防性攻擊」，「捍衛我文化圈固有的價值觀」，「上帝站在維護正義的這一邊」的基督教原教旨主義思潮。911事件，不過是一個怪物催生了另一個怪胎。

2003/03/06

後記：目前石油價格創歷史記錄、突破90美元大關。說明中東局
　　　勢失控，美國更是無法達成利用廉價資源的目標。

2007/10/20

四、美國的戰略目標與前景

資源問題

　　2001年5月，美國政府曾提出一份《美國能源政策報告》（亦稱為「切尼報告」），其中著重強調「美國始終要依賴中東的石

油。加強對中東石油的控制，尋求更多的資源供應地為國家今後優先任務」。

當前全球石油儲量，波斯灣佔三分之二，其中，又以沙烏地阿拉伯最多，伊拉克居次，伊朗、里海緊跟其後。波斯灣與里海之外，如南美、歐洲北海，由於多年大量消耗，開採潛力已大幅降低。據估計，按目前的消費速度，全球石油資源將於40年之內耗竭，而目前美國消費的石油，半數已靠進口，15年之後進口量則將攀升至三分之二，因此確保石油穩定供應當屬最優先考慮。

就中東石油問題而言，九一一事件加促了美國能源政策的部署。過去，或說二次大戰結束時刻，美國與沙烏地之間，定有如下默契：美方支持沙烏地政府，不干預其內政；沙烏地一方，保證石油源源供應，堅守戰略夥伴關係，遏制反美的伊斯蘭教運動。然而九一一事件，反映出沙特政局不穩、問題重重，很可能步上伊朗之後塵。由是，即便沙烏地失守，只要能夠及時控制伊拉克的石油，則至少還能穩定該區域三分之一的資源。

戰略思維問題

2002年9月20日美總統向國會提交一份《國防報告》（亦稱「布希宣言」），其中提出要「維護冷戰結束後美國的統治地位」，並強調將採取「先發制人」（為《聯合國憲章》第2條第4款所禁止）辦法，對可能對美國造成威脅的國家進行軍事行動。九一一事件，給予了美國政府機會，以「先發制人」辦法，推行「加強統治地位」與「確保能源供應」的政策。

最初，美國國防部正、副部長均力主「先向伊拉克下手，而後再對付阿富汗」。然而，或許由於阿富汗國防力量薄弱較易對付；

或許因為石油、油氣資源豐富的中亞國家紛紛獨立，其戰略地位顯得格外重要，美國政府作出了「先打擊阿富汗、後對付兩伊」的決定。

與此同時，美國政府內部又存在「一顆子彈」和「骨牌效應」兩種不同主張。前者主張戰略目標集中於剷除薩達姆政權；後者則主張重新建立整個中東區域的秩序，重新安排該地石油資源。

如今，美國政府顯然是看中了「常年經聯合國經濟制裁、銷毀武器、不斷遭受美、英空軍轟炸、積弱不堪的伊拉克」，並寄希望於「各族人民隨著聯軍的挺進揭杆起義，一舉摧毀薩達姆政權，並導致整個中東臣服的結果」。

美國對伊拉克的失算

18日，英國前外長庫克先生（Robin Cook）的動人發言中提及，他無法接受「伊拉克可對美國造成威脅」和「伊拉克不堪一擊」的矛盾說法。實際情況卻是，伊拉克對美國的確無法造成威脅，但也並非毫無鬥志。美國當局之寄希望於人民的揭杆起義，無非是念及1991年北方庫爾德族與南方伊斯蘭教什葉派曾在美國的號召下進行過武裝暴動。然而，當這些「起義軍」經受政府軍鎮壓、屠殺時，美軍卻見死不救，導致6萬什葉派人民的死亡與上百萬庫爾德人民的逃亡。

其實，庫爾德族與什葉派起義是一回事；支持外來佔領軍又是另一回事。1981至1988年兩伊戰爭期間，便不曾見任何伊拉克的什葉派支持由什葉派掌權的伊朗政權。如今，作此期待不啻說明美國政府對伊拉克的具體情況缺乏起碼的瞭解。

除此之外，美國當年之拒絕對「起義軍」進行支持，主要是擔心比伊拉克當局更加封建、落後的什葉派與庫爾德族一旦獨立，則

前者可能加強伊朗的影響力，並對沙烏地造成威脅；後者則可能對土耳其境內爭取獨立的庫爾德族造成骨牌效應。

如今，土耳其之不願讓美軍通過其領土前往伊拉克開闢北方戰場，主要原因除了顧及本國人民和歐洲聯盟的反戰態度之外，也的確擔心，十年來伊拉克的庫爾德族在「禁飛區」的保護之下，早已形同獨立。如果今後庫爾德人再控制伊拉克北方的龐大石油資源，其急劇膨脹的力量，必會對土耳其境內的庫爾德族造成衝擊。美國出兵前，美、土兩政府之間便曾經為「土耳其軍隊是否直接接受美國將領領導」、「如何安排土耳其當局與伊拉克庫爾德族對北方資源的控制」一事鬧得不歡而散。

如今，當美國失去土耳其的支持而傾力「開發」庫爾德族的戰鬥力量時，土耳其卻不忘趁機在伊拉克境內佔領有利戰略地位，以圖適時討價還價。鑒於此，伊拉克的庫爾德族是否願意且具備充當美國的「護油神」能力，目前還不得而知。一個完全可能的結果是，庫爾德族與什葉派即便願意暫時接受美國的協助驅逐薩達姆政府勢力，其後卻可能拒絕背負「出賣國家資源」的罵名。

此外，不容忽略的是，如果戰爭遲遲不得結果，凡積極支持美國的中東國家的局面必然相繼失控。沙烏地阿拉伯、約旦、科威特、巴林、卡塔爾甚至以色列、埃及均可發生目前無可預料的動亂；伊朗、敘利亞等國也似乎將會受到波及。此際，國際上反戰浪潮定然無法平息，恐怖主義事件將會像雪球一般接踵而來。最壞的情況則是，伊拉克一戰打出了無數個伊斯蘭教原教旨主義國家，恐怖主義又不斷肆虐，最終，或許還得邀請美國不屑一顧的「老歐洲」出面恢復世界和平秩序。

2003/03/27

注：伊拉克戰爭於2003年3月20開啟，同年5月1日由美方宣佈結束。

五、戰爭與智慧

在戰爭史上，「弱國可以戰勝強國，小國可以戰勝大國」純粹是個有違常識的無稽之談。弱國、小國真正面臨的問題是，一旦受到外來威脅如何自處？古往今來，各當局的對策不外兩種：一是頑強抵抗，戰到一兵一卒；一是適時妥協，以保全有生力量和物資建設。前者，固然可歌可泣，但作為國家當局，在保國衛民方面則完全沒有盡責。後者，儘管委曲求全，但至少給國家、民族留下生機。

歷史上，凡受過正規軍事訓練的職業軍人都懂得戰場上軍事力量決定一切的道理，於是每當軍事當局發現戰場上力不從心，便毅然放下武器、交由政治家解決善後問題。第一次世界大戰的德國與二次大戰期間的法國貝當將軍均曾適時審時度勢、中止了敗相已呈的戰爭，由是保全了國家的元氣；至於亡命之徒如希特勒，則把自己的安危與國家前途等同起來，情急時甚至動員未成年兒童投入戰鬥。而最終，還是給全國帶來災難性的破壞與羞辱。於是乎，居於下風者的頑抗，非但不能表現獨立意志，反而往往凸顯其落後與愚昧。

一個英明睿智的國家領導人應當是個小心翼翼、始終不渝地把國家維繫在安全軌道上的政治藝術家。八十年代，北約組織內部曾發生「部署中子彈」問題的爭執。德國軍方一度對美國在德國境內部署中子彈的計劃嚴詞拒絕，所持的理由是，一旦施用這種短射程的戰術核武器，意味著使德國淪為美、蘇兩國間的核子戰場。德國軍方的職責在於盡心盡力協助美國嚇阻華沙集團，如果嚇阻手段失效，出現爆發核戰爭之虞，則德國軍方的任務已經完成。此時與其

讓全國淪為灰燼，不如放下武器退出戰場。德國職業軍人當時表現的大智大勇，絕非兩岸的鷹派或獨派所能攀比。

後冷戰時期，顯然是出於傳媒發達、人權意識高漲原因，給予若干投機政客機會，採用煽動悲情的辦法來爭取國際聲援。以九十年代初斯洛文尼亞分離主義勢力為例，其第一次武裝叛變行動，便是把駐紮於奧地利邊境的南斯拉夫政府軍軍營團團包圍。待突圍部隊的砲彈落入奧地利境內，便發動國際輿論聲討南斯拉夫政府的「惡行」。嗣後，克羅地亞爭取獨立時，也東施效顰，專門挑選國際大旅社進行炮轟，事後卻把責任推給南斯拉夫政府……。此後，波斯尼亞、科索沃分離主義者更是頻頻嫁罪於敵對方，直到北約組織直接進行軍事干預。當然，這種苦肉計也未必每次湊效。如果不能爭取到國際支持，又碰上蠻幹對手，則駐防死守的城市（如車臣、克什米爾）難免死傷相枕、玉石俱焚。

如今伊拉克的情況也大體如此。薩達姆唯一的籌碼就是「以拖待援」，所期待的是，只要國際反戰聲浪進一步提高，甚至整個中東地區發生動亂，便可爭取到談判議和地位。但是，倘若美國執意不顧國際反應，採取長期封鎖城市或對其狂轟濫炸的策略，則伊拉克最終仍舊要束手受縛。薩達姆的冒險個性早已是眾所周知，如今施展險招也不足為奇。問題是如若美國也採取俄羅斯對付車臣的辦法對付伊拉克，其災難性後果將不堪設想。

2003/04/03

後記：戰爭於5月1日結束

六、「和平軸心」的法律戰場

美、英聯軍3月20日向伊拉克進攻之前，筆者曾就聯合國這12年所起的作用，作出「充當美國的清道夫」評語。情況的確如此，如果安理會在這段漫長期間內對美國的霸權主義稍加抵制，則美國今日或許不至於如此不把安理會放在眼裏，也不至於如此順利地對一個極端貧窮、積弱的伊拉克進行赤裸裸的侵略，更不會借此戰爭給整個阿拉伯民族與伊斯蘭教世界加諸無情的羞辱。不過，值得慶幸的是，安理會畢竟在最後關頭頓然醒悟，頂住了美國的巨大壓力，拒絕給予動武授權，由是一方面撤除了美英聯軍用兵的合法性，往後還給戰爭犯罪追訴和索賠提供了法律依據。

如今，儘管伊拉克戰爭還沒結束，「和平軸心」（俄、法、德）三國已於4月4日在巴黎提出「要求伊拉克重建工作交由聯合國主持」的聯合聲明。針對此聲明，美國國家安全顧問賴斯女士隨即於次日表示，「美國為伊拉克戰爭留了血、捐了命，重建工作自然將由美國主持」（大意）。英國政府方面，苦於一向以大公無私的姿態，向老百姓提出「人道主義干預」的用兵理由，如今面對著如此敏感的「重建項目」和「石油資源管轄權」問題，自然無法公開否定「伊拉克國家當局擁有資源的絕對管轄權」的國際法基本原則，和「伊拉克人民作出了更大的犧牲」的事實。由是，不得不模棱兩可地表示支持「聯合國擔負重建工作的重要責任」。

其實，美國政府對聯合國的期待至多是讓它承擔所謂的「人道主義援助」工作，因此就問題本質而言，巴黎會議所強調的「即刻由聯合國負責戰後重建、託管石油資源」主張，與美國政府表露的「合眾國支配，聯合國善後」意向加以對比，完全是南轅北轍。當前「和平軸心」對本身的有限干預能力當然是心知肚明，如今提出

如此主張，目的不外是在法律領域「先發制人」埋下伏筆，以便讓美國觸犯「侵略罪」之後，再陷入觸犯「侵佔罪」的泥沼。

　　當然，以美國目前日正當中的軍事實力，無法想像任何國際力量能夠把美國按在被告席上。但理論上，有朝一日美國的胡作非為引起眾怒，導致國內民眾杯葛其政府行為，再加上國際社會的拒絕合作，則當今的美國領導人未必不會步上米羅什維奇後塵。

　　至於重建工作方面，美國當局早已任命國防部部長的摯友、「國防部重建與人道救援局」的負責人格納（Jay Garner）為往後支配伊拉克事務的「民政協調官」，負責管理美方的23名行政官員，並且在過渡期後，讓伊拉克一方的內閣成員「取而代之」。

　　據報導，格納除上述職責外，還兼具美國S Y Coleman軍火公司總裁的身份，在其部署之下，凡國務院推薦的人選（如資深外交官），多被格納以「太過官僚氣」為由加以排斥；而自己指派的人選，則多屬「鷹派」政客（如前中情局局長烏什利Woolsley）。美國內閣成員多有石油集團與軍火工業背景的事實早已是眾所周知，如今該利益集團向伊拉克插手也是自然不過。

2003/04/09

七、伊拉克與聯合國

　　聯軍攻克伊拉克後，美國政府隨即提出「中止安理會對伊拉克的經濟制裁」要求，其目的主要是，只要制裁決議繼續存在，美國就不便於大規模與伊拉克推展貿易和重建工程。此建議提出後，俄、德兩國政府以及聯大秘書長安南均表示，根據安理會決議，經濟制裁的終止必須受一定條件制約，即必須證明伊拉克的確不再擁有大規模毀滅性武器。這意味著，聯合國監核組需要重返伊拉克，

以便完成為戰爭所打斷的調查任務。就維護聯合國尊嚴、依法論法
的角度觀之，德、俄、安南的主張似乎無可辯駁，但評論界卻不乏
人士指出，「德、俄有借機要脅以求分享大餅」之嫌。

令人感到吃驚的是，法國隨即表示贊同「中止經濟制裁」，但
條件是，應當「經由安理會作出相應決議，同時必須逐步地、分階
段地加以終止」。許多論者認為法國如此行事，一是有意緩和與美
國之間的緊張關係，二是保留法國在安理會框架內對伊拉克問題的
發言權。據筆者觀察，法國的建議其實非常符合其一貫的外交精
神，即認為伊拉克戰爭早已破壞安理會決議，並使「是否存在大規
模毀滅性武器」成為無關緊要，目前當務之急在於儘快緩和戰爭所
造成的災難、恢復伊拉克人民的正常生計。雖然如此，美國方面對
法國的善意並不領情，其國防部副部長與國務卿甚至先後揚言「法
國將為反戰態度付出代價」。

美國的威脅不外是指，今後在分派重建項目與石油開採合同方
面將對反戰國家（包括中國）歧視對待。果真美國對反戰國家「秋
後算帳」，一方面必然引起官司訴訟，由是使反戰集團與主戰集團
之間的關係更加惡化；另一方面也變相承認，美國「解放」伊拉克
的動機不在於什麼民主、自由，而是侵佔伊拉克的資源。不論伊拉
克的資源今後如何分配，就4月24日安理會對法國的提議的反應看
來，多數成員還是持歡迎態度的。

除了「經濟制裁」問題之外，主戰集團與反戰集團之間還存在
著有關「聯合國將在伊拉克的物質建設與政治架構方面應當扮演何
等角色」的不同立場。就美國而言，自然希望聯合國接管些人道援
助的「邊際工作」；而反戰國家則希望聯合國立即發揮「核心作
用」。反戰集團之堅持在聯合國框架內運作，原因並非看不到「美
國既能無視安理會的存在，既能在沒有授權的情況下發動戰爭，自

然也不會把硬搶下來的大餅交由安理會分割」，而是在橫豎要吃虧的情況下，必須在國際法領域排除美國的一切動作的合理性與合法性。

其實從現實政治的角度觀察，類似伊拉克這一個矛盾重重、危機四伏的國家，除非出現一個強大的外來力量進行直接的長期高壓統治，根本就不可能依靠若干流亡政客進行「民主管理」。如果美國試圖採取避重就輕的辦法，找些「代理人」來填補政治真空，則後果難免是像阿富罕那樣，必須隨時保護「代理人」的生命安全。

就聯合國本身而言，自成立以來固然在具體、單目標領域（如兒童基金、賑災、維和等等）積累了不少經驗，但在「接管國家行政」方面，根本不具備起碼的人力、物力與經驗。以波斯尼亞、科索沃、阿富汗的監管工作為例，與其說是協助當地建立民主機制，不如說是眼睜睜地看著流氓、亂賊當權。薩達姆政權的去勢，不過是掀除了高壓的鍋蓋，原有的草藥一旦釋放，仍舊散發著「原有的香」。

兩天來美國媒體對伊拉克什葉派朝聖者的龐大陣容與宗教狂熱感到震驚。若干不明就理、不安好心的評論家甚至指責伊朗在「幕後操縱」。實際上伊斯蘭教什葉派的特點在於：信徒一不需要表明宗派傾向；二是信徒自主地選擇宗教領袖。因此每個地區的什葉派都具有明顯的鄉土性、自發性和自主性，伊朗根本鞭長莫及。

伊拉克顯然為了易燃的石油資源引火燒身，美國控制該地區的計劃是否成功也得拭目以待。最壞的情況下，美國完全可能在獨佔資源之餘，盡量把燙手山芋推給聯合國。屆時其他安理會成員總不能主張「只管賺錢、不管軍事」。

2003/04/25

八、評安理會的1483號新決議

22日，安理會以14贊成票通過了由美、英、西三國提出，但幾經修改的《1483號決議》。安理會唯有敘利亞不參加投票，因此形同棄權。這項新決議對伊拉克前途作出如下安排：

1. 解除對伊拉克長達13年的經濟制裁；
2. 確認美英佔領當局為管理當局；
3. 聯合國在重建、人道主義救濟和建立民主政府方面將起關鍵作用；
4. 聯大秘書長將任命特別代表一名，在聯合國與管理當局之間起協調作用；
5. 安理會打算再次審議解除伊拉克武裝的監核工作；
6. 安理會得於12個月內審查執行情況並考慮採取進一步措施；
7. 設立「伊拉克發展基金」並規定其具體用途（如重建、還債、解除武裝、支付聯合國有關業務開支等等）。美英佔領當局可在與過渡政府進行協商之下，對「基金」業務作出指示，直到伊拉克建立民主政權後，方由新政府接管「基金」；
8. 聯合國撤消「以油換糧」計劃，並把管理下之資金轉交「基金」；
9. 聯合國、管理當局與臨時政府共同商議伊拉克前政府所簽訂契約的有效性。

表決結束後，各國代表紛紛強調決議內容雖不盡理想，表決結果反映了安理會以伊拉克人民福祉為重，以「向前看」的態度試圖解決伊拉克的迫切問題。

安理會之通過此新決議，主戰與反戰兩方均作了若干讓步：反戰方獲得的是12個月後有再次審議決議執行情況的可能；與前政府簽訂的商務合同取得了部分保證；讓聯合國發揮名義上的「關鍵」作用，實際上的陪襯、邊際功能（如救援）。主戰方則使安理會屈服於確認美、英的領導、管理地位；同時又取得「基金」的支配權。比較之下，兩者間的得與失形成明顯的不對等關係。

固然，國際間起決定作用的不是倫理道德，而是現實政治。但是，抱著「向前看」的心情斷然把昨日的爭執焦點（如否定監核組的作用，不經安理會授權發動軍事攻擊等等）置之腦後，甚至棄多數反戰人民的意願於不顧，似乎也「現實」得令人無法恭維。因此總的說來，這次把違背《聯合國憲章》的英、美當局確認為「管理當局」的做法，至少傳達的信息是「強權就是真理」。今後無論對聯合國、國際法的完善工作而言，或是對本就迫切需要加強法治的國家、地區而言，新決議對未來的法治建設造成了惡劣的傷害。

如今美英取得勝利之後，終於又回到聯合國框架內，其正面的解釋可以是，再度「向法律秩序歸隊」；更確切的解釋則可能是，生米煮成熟飯後，讓大家都抱著點分享的希望。

2003/05/23

九、薩達姆與大規模毀滅性武器

薩達姆終於落網。果真報導屬實，其潛居之處除了75萬美元現鈔和兩杆槍之外，並無任何「大規模毀滅性武器」的蹤影。據各方專家判斷，薩達姆之如此狼狽，顯然不具備指揮恐怖主義活動的能力。這點說明，伊拉克政權瓦解後，陸續發生的反擊活動的主要動機是打擊佔領軍，而非聽命於或支持薩達姆，因此有人斷言反抗活

動將會繼續進行。不過,也有人希望,某些「恐怖分子」眼看薩達姆如此遭人羞辱,如此不濟,或許就此放棄反擊行動……。不論如何,筆者以為,今後至少「大規模毀滅性武器」應當不再成為美國的話題。

「阿拉伯的勞倫斯」電影曾真實反映第一次世界大戰前阿拉伯人協助英國人打擊奧斯曼帝國的歷史。奧斯曼帝國瓦解後,英國並沒實現讓阿拉伯人獨立的承諾,相反,甚至處心積慮將阿拉伯人分而治之。尤其發現波斯灣藏有大量石油資源之後,英國更是賴著不走,及至1920年,就控制了整個中東地區的石油資源。1919年英國戰爭部主任秘書邱吉爾為維護「資源安全」,便曾下令對反抗的阿拉伯人進行鎮壓,甚至允許施用毒氣。此後,二次大戰時期主持對德國城市進行地毯式轟炸(死亡60多萬平民)的「轟炸將軍哈利斯」(Bomber Arthur Harris)於1930年起,便多次在阿拉伯地區(包括伊拉克)施用毒氣彈。這是歷史上阿拉伯人品嘗大規模毀滅性武器滋味的頭一回。

二次大戰結束後,英國在中東的地位逐日遞減,而美國的影響力則取而代之。伊拉克經過20多個政權更迭之後,於1963年又發生了一次由復興黨參與的政變。政變過程中美國中央情報局向新政府提供了共產黨員的名單,由是導致上千共黨人士遭殺害事件。該作為,與兩年後在印尼發生的政變極為相似,區別僅僅在於美國向印尼新政府提供的名單更大,由是死亡人數更眾。

1963年政變後,復興黨隨之遭到另一集團出賣,於是該黨1968年在美國支持下捲土重來,又進行了一次成功的政變。薩達姆由此取得了第二把手、主持安全工作的權位。1972年,伊拉克不顧美、英、法的反對,將石油資源收歸國有,成為中東地區第一個控制自己資源的國家,也就因為收入顯著增加,該國的經濟、社會一度取

得長足發展。1978年伊朗政變，伊斯蘭教政權上臺並與美國交惡，由是美國於次年向剛取得總統地位的薩達姆提供了一份「伊朗調查報告」。薩達姆對伊朗西部的石油資源覬覦已久，見此揭露伊朗「不堪一擊」的報告喜出望外，隨即於1980年對伊朗發動進攻。然而戰爭啟動後，伊朗抵抗之力極為頑強，於是薩達姆於1983年不顧1925年《日內瓦公約》嚴禁使用毒氣的規定，向伊朗軍施放大量毒氣彈。

正當全球向伊拉克提出嚴正抗議之時，雷根總統卻派遣現任國防部長的拉姆斯菲德為特使拜會薩達姆，同時除了常規武器之外，還向該國提供了包括炭疽菌在內的大量生化武器原料。儘管如此，伊朗軍於1988年仍然步步進逼，伊拉克則鬥志喪盡。此時，美國雖再三對伊朗發出退兵警告，伊朗當局卻置之不理，由是，巡迴於波斯灣的美國軍艦便「不慎」地打落了一架伊朗所屬、載滿乘客的空中巴士。伊朗見此毒招利害，不得不迅即停火退兵。薩達姆雖經美國解救脫身，但歷時8年的戰爭卻造成雙方的極度削弱和上百萬人的死亡。

兩伊戰爭使得伊拉克債臺高築，再加上科威特大規模出口石油導致價格跌落，薩達姆便轉而動起併吞科威特，一石兩鳥，既搶油、又避債的念頭。為謹慎計，薩達姆事先徵求美國的意見，而美國駐巴格達大使，格賴斯辟女士（Aril Glaspie）給薩達姆的答覆卻有些類似對台獨分子所「表明」的態度，即「不支持，但也不反對」。薩達姆靠美國的扶持起家，一向就以為自己的實力是加上美國的總和，如今再得到如此滿意的答覆，自然就肆無忌憚地拿下了科威特。此際，他萬沒想到，自己扮演「以伊制伊」角色的任務已經完成，美國下一步的戰略目標已提升為控制整個中東的石油資源。老布希1991年之沒有一舉攻佔伊拉克，或可說明當時美國新保

守主義的意志還不夠堅決；也可能表明後冷戰時期伊始美國多少還有點在乎國際反應。但是，「結束薩達姆政權」構成小布希任內必須完成的使命卻是有目共睹的事實。自然不過，「銷毀大規模毀滅性武器」便成為美國大舉進攻的「理由」。如今，固然伊拉克「隱藏大武器」始終沒獲證實，濫用毒氣倒是證據確鑿。於是，逮捕歸案後，剩下的問題便是，一旦美國在伊拉克的戰略目標無法達成，是否也會像丘吉爾、薩達姆一樣，施用狠招？

2003/12/16

十、白宮有諭，薩達姆論斃！

自紐倫堡大審，到前南法庭，均無一例外受到被告對原告「彼此、彼此！」、「戰勝者的司法！」的指責。常人謂，「勝者為王，敗者為寇」是個自然不過的道理。相反，就荒謬了。因此所謂司法中立，尤其在國際法殘缺不全的國際領域裏，的確是維護不易。雖說如此，紐倫堡大審起碼給予被告充分答辯的機會，因此無論是文字或影像記錄，至少給後代留下完整的研究資料。就這點而言，前南法庭便遠不及紐倫堡大審的氣派。迄今為止，凡是米洛舍維齊作出的對北約組織不利的控訴，審判方均以「離題」拒絕納入記錄。這種退步現象之所以不引起注意，主要原因在於大多歐盟成員當年協同美國一道懲治南斯拉夫和干預其內政，如今，口徑當然得繼續保持一致。

環顧輿論，薩達姆的命運似乎稍微好過米洛舍維齊。至少，「獲得公正審判」的問題已受到不少歐洲人的關注。但是，以筆者之見，薩達姆最終難免一死，而且，其過程將是像《新約》「耶穌受難故事」裏的羅馬巡撫彼拉多（Pilate）所採取的策略那樣，假

惺惺地讓耶穌落入「自家人」（即猶太人）的虎口……。雖然，《新約》的這段故事情節儘量為羅馬當局洗脫罪行，但卻仍然不慎留下了一點瑕疵，即「最後把耶穌釘在十字架上的劊子手仍然是羅馬軍人」。儘管如此，根據《新約》的說法，該「血債」卻要猶太人的子子孫孫償還。由此可見，嫁禍於人，早在兩千年前就為策略家所靈活運用。

薩達姆手上沾滿了血，接受法律追究本是天經地義，但根據現代文明法學觀念，制裁目的不在於「血債血還」，而是防止繼續犯罪和法治教化。筆者之附議廢除死刑，理由更加簡單，即死囚越多，冤獄越眾；執法愈嚴，為害愈甚……也就因為「理念」不一，布希主張對薩達姆處以「極刑」，而歐盟國家則基本上一致主張設立國際專案法庭，且最好在廢除死刑的歐洲對薩達姆進行審判。

近來，許多人建議讓去年4月正式設立的「國際刑事法庭」作為審理當局。但問題是，根據其章程，追訴的犯罪行為必須是該法庭設立後所造成，因此不能溯及既往。另有人建議由聯合國國際法院充當審理當局，但卻不知該法院只處理國與國之間的訴訟案件。最後，似乎唯剩下由伊拉克司法當局審理或設立專案國際法庭（效法前南法庭）這兩個辦法。

就伊拉克而言，目前的司法機制還沒恢復，舊政權滅亡後，舊《刑法》尚有待更新；更何況舊《刑法》根本沒有「反和平罪」、「危害人類罪」、「戰爭罪」和「侵略罪」的條例，因此要繞過「非明文規定不治罪」原則，就得棄本國《刑法》不用，援引一系列國際法庭的判例。這種作法是否要求由外國配備法律專家、承擔主審任務就不得而知了。如果草草審判、速速槍決，則難免引起「殺人滅口」的口舌和破壞法制建設的後遺症。

　　倘若設立臨時「伊拉克國際法庭」進行訴訟，則出於上述的「多數歐洲國家反戰」原因，必然於訴訟過程中抖露許多駭人聽聞的事件。舉例而言，美國當局在薩達姆就捕的新聞發佈會上曾陳述薩達姆的一系列罪行，然而其中唯獨不提「對伊朗的侵略」和「對伊朗施用毒氣」。記得2002年12月伊拉克政府曾向美國提交一份轉呈聯合國的長達11800頁的報告。美國原先打算「獨吞」該報告，但幾經聯合國追討，最後交達聯合國時，其中數千頁卻不翼而飛。知情人士自然明瞭，其內容涉及伊拉克侵略伊朗期間從美國一方獲得的所有生化武器援助的詳細資料。薩達姆一旦有發言、答辯機會，肯定不會讓該懸案不了了之。鑒於此，他的命運就只好受「自家人」草草主宰，任何後果也由自家人世世代代承擔了。所謂「上有諭，則論畢」（Rome has spoken，the case is settled）演變到今天，則是「白宮有諭，則論斃」。

2003/12/31

十一、伊拉克的雇傭軍

　　繼西班牙政府宣佈由伊拉克撤軍之後，宏都拉斯、多明尼加、挪威、波蘭均作了撤軍表示，而與此同時，歐美媒體卻相繼報導美國在伊拉克大量使用雇傭軍一事。

　　話說月前當伊拉克費盧傑的游擊隊擊斃4名美國人時，歐洲電視曾赫然播放一名伊拉克人展示由死亡者身上扯下項鏈的鏡頭（據瞭解，美國電視沒有登此鏡頭）。電視評論員認為，該項鏈上具有編號的牌子表明死者「具有軍人身份」。然而美國一方卻再三強調死者為「支持伊拉克重建的普通商人」。及至義大利被俘的4名人

士之一遭槍決之後，才由義大利雇傭軍招聘公司抖露出上述死者均為美方招募的雇傭軍的事體。

目前大體上已知道在15萬聯軍之外還有約計2萬名來自美、英和其他歐洲國家的雇傭軍。其多數具有各國特種部隊服役的背景，退役後即加入雇傭軍招聘公司，擔任作戰、保鏢和其他特殊任務。受雇於美國的這批雇傭軍月薪可高達1至3萬美元，他們除具備「專業」能力之外，最大好處在於不屬固定編制，因此即便陣亡也不在官方統計數字中出現。以美國對費盧傑發動的反擊圍剿為例，雇傭軍已死亡80人以上，但官方發佈的美軍死亡人數卻不因此增加。

雇傭軍雖自古有之，但廣泛利用還是十九世紀三十年代殖民主義開始的事。雇傭軍的一般特點在於不顧目的與原則，手段極其殘忍毒辣，且由於惟利是圖，只要受到更大利誘，多立即叛變倒戈。除此之外，雇傭軍風紀敗壞，非但無法與正規軍結合使用，甚至其豐厚待遇會影響正規兵種的軍心與鬥志。也就因為副作用太多，二十世紀六十年代殖民地紛紛獨立後雇傭軍便失去市場。及至九十年代，雇傭軍突然又重新受到歡迎，許多國家支持波斯尼亞、科索沃的「維和」部隊即招聘自歐美各個雇傭軍公司，其中較具規模者，有Black Water, Hart Group, Rubicon International, Global Risk Strategies。

近年來報章時而登載波斯尼亞、科索沃地區雇傭軍參與皮條生意、包娼聚賭、販毒倒賣的消息。如今美國政府大規模徵用雇傭軍，一方面說明伊拉克人在美國眼中的地位何在；二方面揭示一場失去道德優勢的軍事行動必須不擇手段；三方面也必將影響正規部隊的軍心。

2004/04/22

後記：據本年11月德國《明鏡》透露，目前伊拉克共有18萬雇傭軍。其中，三分之二為本地人，三分之一來自世界各地。

十二、伊拉克的「國中國」

6月8日安理會為了替即將「接管」的伊拉克臨時政府作出安排，通過了美國草擬的「第1546號決議」。一般媒體普遍關注於新政府的權限多寡與聯軍的去留，然而卻忽略該決議絕口不談庫爾德族的自決權問題。

庫族為北方少數民族，第一次世界大戰結束後曾有國際會議規定將以投票方式決定是否獨立。由於英國覬覦該地區的石油資源，非但阻撓投票，甚至鼓動國際社會承認英國所控制下的伊拉克對該地區的宗主權。

1991年美國攻打伊拉克時曾教唆庫爾德族起義。待伊拉克當局進行血腥鎮壓後，美國又拒絕對起義軍進行支持。爾後直到上百萬庫族受到驅趕，美國才單方面宣佈北緯36度以北地區為禁飛區。從此之後，庫族實際上已擺脫伊拉克政府之管轄而形同獨立。

去年美軍佔領伊拉克後，一手制定的「臨時管理委員會章程」中明確規定庫族的自治地位。然而目前行政權轉移到臨時政府手上時，「安理會決議」卻一方面迴避庫爾德自治問題，一方面強調伊拉克領土主權之完整。按照此佈局，今後庫爾德地區必然是個「國中國」的模糊局面，即中央政府有管轄該地區的法律依據；但是如果不採用武力手段，對實際有效統治該地區的庫族地方當局也奈何不得。

此情況讓人憶及美國九十年代先後在波斯尼亞境內設置的兩個「國中國」（塞爾維亞地區與克羅地亞地區），以及在塞爾維亞境內建立的「國中國」（科索沃）。所有「國中國」的共同點在於：永遠處於不戰不和局面；無休止的紛爭永遠需要美國的干預和仲

裁；永遠需要爭取美國的友好與軍備。該境況，拿海峽兩岸與之對比，不由恍然，原來最近提出的6000億軍售案早在他人意料之中。

2004/06/18

十三、給布希一記響亮耳光的眾議院調查報告

9月8日，德國《明鏡》電子報主頁刊登了一篇題名為「美國眾議院針對布希發動伊拉克戰爭所提出的一份毀滅性報告」的報導。譯文如下：

這份眾議院的報告長達400頁。由於布希發動伊拉克戰爭的主要理由之一是「暴君薩達姆與基地恐怖主義組織之間建有聯繫」，而此報告卻認為那是子虛烏有，不啻為給了布希一記響亮耳光。

此份眾議院情報委員會的調查報告指出，薩達姆及其巴格達一夥與薩卡威毫無聯繫，既不曾助其逃循；也不曾縱容過薩卡威和其手下的活動。實際上，薩達姆對基地一向不信任，甚至認為伊斯蘭極端分子會給伊拉克政權造成危害。真主黨曾要求過進行接觸，但卻遭薩達姆拒絕。

布希政府的鷹派在4年前攻打伊拉克時所提出的最重要論據之一，便是「暴君薩達姆向賓拉登集團提供協助」，如今，已遭到最高立法機構的否定。

這份今天在華盛頓公佈的報告還指出，甚至連「伊拉克前政府曾經向涉嫌與賓拉登勾結的薩卡威提供保護」的指控，也是站不住腳的。儘管薩卡威於2002年5至11月底之間曾在巴格達逗留，而薩達姆卻嘗試在此期間將其逮捕。

有鑑於此，在野的民主黨認為布希總統攻打伊拉克時所提出的「可打勝一場反恐戰爭」的理由很成問題。

今年6月，生於約旦的薩卡威已遭美國空軍擊斃。

眾議員們還證實，伊拉克當局不曾有過積極發展核武的計劃，也不曾存在過用來製造化學武器的流動性實驗室。情報委員會第二把手洛克非勒（John Rockfeller）譴責說，美國政府沒有妥善將情報「轉呈決策人」，某些負責人甚至刻意選擇、誇大或隱瞞某些憑據，目的不外是為已決定好的伊拉克戰爭添加證據。

情報委員會成員勒文眾議員（Carl Levin）說，這份期盼已久的長達400頁的調查報告給政府列了份慘不忍睹的成績單。布希與副總統切尼曾再三頑固嘗試把薩達姆與基地組織之間的關係羅織起來。這份籌備了足有兩年的調查報告，還對伊拉克國民會議之類的海外流亡組織進行了調查，其內容涉及他們在戰爭前關鍵時刻所發揮的令人起疑的作用。

2006/09/12俞力工譯

十四、薩達姆之死

這兩天，薩達姆上絞架的錄影紀錄已在網路上廣為傳開。照理，對伊拉克政府說來，處死薩達姆肯定是件首要大事，對其影響、對媒體，應當預先也有周全的評估與控制。但是，此錄影帶一方面是從前排觀察員的角度拍攝，而其粗糙的手法似乎又刻意要給人留下一種「業餘偷拍」的印象。不論該錄影的製作背景為何，也不論拍攝後是否經過渲染加工，單從宣傳效果、觀後反應加以分析，多少可知道此錄影流傳的後果在於挑起阿拉伯世界的反伊朗、反什葉派情緒。

當薩達姆套上絞繩的一瞬間，突然出現一片吵嚷之聲。原來是一批觀眾與一位劊子手在不斷呼喊一個過去死在薩達姆手下的什葉

派領袖阿薩德（Baqiral-Sadr）的名字。如今，阿拉伯人普遍認為薩達姆死於「波斯人」手下。所謂「波斯人」，一是指什葉派佔多數的伊拉克現任政府；一是指伊拉克的什葉派；一是指與伊拉克什葉派屬同一教派的伊朗。

據報導，行刑時刻，布希總統已在睡眠，但入睡前還特地關照有關人員，一旦薩達姆行刑受到干擾，務必立刻叫醒他。由此可見美國政府對薩達姆的死的殷切關注；也間接證實本人兩天前對局勢的判斷，即「薩達姆之死，使得伊拉克的和平希望減少了兩分；布希的支持度則增加了兩分」似乎還有些道理。

「伊拉克的和平希望減少了兩分」，還不只是因為行刑時刻讓什葉派呼喊了幾聲口號。關鍵是，採用這種中古時期的絞刑，對伊拉克的民主、文明建設造成嚴重障礙。伊拉克當前需要的是寬容、和解與文明的制度，而不是報復、野蠻和製造新的仇恨。有人或許會抬出「主權不容干預」、「尊重伊拉克法律」為伊拉克當局辯解。但是，根據聯合國安理會2005年6月8日的第1546號決議，伊拉克安全政策的責任還在「管理當局」（可說是布希）的手中。果真布希樂見絞刑的執行，他也一定對其後果作過一定的評估與期待。

除此之外，還需要提及的是，12月30號行刑之日，恰值伊斯蘭教宰牲節。據經書記載，此日上帝向阿拉伯人與猶太人的共同祖先亞伯拉罕發佈諭旨，從此之後不得再以犧牲活人的方式進行祭祀。就因為這是一個神聖的日子，是一個由野蠻過渡到文明的里程碑，阿拉伯世界再三呼籲將薩達姆行刑日期推延。然而儘管如此，美、伊當局仍舊挑選這個最不恰當的日子，事後布希甚至還強調「處死薩達姆，為伊拉克民主進程樹立了新的里程碑」。

2003年美國侵略伊拉克之後不久，鑒於美軍的種種惡行，一位美國名評論家指出，美國的中東政策在於種族滅絕。當時我對「種

族滅絕」的理解是大屠殺，因此還頗不以為然。如今看看，種族滅絕，似乎不一定要採取軍事手段進行大屠殺，造成慢性自相殘殺局面依然是種族滅絕！

2007/01/02

十五、慘、慘、慘

今天消息傳來，伊拉克巴格達南部的西拉市（Hilla）附近，發生了一起嚴重爆炸事件。在朝聖的路途上，什葉派民眾受襲，使得115人死亡（多數為婦孺），200人受傷，傷者中約有50人仍處於生死邊緣。星期前，內政部屬下14名什葉派警員遭綁架，前天則在街頭發現其棄屍。3號晚上拉馬迪市（Ramadi）的警察局受到攻擊，造成至少12人的死亡。2月下旬，恐怖主義爆炸事件尤多，數百名死亡者中還包括姆斯坦薩利亞大學（Mustansariya）的40名學生……。

自從美軍攻佔伊拉克後，除了北部庫爾德生活地區較為安全之外，其他地區族群間的鬥爭與恐怖事件早已成為「正常狀態」。就《關於戰時保護平民的日內瓦公約》（1949年日內瓦第4公約，http://news.xinhuanet.com/ziliao/2003-03/23/content_793667.htm ）而言，對軍事攻擊方的最起碼規定即是，使平民「受人道待遇，並應受保護，特別使其免受一切暴行或暴行的威脅」。剛好就在這方面，美國政府交了4年的白卷。

許多人為了替美國開脫責任，堅稱薩達姆的暴行遠遠超過當前的規模。筆者從不為薩達姆辯護，但卻要指出，他的最大禍害即在發動對伊朗的戰爭。然而西方國家（尤其是美、英、法、德）在長達8年的兩伊戰爭中卻扮演了極不光彩的角色。它們不只是違反中立原則，替薩達姆收集軍事情報，甚至還提供製造生化武器的原料

與設備。另據美國外交界重要人士判斷，兩伊戰爭根本就是美國鼓勵薩達姆發動的戰爭。在庫爾德族問題上（參見拙作 http://yuligong.blshe.com/post/161/2925），早從七十年代起，美國便透過伊朗巴列維親王，向伊拉克境內的庫爾德族獨立運動提供軍火，並導致薩達姆的殘酷報復。也正是出於此原因，這次對薩達姆的審判，僅僅提出他加害於一百多名什葉派民眾的罪行，而迴避了更具規模的死傷上百萬人的兩伊戰爭和毒害上萬名庫爾德人事件。

刨除這些具有外國干預因素的暴行，薩達姆時代的民生、治安、基本設施、生產、供應、社會福利等等，遠遠超過當前美國治下的伊拉克。談及民主，薩達姆時代圈定候選人名單與美國管理當局圈定名單並無實質性區別。其間唯一不同之處在於，如不受外力威脅，薩達姆政權固若金湯，而如今的傀儡政府則有如阿富汗，一旦美軍撤退，至多維持三星期。

當前明擺的是，只要多國部隊撤軍，伊拉克各族群很快會根據旗鼓相當的三大力量，達成一個和平妥協。而如果外來勢力盤踞不退，則受到扭曲的反侵略力量、族群勢力、地方勢力和犯罪集團將無休無止的狠鬥下去。然而據美國國防部長2月28日的態度，美軍將「長期駐紮於兩河流域」。似乎，沒有美軍干預，一萬年前第一個邁進農業社會的兩河流域人民便無以為生。實際上，正是由於美國的侵略，才導致如今的絕境。

2007/03/06

十六、美軍撤退還是伊拉克人撤離？

據聯合國難民事務高級專員辦事處最近發表的數字，自4年前美國攻打伊拉克以來，該國境內難民人數已達190萬之多；離國出走的難民則在200萬左右。

迄今為止，敘利亞已收容了上百萬的伊拉克難民；其次為接納了75萬人的約旦；黎巴嫩有4萬；埃及、伊朗、土耳其各收容了上萬人。難民事務高級專員辦事處的報告還著重指出，儘管該國大多知識份子與技術人員已出走他鄉，目前境內每月新增加的難民數字仍舊不下於5萬人，如果此趨勢不改，該國的重建前景極為渺茫……。

伊拉克全國人口總共不過2600萬，突然間出現近400萬的難民人數，相當15%的人口處於流離失所狀態。再加上4年前美、英武裝進犯期間對橋梁、工廠、醫院、水電站等等民用設施的徹底破壞，以及出於治安破壞原因導致修復工作的延誤，迄今除了北方庫爾德族部分生活圈外，其他地區的族群即便僥倖能夠生活在原居地，其生活狀態基本上與難民大同小異。

伊拉克大量難民之產生，除了戰爭直接所造成的安全威脅外，主要原因在於美國入侵後，原有的公安與軍隊均遭解散，因此長期處於盜賊橫行的無政府主義局面。據報導，單單武裝攻擊期間，對公家物質偷盜所造成的損失，即高達120億美元。以政府機構為例，當時唯一受到入侵部隊妥善保護的部門即是石油部。至於其他部會辦公大樓以及博物館，不是受到空襲破壞，便是讓盜賊洗劫一空。該例子說明，聯軍並非沒有維護安全的能力，而是輕重緩急之間早有優先次序安排。

至於伊拉克族群之間的「清洗」，美國這「管理當局」也難咎其責。當薩達姆政府遭推翻後，「管理當局」明顯倚重庫爾德族和

什葉派，而有意傷害遜尼派的權益。薩達姆固然罪惡罄竹難書，卻長期執行世俗化政策，在壓制原教旨主義運動方面一向不遺餘力，也因此成為遜尼派極端分子欲除為快的仇敵。薩達姆政府要員中不僅包括大量什葉派成員，其外長甚至還是個基督徒。然而在美國的宣傳下，薩達姆政權卻給渲染成一個「由遜尼派少數群體構成的伊斯蘭教阿拉伯政權」。就由於族群關係不斷受到挑撥，薩達姆政權崩潰之後，同一族群較密集的居住區便展開「族群淨化」運動。不難想像，只要部分族群受到另一族群的驅趕，則逃亡的族群也必會為了找到棲身之地，而在本族群較佔優勢的地區佔據另一族群的住房。如此一來，雪球越滾越大，硬是造成如今數百萬人口走投無路的悲劇。

4年前經過兩個多星期的進攻後，布希總統即揚言「贏得了勝利」。然而在伊拉克仍舊一團混亂的今天，又信誓旦旦地對美國民眾說「我們一定會取得勝利」。大家始終不能理解的是，究竟他想完成什戰略目標？取得哪一方面的勝利？如果原先打的算盤是讓美軍進駐、伊拉克人撤退，其勝利的確是指日可期。

2007/03/22

十七、英國將領的微詞與戰爭的本意

9月2日，報載3位英國將領指責美國的伊拉克政策為「智力破產」、「胡鬧」、「反恐戰爭不合時宜」、「致命缺陷」，同時具體指出美前國防長拉姆斯菲爾德除了「置一切警告於不顧，使得如今進退失據」之外，尤其是解散伊拉克本身的安全力量更是個嚴重錯誤……。同時，媒體又廣泛報導，英國有意「讓聯合國派遣藍盔部隊取代英國士兵，近期將撤退伊南巴斯拉地區的駐軍」。

此消息與前幾天美國國防部長蓋茲所提出的「打算在伊拉克建立類似韓國的永久性軍事基地」對比，的確讓人對當前國際局勢的混亂扼腕。

首先，這場戰爭是在沒有安理會授權下發動的非法戰爭，且不說國際社會本應根據《憲章》規定，對侵略方進行集體制裁，而實際情況卻是，由安理會作出新決議，將侵略方「漂白」為「管理當局」。去年黎巴嫩事件亦是如此，以色列進行侵略之後，聯合國不是組織軍事力量對侵略方進行制裁，而是將維和部隊駐紮在受侵略方境內，要求挨打的真主黨繳械。其他類似事件，如阿富汗、南斯拉夫的瓦解，埃塞爾比亞對索馬利亞內戰的干預，結局均是由國際維和力量出馬，處理善後。如今，英國更是重施故技，情況好比不法商人，習慣性地要求納稅者貼補自己的投機虧損。

就上述3位將軍對美國的指責方面，從現代軍人「為和平而戰」的理念出發，的確是一針見血。但是，如果美國戰略家的初衷在於分而治之、讓伊拉克倒退50年、控制石油資源，則美國「做得說不得」的戰略部署，絕對不是那低能弱智。

綜觀近27年的一系列事件，我們可輕易觀察到同樣的軌跡。分而治之、拉一個打一個的策略，首先運用在南斯拉夫身上，待敵對勢力約束在局部地區之後，便開始對其人民進行經濟封鎖和集體制裁。肢解前南斯拉夫的過程至今未告結束，本年11月科索沃宣佈獨立似乎已成定局。

黎巴嫩、巴勒斯坦情況也是如此，分而治之、拉一個打一個的結果，便是將敵對勢力逐步孤立在難民營及加沙地帶，以便作最後的掃蕩。

探討戰爭的目標究竟在於重建和平，或赤裸裸的摧毀敵方，最為顯著的標誌就是攻擊方使用什武器，打擊什目標。如果，攻擊目

標以基本設施為主，又以投擲大量集束彈、貧鈾彈為輔，則真正的
戰略目標肯定是不可告人。

　　伊拉克問題方面，自從最後一個遜尼派部長辭職後，不論是直
接尋求獨立或以「邦聯制」加以點綴，「三國鼎立」的局面已無可
逆轉。庫爾德一方，早於1991年底北緯36度禁飛線劃定時，便已儼
然成為獨立王國。南部什葉派生活圈，也於1992年8月北緯33度禁
飛區劃定之時，逐漸為不同什葉教派和地方勢力所控制。今後伊拉
克政府一旦以邦聯模式促成分裂，則結果必然是一場族群清洗的重
演。彼時除了現有的400萬難民之外，通過互相驅趕，再增加數百
萬難民也並非不能想像。同時，即便「三國鼎立」勢在難免，美、
英兩國為了更加有效地加以管理和控制資源，進一步將該三地區分
解為若干勢均力敵的地方勢力、軍閥勢力，也可從當前的亂局中略
見端倪。事態果真如此發展，則建立永久性軍事基地、控制戰略要
地和石油資源，將成為美國任何一個政府必須執行的國策，但為
了減少己方有生力量的傷亡，增加聯合國的藍盔部隊不失為聰明
之舉。

　　估計未來伊拉克軍閥割據局面將長期存在，凡需要美國支持的
地方勢力必須提供「以油換物」的服務；而國際社會，為了分享石
油大餅，也必須參加維和部隊，「以人換油」。

　　比較之下，阿富汗的前景遠非伊拉克之「明朗」。為了確保對
中亞石油、油氣的控制，美國早已與阿富汗北方聯盟的軍閥結為盟
友（多在政府擔任要職）。按此原始計劃，上述資源可避開伊朗，
經阿富汗北部，直接通往巴基斯坦出口。當前問題在於，自1980年
起，巴基斯坦在美、英協同下，長期大規模培養塔利班勢力。如
今，即便2001年阿富汗塔利班政權已遭美國推翻，而巴基斯坦北部
地區的塔利班原教旨主義者已與阿富汗南部的塔利班結為一體。因

此，別說是控制資源，甚至維繫巴基斯坦的國家完整都大成問題。最近聯合國有關機構指出，當前國際市場93%的交易鴉片產自阿富汗；而其中絕大多數，來自與巴基斯坦的接壤地帶。這說明，阿、巴之間廣大地區早已失去控制。

塔利班政權瓦解後，即刻蛻變為潛入民間的游擊組織。只要該組織保持分散、游擊狀態，便可能以拖延時間來等待轉機。但如果一時衝動，嘗試構建地方政府，則將成為固定槍靶，重蹈巴勒斯坦哈馬斯的覆轍。阿富汗山嶽密布，歷史上一向是影響發展的障礙，但也是任何外來勢力無法全面控制的原因。近百多年英國、蘇聯都先後有過慘痛的經驗；山姆大叔雖然兵強馬壯，但也需要極好的運氣。

2007/09/03

後記：科索沃於2008年2月17日正式宣佈獨立。

十八、美國國會通過「三分伊拉克」決議

本月26日，美國參議院以75對23票通過一項決議，決定將伊拉克推向一個由三個自治區構成的聯邦。該決議尚有待眾議院審議通過。考慮到此院多數議員也支持此方案，當不會有任何意外。

此項決議雖然對美國政府不產生法律約束力，但對國策方針卻有指導意義，其中除了主張在伊拉克成立庫爾德、遜尼派及什葉派三個自治區外，還將在巴格達維持一個弱勢、特區政府。該弱勢政府的主要職能為維護邊境安全，處理外交和監督石油收入的公平分配。該決議還向美國政府提出三項建議：促成聯邦制；爭取伊拉克周邊國家與五個安理會成員的同意；促使伊拉克政府通過並執行石油法，以使石油收入獲得公平分配。

令人矚目的是，該項決議並非僅僅由布希政府建議，而是獲得多數民主黨議員的贊同，甚至由民主黨明年的總統候選人畢登（Joseph Biden）提出，因此大可視為美國國策。

早於2003年4月10日，筆者在《民主的基礎與代價》http://www.clibrary.com/column/ligong/lg16-12.html一文中，即有如下評述：

今後伊拉克的整體發展極可能步上波士尼亞的後塵，即建立一個形式上的統一國家，而具體地將該國一分為三。至於民主議會道路，似乎還得模仿阿富汗的辦法，採取美國主導下的「山頭協商制」。過去，薩達姆為求國家統一，推行的是資源國有化和培養伊拉克國民意識，壓制的是與伊拉克國家主義相悖的原教旨主義和少數民族自治權益。往後，即將執行的怕是政權原子化（分化）、資源民營化、民主形式化、軍事非武裝化、國防美國基地化。統而言之，在這個新體制下，消費者該留意的是，「民主、自由」不能當飯吃，商品務必追求等價交換。

其實，將伊拉克「一分為三」的跡象早在筆者預言之前，就不乏倡議之士。例如，現任副總統切尼的中東問題顧問沃姆什（David Wurmser）於1999年便曾提出將伊拉克一分為三和肢解敘利亞的建議。1982年，以色列的專家伊農（Oded Yinon）也曾指出，阿拉伯諸多國家不過是英、法於十九世紀末建立的紙牌搭建的國家，因此應當將埃及、阿爾及利亞、敘利亞、黎巴嫩、土耳其、伊朗、約旦、巴基斯坦、伊拉克、阿富汗諸國逐個分裂之。

當前美國媒體也陸續推出支持「三分伊拉克」政策的評論。本月25日《華盛頓郵報》就有老牌評論員科恩（Richard Cohen）以輕鬆的口氣提出，「國家興亡是尋常之事，伊拉克已到了該走的時候了」他建議美國政府要面對現實，支持此一政策。

　　美國政府果真是如此被動和必須接受現實嗎？不然，2005年10月13日《紐約時報》透露，早在美國攻打伊拉克之前，即2003年1月份，布希已獲得國家情報理事會（National Intelligence Council）所提出的兩份分析報告。其中指出，一旦美國進攻伊拉克，便能造成該國的分裂與內戰。美國進攻伊拉克時刻意摧毀關鍵基本設施、打爛國家機器，造成內戰與400萬難民，自然不能推說事前無法預料發生什麼後果。

2007/09/30

本文部分資料參考Knut Mellenthin所著，《三分伊拉克》Dreiteilung gefordert, junge Welt, 28. September 2007

第五節　伊朗

一、波斯灣的人質事件與前景預測

　　本月3日，英國首相布萊爾對外宣稱，「在48小時內採取外交途徑，解決15名英國士兵的問題是至為關鍵的」。歐洲媒體普遍把該聲明解讀為對伊朗當局提出的最後通牒。於是，一個老話題又突然復活起來，即英國會不會為此大打出手？

　　其實，早於50年代，英國在中東地區的影響力已為美國、蘇聯所取代。冷戰結束後，俄羅斯淡出，其「政治真空」則由美、英聯盟所填補。然而即便如此，英國的地位不過是打下手，至於是否大打出手，仍舊要看美國是否有此需要。

戰爭的需要與策略

　　所謂需要，難免涉及石油資源與各國的能源安全。全球70%石油資源恰好埋藏在伊斯蘭教世界的土地之下，而其中，絕大多數又屬什葉派的生活範圍。如今，繼伊拉克為美、英聯軍所控制後，唯一還沒擺平的地區就只剩下伊朗。因此，與其說是有此「需要」，不如更加確切地說，那是「必要」。

　　打從上世紀初、列強開始爭奪中東石油資源起，一系列的國際文書（協定、條約、備忘錄等等）均不時出現「tree access to oil」一詞。究竟是指「取得免費石油」，或「自由取得石油」則從來沒有具體的說明。不過，筆者在過去已多次強調，當前列強的作法，與殖民主義直接掠奪資源的做法大相逕庭。如今，更加重視的是制定遊戲規則或設立框架條件，譬如：規定石油貿易必須用美國印製的鈔票交易；或者，扶持弱者、低能政府，使中東地區的動亂、危機、局部戰爭、內鬥成為永恒狀態，如此，中東各個當局永遠需要為了購買武器而拋售石油，永遠需要「打了重建，建了重打」。但是，還需要進一步說明的是，「永遠」、「永恒」不過是指石油開採的壽命。換言之，列強對中東的興趣與石油蘊藏量成正比關係，40、50年後一旦資源耗盡，也就是列強對此地區不再過問的一天。

　　伊朗之成為美國去之為快的眼中釘，原因還不僅僅在於石油資源引火燒身。當阿拉伯、伊斯蘭教世界逐個為美國瓦解後，唯剩下伊朗仍舊高舉自主的旗幟，因此儼然成為伊斯蘭世界的最後一道精神與物資防線。

　　此外伊朗又犯了衝撞美元的大忌，即像薩達姆一樣，曾於本世紀初宣佈石油貿易改用歐元結算。（參見《石油與美元》一文）。更有甚者，就美國從日本海至北海的圍堵俄羅斯與中國的「弧形鎖

鏈」觀之，繼越南、印度改善與美國間的關係後，伊朗為此戰略聯盟的唯一「空白」環節。有鑒於此，收編伊朗不只是美國新保守主義戰略家的願景，也是任何政府必將執行的國策。

　　當然，這個分析建立在兩個前提基礎上，一是美國人民不加以阻止；一是俄羅斯不進行干預。

人質事件

　　本年1月11日，美軍曾在伊拉克北部的厄比市（Erbil）以「支持恐怖分子」為由，不顧國際上對外交豁免權的規定，逮捕了5名伊朗領事館外交人員。2月份，巴格達也有一名伊朗外交人員遭伊拉克特種部隊逮捕（據說昨天已經釋放）。2004年6月份，8名英國士兵在阿拉伯灣（Schatt al Arab）的出海口遭伊朗當局逮捕。3天後，經英國政府對跨越伊朗海域表示道歉而獲得釋放。本年3月23日，幾乎在同一地點，又有15名英國士兵遭伊朗海面巡邏部隊逮捕……。從以上幾件事可說明，近年來類似的摩擦雖然不斷，卻不見伊朗一方有任何「過激」舉措。該情況有如以色列與黎巴嫩之間的邊境小摩擦不斷，而事態是否擴大至去年的戰爭規模，就完全看是否有此需要。

阿拉伯灣

　　談及阿拉伯灣，需要交待的是，這主要是指伊朗與伊拉克之間長達200公里的界河。第一次世界大戰結束後，英國覬覦石油資源，將前奧斯曼帝國的3個省合併起來，建立了伊拉克，並把該界河的全部航道視為伊拉克領土。這麼做，意味著伊朗必須為航運不斷向伊拉克支付費用。該情況在第二次世界大戰結束、伊拉克獲得

實際獨立地位後也沒改變。伊朗力爭未果，便在美國配合之下，暗中向伊拉克的庫爾德獨立運動提供軍事支持。伊拉克一方則大力支持與伊朗親美政權作對的伊斯蘭教原教旨主義派。

　　1975年伊拉克一方不堪庫爾德族獨立運動的騷擾，與伊朗簽訂了「阿爾及爾協定」，並按一般國際慣例，以該界河的主航道劃分為兩國國界。從此，伊朗中止了對庫爾德族的支持（導致伊拉克政府對該族進行的一場屠殺）。伊拉克一方，也相應地驅逐了在伊拉克流亡多年的伊朗宗教領袖霍梅尼。然而對薩達姆而言，對伊朗讓步不過是應付燃眉之急的戰略撤退。到了1980年，薩達姆眼看霍梅尼所領導的伊斯蘭教新政權羽毛未豐，又同時受到美國的鼓勵（美國駐沙特前大使艾金斯James Akins作此判斷）便突然撕毀該雙邊協定，並悍然發動了一場長達8年的兩伊戰爭。

　　1988年伊拉克節節敗退，薩達姆為結束戰爭，再次承認了該國界。然而對出海口之外的領海劃分，兩國始終沒有劃定任何國界，更是沒有在海面上作任何標示（如固定浮標）。換言之，兩伊自1975年以來便是根據漁民的習慣活動範圍，以及雙方的默契，在「各自」海域進行巡邏和保持距離。不難想像，任何第三國的武裝力量在此爭議區活動，所期待的也不外是新的事端，更何況3月30日之前，伊朗一方正在其海域進行軍事演習。

　　有趣的是，此次15名英國士兵遭逮捕之後，英國的態度非常強硬，先後對媒體散佈的信息也對問題的和平解決極為不利。以英國政府於5天之後對外展示的地圖為例，便在兩伊的海域上，用粗黑線畫了一條領海區分線。當然，英國士兵所搭乘的皮艇的位置給標明在伊拉克的領海之內。究竟，英國士兵是否跨越伊朗領海，目前是各持一詞。但可以肯定地是，英國當局為了製造輿論，不惜偽造「領海線」。

如何大打而不出手？

如前所述，15名人質事件再度引起有關戰爭的熱烈討論。儘管多數論客傾向於揣測戰爭爆發後的失控與亂局，筆者卻認為這一仗將按南斯拉夫的「外科模式」進行。是否造成政權變更，是否引起內戰，似乎不在攻擊方考慮之中。至為關鍵的是，遭全面破壞、倒退50年的伊朗必須在廢墟上重建，必須大量拋售石油以交換國際市場上受監控的物質。只要區域性發展落差再擴大數十年，伊斯蘭世界就不可能再有崛起的一天。國際政治不是一般的社會問題，戰略家的目標不在於解決問題，而是爭取優勢和製造落差。

2007/04/04

二、伊朗總統的反猶邏輯與目的

伊朗總統艾哈邁迪－內賈德上任後，驚人之語不斷。最初，主張將以色列這個國家「從地圖上抹去」，繼而，聲稱納粹德國屠殺猶太人是「西方國家為了在伊斯蘭世界心臟地帶建立一個猶太人國家而編造的神話」，除此，「果真有屠殺一事存在，為何西方國家不分一塊土地給猶太人，而要拿巴勒斯坦人的家園作犧牲品？」。對於這種言論，國際上譴責之聲不絕於耳，大有引起公憤之勢。

如仔細推敲內賈德的話語，他實際上是在從事一種推理，即：一、如果屠殺猶太人一事純為虛構，讓猶太人在巴勒斯坦立國便缺乏合理性；二、果真歷史上發生了屠殺猶太人事件，肇事國或同情國理當自己設法補救，慷他人之慨把巴勒斯坦提供給猶太人也缺乏合理性。就他看來，是否發生屠殺事件其實無關緊要，重要的是，讓以色列在巴勒斯坦立國，橫豎均不合理。

　　西方國家的反應，多集中在強調屠殺猶太人證據確鑿、不容置疑。據客觀史料，也的確能夠證明二次大戰期間相當60%的歐洲猶太人口慘遭毒手，倖存者也多數流亡到歐洲以外地區。以筆者寄居的奧地利為例，原有的20萬猶太人口中，6萬死亡，逃亡人數高達13萬，目前僅存5千左右。儘管大屠殺一事無可爭辯，但是，內賈德追究的卻是責任問題，而恰好，這一步踩到了西方國家腳上的雞眼。

　　從1938年德國納粹政權開始排猶算起，到1945年德國戰敗，7年間在各個集中營慘遭殺害的猶太人共來自18個歐洲國家。一些漏網的猶太人設法逃出納粹分子的魔掌之時，所迎接的絕不是基督世界伸出的慈悲援手，而是與納粹德國沆瀣一氣的無情堵截。即便部分猶太人於二次大戰期間已下定決心在巴勒斯坦重建家園，西方國家卻擔心過度支持猶太人會逼迫阿拉伯人與納粹德國結盟而加以反對。最後，直到納粹德國戰敗，一向具有排猶傳統的西方基督教國家才順水推舟地支持四下流離失所的猶太人在巴勒斯坦建立國家。有鑒於此，內賈德對西方國家的「慷他人之慨」的指控並非毫無道理，而唯一顯得有點無理取鬧的是，如今事隔60年，以色列的存在非但已是生米熟飯，甚至還是個不容忽視的核武力量。因此當內賈德「口出狂言」後，以色列領導人便直率表示「不妨以軍事手段見真章」。

　　伊朗既然並不具備「抹殺」以色列的實力，如此頻頻刺激對方又意欲為何呢？顯然，內賈德看准了以色列的兩個致命弱點：一是，以色列境內的阿拉伯人口比例越來越大，不消再過幾十年，猶太人便可成為少數民族；一是，60年來以色列的存在起著削弱阿拉伯國家的作用。往後，中東石油資源終將有耗盡之日（40年？）。屆時，西方國家對此地區興趣索然，孤立無援的以色列又如何自

保？核子武器又如何用來對付境內的敵人？顯然，以色列的前景並非樂觀。可以預見的是，與阿拉伯人和睦相處不一定能夠解決所有問題，但繼續交惡，遠景只會更遭。

就目前中東的形勢發展看來，薩達姆政權消滅後，唯剩下敘利亞與伊朗可以繼續對以色列造成威脅，而當敘利亞在一系列離奇謀殺事件發生、遭受強大國際壓力時，伊朗總統突然拿「猶太人議題」開闢「新戰場」，顯然有圍魏救趙的戰略意圖。除此之外，一旦美國內部反戰力道加強、迫使其政府改弦易轍，這時與其他臣服於美國的阿拉伯、伊斯蘭教國家對比之下，伊朗將儼然成為維護國家尊嚴、資源的楷模和伊斯蘭教世界的頭羊。如此一來，也必然提高什葉派的政治地位，從而一勞永逸地改變1300年來伊斯蘭教世界裏什葉派受遜尼派欺辱的命運。

伊朗歷史悠久、疆域廣闊、資源豐富，族群矛盾、宗教糾紛均不算嚴重，1979年以來徹底擺脫外國的控制，對外由是團結一致。這一切，似乎都是內賈德叱吒風雲、有恃無恐的資本。

2005/12/15

三、詭異的原子能機構緊急會議

國際原子能機構理事會35個成員在2月4日的緊急會議結束前，以27票支持（包括中國與俄羅斯）、3票反對（委內瑞拉、古巴與敘利亞）和5票棄權的結果通過歐盟方面提出的一項決議，決定將伊朗核問題向聯合國安理會報告。

該決議達成後，伊朗最高國家安全委員會副秘書長瓦伊迪隨即表示，該決議是個「歷史性錯誤」，伊朗將「全面恢復鈾濃縮活

動」。伊朗的態度，已於近日多次表明，而決議的必然通過，也早於1月30日的6國會議結束時即已明朗。

此次會議結果，與其說是解決任何實質性問題，不如說是通過俄羅斯與中國立場的改變，而加強了對伊朗的壓力；同時從伊朗的強硬反應看來，作個「衝突升級」的結論，似乎也不為過。究竟此次會議或通過的決議為何令伊朗感到如此無以忍受呢？伊朗核問題激化後又可能導致什麼結果呢？

首先，查閱1月30日通過的「決議草案」，可清楚看到具有3個要點：一是表明對伊朗的不信任，並要求伊朗與原子能機構全面合作，同時中止核能研發活動；一是決定就伊朗的核問題向安理會提出報告；三是言明今年3月份安理會再度聽取原子能機構的正式報告。就條文而言，其中完全不涉及將「伊朗問題移交安理會」，更沒有任何提及「制裁」的措辭或含義。

然而，詭異的是，30日倫敦會議結束後，當晚10時英國外交大臣斯特勞便對外宣佈，「歐盟和美國已經與俄羅斯和中國達成一致，決定將伊朗核問題提交給聯合國安理會。」（見英國電臺中文網31日「中俄同意伊朗核問題提交安理會」）也就從此刻起，全球媒體連日大張旗鼓地順著斯特勞的口氣，把該會議結果報導成「中、俄兩國也贊同由安理會出面，對伊朗進行制裁」。

如此這般，「報告」（report）歪曲為「提交」（referal），「安理會聽取報告」渲染成「安理會將進行制裁」。除此之外，更是經由「美聯社」繪聲繪影地作出了如下報導「國際原子能機構31日在一份報告中表示，從伊朗獲得的文件表明除了製造核彈頭，沒有其他目的。」（見中新網2月1日電）

眾所周知，原子能機構既負有促進核能和平利用的使命，又兼負監察簽字國核工發展的任務，因此一向是所有國際機構裏「美國

的最愛」。也就因為其性質特殊又敏感，該機構一向嚴禁其職員對
外隨意吐露任何內部機密。鑒於此，美聯社所散佈的消息，完全不
可能是該機構所持的官方立場，否則，就完全沒有必要在決議中提
及「安理會於3月份聽取原子能機構的正式報告」。然而，考慮到
該機構裏的美國職員多有情報機構背景，許多人甚至戲謔該機構為
「國際機構掩護下的中央情報局」，因此就不能排斥該機構個別
美國職員在其政府授意下，打著原子能機構的旗幟，散佈上述假
消息。

　　不論如何，從30日開始針對伊朗所展開的妖魔化宣傳戰，已充
分達到了使國際社會誤以為「必須對伊朗進行制裁」的目的。這
也就是伊朗堅決抵制任何手段把伊朗核問題與安理會掛鉤的重要
原因。

　　根據俄羅斯與中國官方的解釋，此決議不過是表明「安理會有
權聽取報告」，同時決議內容並「不排斥任何解決糾紛的外交途
徑」。但是，伊朗的顧慮是否合理，是否過激反應，只消觀看國際
主流媒體今後如何繼續詮釋此決議，便可知道此次緊急會議和決議
的真正目的與作用何在。

　　談及緊急會議，不得不指出的是，至今伊朗提煉濃縮鈾的技術
還未見成熟，同時該國又是加入《不擴散核武器條約》及執行附加
議定書規定的成員。這意味著，該國甚至同意原子能機構可隨時派
員進行突擊檢查。該坦誠態度與毫無意願參加該條約、手頭上又擁
有核子武器的以色列、巴基斯坦、印度加以對比，可說是極為難能
可貴。因此即便該國仍舊有若干研發方案沒有悉數呈交原子能機
構，並引起機構的疑慮，其「問題」還遠遠達不到「緊急」、「迫
切」程度。基於此，這次的緊急會議客觀上構成一個極大笑柄，即
一方面緊急要求機構向安理會提出有關決議的報告；一方面又給予

安理會一個月的時間，等候聽取機構的季度報告。至於安理會於3月份聽取報告的內容為何，聽取後是否能夠達成協商一致、採取任何制裁行動，目前則完全不得而知。該現象，與99年轟炸南斯拉夫、阿富汗戰爭、伊拉克戰爭之前，美國無視安理會存在的急切態度加以比較，多少反應出美國現下實際選擇的是從長計議一途。尤其再看到西方媒體的大肆宣傳與決議的溫和措辭之間的巨大反差，也明顯讓人感到現下雷大雨小的手法與此前咄咄逼人的態度決然不同。這一系列跡象，或說明當前的伊朗核問題貌似劍拔弩張，而兩個當事方的主要動機均在於促進國內或集團內部的團結。

雖然如此，評論界也不乏「戰爭迫在眉睫」的主張。據加拿大全球化研究中心主任丘蘇多伏斯基教授（Ottawa University Director of Centre for Research on Globalization, Michel Chossudovsky）對美國動態的觀察，美國在軍事方面似已部署就緒，近期的空中攻擊在所難免。支持這種判斷的人士還指出，早於一年前美國已向歐洲國家提出請求，於本年3月份在金融市場上大力支撐美元，而此日期又與安理會聽取機構的季度報告的時間相吻合。考慮到伊拉克曾是第一個宣佈和實施不以美元作為石油貿易結算貨幣的國家，同時伊朗與委內瑞拉也均出於同一計劃而與美國關係惡化，因此為了維持美元對石油的支配地位，和鞏固美國的全球霸主地位，其政府必須殺雞儆猴，永絕後患。果真這也是中俄兩方從美國直接獲得的信息，那麼從俄方的利益出發，對伊朗戰爭所造成的石油匱乏結果，只會提高俄羅斯在歐洲的地位和燃料出口增加而帶來的更多利益。至於中國，或會慮及伊朗政局經重新洗牌之後，過去所有的貿易合同必然落空，而既然如此，似無必要繼續維護一個即將垮臺的政權。另一種廣為流傳的看法是，為了贏得中方的支持，美國也作出

了一定的讓步，譬如最近主動對臺北政府提出警告，便可視為互惠交易的善意姿態……。

不論這次緊急會議的真正動機為何，擺明的是伊朗的不屈服態度。2003年伊朗之接受歐盟調解，並宣佈暫時中止核能活動，主要原因之一在於企盼獲得國際社會的安全保證。當其周邊國家的核武越來越多，從美國處又得不到任何安全保證，則除非原子能機構能夠具體提出伊朗發展核武的證據，該國當然不會為了遷就一句「不信任」的空話，而自我斷絕開發核能的條約權利。如果原子能機構或任何第三國甘願充當美國的代理，不尊重舉證責任在於控方的基本法律原則，去推動一項不可能完成的任務，或通過不合理的決議，則除了影響自身的中立性、從而阻止更多的國家加入《不擴散核武條約》之外，也必然導致本身與整個伊斯蘭教世界關係的惡化。

2006/02/04

四、四面楚歌的伊朗能源政策

本月3日，伊朗宣佈恢復核燃料研發活動後，國際原子能機構、英、德、法、俄紛紛與伊朗展開交涉。綜觀最近兩星期的發展，國際社會除了對伊朗繼續進行妖魔化和威脅外，既不能依法據理提出一些稍具勸服力的理由，也拿不出任何切實有效的辦法，化解雙方間的歧見。

如果從法律角度探討，首先必須援引的是1970年生效的《不擴散核武器條約》。根據該條約，防止核擴散、推動核裁軍、促進和平利用核能構成其三大宗旨。至於早於1957年成立的國際原子能機構，職責不僅僅在於防止核能技術轉化為核武用途，甚至本身還是

個促進和平利用核能的機關。有鑒於此，條約簽字國固然擁有和平利用核能和研製核燃料的權利，但也有接受原子能機構監督的義務。迄今為止，原子能機構提不出任何有關伊朗發展核武的證據，同時該國的核能發展情況又是最具透明度的國家之一，在此基礎上，國際社會又有何理由要求伊朗完全放棄對核能技術的鑽研呢？

首先，以美國為首的西方國家的態度極為簡單：出於經濟利益考慮，對於向伊朗銷售核能發電廠極表興趣；出於政治考慮，絕不讓伊朗輕易掌握濃縮鈾的生產技術。顯然，其目的在於維持自己對核原料、核技術的壟斷地位，同時又刻意部署「伊朗永遠依賴核原料進口」的規則。由是，既然在法理上、舉證上提不出任何伊朗違規的憑據，便只好採取莫須有的辦法，一口咬定伊朗發展核能是「為了研製核子武器」。

如果拿巴基斯坦與伊朗做一對比，立即可發現這兩個政教合一的伊斯蘭教國家之間的唯一區別在於，前者親美，而後者不然。因此，一個可以擁有核子武器，而另一個甚至不得做此遐想。鑒於此，所謂人權、價值觀等等，其實都是幌子，最根本的「道理」則是：不甘心接受擺佈，就必須面對制裁。

基於以上意圖，英、德、法為了附會美國而提出的建議，當然不會為任何主權國家所接受。星期前，繼英、德、法的斡旋觸礁，俄羅斯隨即出面表示「願意與伊朗共同進行核能研究」，但條件是，「合作必須在俄羅斯境內進行」。此方案意味著，伊朗仍將永遠無法在本土進行核原料的提煉與生產。就當伊、俄的談判也同樣擱淺，一貫促進核能發展的原子能機構的總幹事巴拉迪竟然跨越職權範圍，揚言「要是別無出路，便只有尋求強制辦法」（西方理解為「武力解決」）。

　　從兩星期的事態發展看來，西方國家所預設的立場，實際上是個揮動尚方寶劍也無法斬斷的死結。數年來之所以不厭其煩地進行談判，不外是想方設法減緩伊朗的核工進程，同時也為今後可能升級的武力行動醞釀「合理化」的情緒。

　　回顧冷戰結束以來的諸大國際爭端，似乎可觀察到同一策略的反復運用：一方面，通過國際媒體製造假信息，如「萬人坑」、「民族清洗」、「窩藏、支持恐怖分子」、「擁有大規模毀滅性武器」、「發展核武」，從而把假想敵徹底妖魔化；一方面，促使聯合國、歐洲聯盟之類的國際組織出面，從事不可能取得結果的談判。最後，「一切和平手段無效」的辯解自然成立，旋踵即對假想敵進行全面攻擊。15年來，該策略屢試不爽，主要原因在於許多國家主觀上認為可以透過集體參與，把美國從「單極主義」拉回「多邊主義」的框架；而客觀上，卻扮演著幫兇的角色。

　　伊朗為何要發展核技術呢？眾所周知，伊朗是個石油與天然氣資源極為豐富的國家。然而以目前的開採速度，充其量再過50年便可能面臨枯竭後果。慮及此，其政府便決定將石油開採量減少一半，供應不足部分則由核能來頂替。不論這種保護資源的政策是否為國際社會所歡迎，制訂能源安全政策畢竟是每個國家的自然權利。如果聽從西方國家的建議，單單建立核電站，而放棄濃縮鈾的生產，意味著核燃料來源將永遠受制於人，其能源安全將永遠不安全。環顧世界，迄今至少已有40個國家具備生產核燃料的能力，為何唯獨伊朗要受到歧視待遇？為何連續受美國長達25年經濟封鎖的伊朗，便不能對有朝一日的核燃料禁運有所提防？除此之外，每當國際石油價格低落，美國便儘量減少自家石油的開採、充分利用外國的廉價石油，為何唯獨伊朗不能作同樣的安排？

　　如上文所述，目前國際上對伊朗最流行的指責，便是其核能技術必然會轉移至軍事用途。針對此論調，筆者認為轉移與否，剛好體現國際原子能機構的存在需要。如果所有國家的核原料均由同一供應商提供和管制，該機構不就失去存在意義了嗎？另外，核能轉為軍事用途，在技術上也根本無法做到「大規模秘密作業」。以當前軍事衛星的探測能力而言，如果在地面上連一隻香煙都無法躲過照相，對龐大的分離器和提煉設備的操作反倒視而不見的話，也只能證明情報當局有意放水。

　　總而言之，當前國際上對伊朗施加的壓力與歧視，主要來自強權政治和對強權的妥協。如此下去，短期內真正值得顧慮的問題，不在於是否將有更多國家製造核武，而是讓旨在爭奪資源的殖民主義死灰復燃；長遠看來，一旦美國民眾覺醒，新政府的對外政策改弦易轍，則此期所有助紂為虐的國家將如何面對法律、道德與良心？！

2006/01/20

第六節　阿富汗

一、阿富汗戰爭與阿富汗

　　此次美、英聯軍對阿富汗的攻擊雖然在方式上與99年3月24日就科索沃事件發動的軍事行動極為相似，同時在攻克對手主力之後籌建新政府的過程也有雷同之處，但就政治、軍事目標而言，卻值得加以分析、比較。

　　北約組織對南斯拉夫進行全面攻擊之時，提出的目標是防止民族滅絕，解決難民問題和維護人權與安全。然而軍事行動展開後卻

造成更多難民問題和眾多無辜百姓的傷亡，甚至在北約維和部隊進駐科索沃之後，也拒絕按照聯合國安理會的決議解除科索沃解放軍的武裝，因此導致科索沃境內塞爾維亞居民90%遭驅逐出境的結果。至於往後科索沃是否能夠獨立，則完全要看塞爾維亞與美國之間的關係如何發展，如果其利用價值超過科索沃，則科索沃仍將屬於塞爾維亞組成部分，否則，則有獨立的希望。

阿富汗與科索沃的共同之處在於，科索沃解放軍與北方聯盟均是通過美國「炸平」、「鋪平」的道路實現軍事佔領。爾後即便有外國維和部隊協助社會秩序的重建，但只要堅持保留武裝力量，甚至趁機排除異己，則多能取得優勢地位。

雖然如此，阿富汗的情況遠較科索沃為複雜。首先北方聯盟成員多為少數民族，其特殊地位絕不會讓其他民族所容忍；其次散居在各個峽谷的部族（山區佔全國領土的75%）自抵抗蘇聯入侵時代起，已從美國、巴基斯坦、沙烏地等國取得大量武器。這批毫無國家、「阿富汗民族」觀念的部族向來各自為政，既是抵抗任何外來勢力的主要力量，又是排斥任何進步改革的阻力，因此絕非維和部隊或北方聯盟所能對付。除此之外，在美、英的軍事「外科手術」高壓之下，塔利班政權與「基地」的軍事力量固然消失，但究竟是化整為零或鳥獸散還有待4000名維和部隊實際執行任務之後方能揭曉。

阿富汗土地、資源異常貧瘠，文化教育極端落後，唯一擁有的「優勢」為其複雜的地形和特殊的戰略地位。十四世紀海運取代絲綢之路之前，它曾經是中國通往印度、伊朗的必經之路，近兩百年又是列強相爭的犧牲品。尤其自七十年代以來連綿的戰爭造成如下結果：30%人口為移民、難民，10%人口戰死、餓死，95%以上婦女為文盲，年均收入為20美元，可耕地僅佔全國土地7%，而出於戰爭原因半數以上又廢耕，最重要農產品為鴉片（佔全球50%以

上，但8000萬美元的實際收益卻只佔國際市場總銷售額的八百分之一），平均壽命為41.5歲，兩歲以下的孩童的死亡率為五分之一，手頭上唯一現代化商品為武器，單單地雷就埋了1000萬之多，男人最好的解決失業、饑餓的辦法就是參軍，女人則是當小老婆……。

八十年代美國正是利用阿富汗的貧窮與落後，讓其充當對抗蘇聯的炮灰；八、九十年代，巴基斯坦為了防止阿富汗提出其東北部地區的領土要求，而有計劃地扶植塔利班政權，以便控制阿富汗。此際，美國、英國、巴基斯坦、沙烏地阿拉伯則利用伊斯蘭遜尼派的激進分子的狂熱、訓練游擊隊來削弱俄羅斯、伊朗、印度與中國，卻不料恐怖主義竟然蛻變為一把「回鏢」，掉過頭來傷害自己。如今，為了911事件大張旗鼓對阿富汗用兵，其目的當然不是僅僅為了捉拿四下流竄的恐怖分子，而是乘勢對資源豐富、戰略地位日益重要的中亞地區染指。

注：戰爭於2001年10月7日開始，12月7日「結束」。

2002/01/09

二、911事件後的兩個戰果

處於後現代時期，最有趣的現象就是主流媒體實施嚴格的議題設置，不論某事件曾經如何渲染、如何奪人耳目，如今只要失去宣傳價值，便立即打入冷宮。以波斯尼亞、科索沃兩地為例，民族糾紛雖然絲毫不見好轉，難民回歸一事更是遙遙無期，但是熱戰既已結束，媒體又隨著其他新議題而轉移視野，於是便給人留下一種「沒消息即是好消息」的錯覺。

阿富汗戰爭結束後不及兩年，塔利班殘餘勢力到處放冷槍，已有死灰復燃跡象。美國扶持的卡賽總統一旦失去500名美國安全

人員的保護，便隨時有喪身之虞。迄今中央政府的政令僅僅對3個省的局部地區有效，影響力則遠遠不及八十年代蘇聯支持下的傀儡政權。卡賽政府雖已與美國簽訂鋪設管道、將中亞油氣輸送至巴基斯坦出口的協定，但由於安全無法保障，該工程只好推延至無限期。

最不堪的是，數星期前聯合國麻醉藥品和犯罪管理局（UNODC）所發表的「毒品調查報告」。據該機構調查，塔利班政權主政後，該國的鴉片產量曾翻了一番，1999年最高峰時達到4565公噸。經過聯合國的不斷交涉與外來壓力，塔利班政權於2000年將產量壓低到3276噸；2001年甚至減少到空前的185公噸。這現象，說明塔利班政權的果斷與有效性。

然而，經美國將該政權摧毀，其鴉片產量便攀高至去年的3400公噸和今年的3600公噸，這意味著，該國的鴉片產量又佔據全球的3/4。從該國（共32個省）鴉片生產地的分佈情況觀之，塔利班時代約有18個省從事鴉片種植，如今，已高達28個省。也就因為產量突然暴漲，國際市場價格隨之猛跌，使得鴉片農今年的收入還不及去年。然而就全國鴉片生產、加工、銷售的收入而言，約佔國內總產值的一半。阿富汗的鴉片一旦提煉為海洛因，輾轉之下最終目的地主要還是美國。與其白忙一場，兩年前美國不如委婉地要求塔利班政權摧毀「基地」恐怖主義集團，如此說不定賓拉登早就逮捕歸案，恐怖分子一網打盡，鴉片也大體絕跡。

第二個戰果是，伊拉克戰爭「結束「後，主流媒體有關該國的消息儘管一天少於一天，佔領軍遭遇的打擊實際上卻是一天多於一天。美國最初的策略是，通過聯合國安理會1483號決議追認美國的「管理當局」地位，由是從法律上擺脫了「侵略罪」罪行；繼而，又要求安理會通過1511號決議，給予「搖擺不定的國

家」一個「派遣支援部隊和分攤重建開支」的法理依據。但是，此後在馬德里召開的認捐會議上卻僅「籌集」到330億美元。這要比預期的500億金額少了許多，同時認捐的款項大多屬低息貸款，現金則僅有40億。

至於外國軍事支援方面，原先美國寄希望於土耳其的1萬支援部隊。「不巧」，卻在伊拉克過渡政府（管理委員會），尤其是庫爾德族的強烈反對之下使該願望化為泡影。如今，隨著美軍死亡人數和國內反對聲浪的增加，美政府由是打著「伊拉克化」的算盤，即像當年放棄越南那樣，預先通過「越南化」政策讓越南人直接參與所有戰鬥。然而與越戰有所不同的是，當年美軍決心撤腿就走、坐視北越部隊的南下和統一；如今則為了控制油田和戰略要地，而必須駐留部分美軍。結果是，只要美軍一天不徹底撤退，伊拉克就一天不得安寧；局勢越是混亂，則親美政府越是需要美軍的駐留。巴勒斯坦動亂從1948年算起，邊打邊談、不戰不和的局面已跨過了55個年頭，這期間，美國既是調人又是最大的石油商與軍火販子。伊拉克似乎也至少將面對50年的亂局，待其石油耗竭之日，方能促使美國「危國不入」。

2003/11/27

三、超級鴉片大國阿富汗

2003年1月底，筆者在《911事件後的兩個戰果》一文中，就阿富汗的鴉片生產情況作了一些介紹。

那麼事隔3年之後，阿富汗的情況又是如何呢？據聯合國毒品與犯罪問題辦事處於本年9月2日公佈的消息，目前阿富汗所生產的鴉片產品在全球市場的供應量已達92%。

　　單單本年該國鴉片產量已提高59%之多，總產量攀升至6100噸。該辦事處指出，鴉片的大量增產不止是涉及貪腐、吸毒、艾滋病、有組織犯罪、恐怖主義等問題，每年還由於注射劑量過度，導致10萬以上的癮君子的死亡。辦事處還指出，該國除了北方少數幾省的產量略減之外，東、南各省的鴉片生產已全然失控。辦事處認為這都是政府失職、普遍貧窮、軍閥攪和，以及外來援助無效所導致的結果，因此呼籲阿富汗政府採取果斷措施……。

　　從聯合國有關當局前後兩個報告看來，阿富汗的鴉片問題於2001年已基本解決，然而自從美國「摧毀」塔利班政權、扶持親美勢力之後，鴉片竟由年產量185噸狂飆到如今的6100噸。至於塔利班勢力，今年在東、南地區尤其活躍。一年不到，交戰死亡人數已逾2000人。阿富汗75%以上的土地為山地，每個山谷人口聚集地就是一個自然形成的「獨立王國」。歷史上從來沒有一個外來勢力能夠征服得了這個國家，美國的民主外銷、顏色革命在此地看來也不討好。

2006/09/07

四、從阿富汗戰爭談美國的自衛戰

　　根據911事件發生的次日，即2001年9月12日安全理事會通過的第1368（2001）號決議，認為911事件「是對國際和平與安全的威脅」；同時該決議也「確認按照《憲章》有單獨或集體自衛的固有權利」。另據2006年12月22日安理會通過的第1735號決議，其中「重申明確譴責基地組織、烏薩馬‧賓拉登、塔利班和其他與之有關聯的個人、集團、企業和實體不斷多次實施恐怖主義罪行……」。

前一條款雖然確定該事件為「威脅國際和平」，但911恐怖主義活動是否構成「武裝攻擊」事件？美國是否能夠以「受到武裝攻擊」為由，據《憲章》「自衛」條款，對塔利班進行武力攻擊？在此決議中卻沒有明確規定。2006年所出現的後一條款，將阿富汗塔利班政權定性為犯有「恐怖主義罪行」的措辭，雖然間接加強了美國武裝攻擊阿富汗、推翻塔利班政權的合理性，但也沒有具體肯定美國武裝攻擊阿富汗的行動。於是乎，這兩份模棱兩可的國際文書就給學術界、評論界留下了廣大的議論空間。

首先，就「自衛戰爭」而言，設於海牙的國際法院自1946年成立以來，已經處理過許多類似的訴訟。就一般情況，自衛權利只可以在「一個國家受到另一個國家的武裝攻擊」情況下才可行使，而且對「武裝攻擊」的理解，一般是：對他國領土管轄範圍施加大規模武裝暴力；有計劃襲擊他國平民或進行屠殺；或者，由某一國參與或派遣武裝團體、游擊隊、雇傭軍，對另一國進行嚴重攻擊或破壞。因此，並非一切濫用武力行為都屬於「武裝攻擊」，譬如：僅僅限於邊境衝突，或對個別平民或船隻、飛機進行攻擊的活動並不能看成是「武裝攻擊」。換言之，凡屬個別、孤立、缺乏延續性的濫用武力事件均不列入「武裝攻擊」範疇。

繼而，即便進行一場「自衛戰爭」的理由足夠充分，自衛方也必須嚴肅考慮：己方所遭受的破壞是否具有延續性？本身採取的軍事反擊行動是否應當力求速戰速決？反擊的力道與規模是否與事件的大小相對稱？攻擊的目標是否針對侵犯者？自衛的目的是否限於排除威脅？威脅排除後是否應當即刻轉交聯合國安理會，由其審議和決定後續行動？軍事行動是否超過自衛範圍，而抵觸《聯合國憲章》禁止報復、禁止私下懲罰對手的規定？

　　如果進一步分析911事件及其後果，即刻會發現許多法律疑點：一，這是一個缺乏延續性的孤立事件，因此視其為「武裝攻擊」甚為牽強；二，恐怖分子使用的攻擊手段非傳統武器，而是民用飛機，因此是否構成「武裝」也頗成問題；三，這不是一件國與國之間的軍事衝突，同時參與該事件的恐怖分子是否僅僅代表個人意願也無從調查；四，美國於10月7日對阿富汗進行武裝攻擊之前，無法證明賓拉登基地組織為該事件的策劃者；五，美國至今也不能證明阿富汗塔利班政府曾參與或派遣恐怖分子對美國進行破壞；六，911事件直接肇事者多已死亡，因此任何反擊目標均可能是無的放矢；七，美國的軍事手段遠遠超過自衛範圍，明顯帶有推翻塔利班政權的戰略目的；八，如果推翻塔利班政權目的在於軍事制裁，則美國在沒有獲得安理會授權情況下，完全可視為進行一場武裝攻擊或侵略戰爭。

　　接下來必須觸及的問題是，究竟塔利班政權是不是個恐怖主義組織？如果是，國際社會當如何處理？

　　有關塔利班政權的產生，筆者在《美國與巴基斯坦為何培養恐怖分子》一文中已有詳細介紹。要說塔利班與美國正面發生衝突，應當是始於1998年8月7日美國駐肯尼亞內羅畢使館和駐坦桑尼亞達累斯薩拉姆使館遭恐怖分子炸毀之日。據美國之調查，該事件顯示有阿富汗基地恐怖主義組織的背景，因此一方面要求塔利班將恐怖分子交出受審，同時一狀告到安理會。經安理會受理後，便通過了一系列有關決議，其目的在於運用國際社會的集體力量，先採取非武力辦法，向塔利班政府層層施壓，令其像利比亞那樣地就範與合作。

　　如對安理會的一系列決議內容以及當時仍在擬議的條文加以觀察，不難發現聯合國在草創時期，為追求世界和平在《憲章》裏對「合法使用武力」所設的門檻非常之高，以至於在911事件發生

後，同一個9月內所通過的第1368（2001）號決議和第1382（2001）號決議均只安排了非軍事性質的制裁手段。然而即便如此，由於安理會成員在打擊恐怖主義方面目標一致，相信不會有任何一個理事會成員在911事件發生後會反對美國提出的「軍事制裁」要求。那麼，美國為何置國際法、安理會於不顧，貿然採取單邊行動呢？

筆者認為，最大的原因在於美國有意利用當時的「道德優勢」，擺脫安理會任何決議條文的約束，儘快超過「捉拿兇手」的狹小範圍，佔據阿富汗的一切制高點。然而，如此獨斷獨行不僅僅是對國際法機制造成了嚴重破壞，同時也曝露美國的內外政策一貫採取雙重標準：對內講求法治、人權，對外則私設刑堂、以暴制暴、積極擴張。

對布希政府而言，「自衛戰爭」的理由是不言而喻。尤其是上述的9月份兩份安理會決議裏明文指出「確認按照《憲章》有單獨或集體自衛的固有權利」。實際上，該條款與授權軍事制裁阿富汗還有萬丈鴻溝的距離。果真安理會同意軍事制裁阿富汗，則在此之前，美國必須提出充分證據，而後還得經過安理會審議，並給予阿富汗當局充分申辯的機會。最後即便作出軍事制裁決定，也必然會推出一項新的決議，具體指出軍事目標為何，軍事行動的授權對象為誰，以及制裁對象為誰。顯然，「確認按照《憲章》有單獨或集體自衛的固有權利」在9月12日的安理會決議中出現，係出於美國之手。之能夠獲得所有安理會成員的支持，不過是因為事發突然，911的次日任何一方都不可能知道恐怖主義活動是否還會繼續下去，是否會構成名副其實的「武裝攻擊」。

不過，恐怖主義發展到911事件的地步，多少對國際社會與國際法提出了挑戰。果真恐怖主義活動取代傳統「武裝攻擊」，成為

今後頻繁出現的危害世界和平的手段，現有的國際法機制是否能夠充分有效地提供安全、及時的保障？「武裝攻擊」與「恐怖主義局部騷擾」之間是否還存在一些法律上無法明確概括的模糊地帶？顯然，這涉及到健全法制的新課題，如果不是聯合國大會的職責，至少也應當由安全理事會提出一個臨時補救方案。但是無論如何，國際法的健全化絕對不能夠逆向而行，莫名其妙地走回無法無天的叢林法世界。

繼而要探討的是，為何如今安理會又認定塔利班是個恐怖主義組織呢？有趣的是，迄今為止，不見出現任何有關塔利班政府與基地組織直接勾結的證據，也無法駁斥塔利班要美國提出「基地組織為911事件幕後主持人」的證據的合理要求。當前唯一可以「入罪」的理由是，塔利班政府於1999年安理會提出引渡要求後沒有積極予以配合。

然而，如前所述，包庇恐怖分子還遠遠不足以構成安理會對其進行軍事制裁的充分理由，尤其不能成為任何國家進行武裝攻擊的藉口。尤其是在塔利班看來，組織、包庇、培訓、資助本.拉丹基地的始作俑者根本就是美國自己，其「共犯嫌疑」遠遠超過塔利班政府。此外，既然美國的軍事行動缺少國際法基礎，塔利班的反侵略行動非但不能沾上恐怖主義的邊，甚至可構成國際法保障的自衛權利。因此，安理會的2006年第1735號決議不過是接受了政治現狀，一方面反映了美國獨佔鰲頭的新格局必然產生畸形的安理會決議；同時也揭示國際法的健全化首先要從端正政治道義著手。

2007/02/27

五、評上海合作組織的軍事演習

本月17日，上海合作組織6國成員正式在俄羅斯烏拉山麓舉行軍事演習。據官方消息，此舉目的在於「聯合打擊恐怖分子的跨國顛覆活動」。

筆者曾一再指出，恐怖主義活動就性質而言，屬於刑事犯罪，取締當局應當是各國情報組織與刑警組織。此外，恐怖分子多從事輕裝備的破壞行動，無法動搖任何國家的根基。911事件以來，美國以反恐為藉口，發動國家軍事機器四下擴展，其根本目的在於控制資源與戰略高地而非其他。如今，在中亞地區備受壓力之際，舉行此次軍事演習的目的也應當是不言而喻。

筆者多次指出，八、九十年代美國協同英國、巴基斯坦、沙烏地阿拉伯在阿富汗培訓賓拉登為首的基地恐怖主義組織，首要目的在於對同樣具有少數民族獨立問題與伊斯蘭教原教旨主義問題的俄羅斯、中國與印度進行騷擾。

中亞國家自90年代初紛紛獨立後，其世俗化政策自然無法擺脫恐怖主義的繼續干擾。同時在美國對打擊恐怖主義活動不表熱衷的情況下，他們便毅然於1996年與中國、俄羅斯一道，在上海成立了「上海五國」（上海合作組織的前身），以便採取聯合行動，對付「恐怖主義」、「分裂活動」、「極端主義」這「三股勢力」。

2001年911事件發生後，美國政府突然改弦易轍，儼然成為國際社會的反恐先鋒。此後美國除了配合中亞地區的反恐行動之外，對中亞國家的援助也大幅提高，由是先後在若干新獨立的中亞國家取得軍事基地。至於上海五國，即便於2001年6月提升為上海合作組織，卻有讓美國逐步分化、架空的跡象。

2003年後，隨著中亞國家發現美國不斷透過對「顏色革命」的支持，危及各個政府的穩定，於是一方面撤銷美國的軍事基地與影響力，一方面加速上海合作組織全方位合作的進程。

迄今，蒙古、巴基斯坦、伊朗與印度陸續取得觀察員的地位。唯獨美國，雖經再三要求，其觀察員地位卻始終為該組織拒絕。

中亞地區相關國家固然有區域性合作需要，但如前所述，合作領域擴大至軍事方面卻是全球戰略大棋弈的具體佈局。鑒於美、俄兩國具有超大核武實力，今後無論國際政治板塊如何組合，全球範圍的「兩霸格局」當不會發生實質變化。

綜觀近代史，十九世紀初期以來，英、俄之間的大對弈（great game）便延續了百年之久。二次大戰結束迄今，唯一的變化則是美國取代了英國的頭羊地位。至於德、法、日、中等等，儘管不時有打破這兩霸格局的衝動，但長遠看來，至多只能夠在這「白種人盎格羅薩克森新教集團」（WASP）與「斯拉夫集團」之間，扮演從屬、調人的角色。

2007/08/17

六、巴基斯坦的隱患

5年前筆者在《美國與巴基斯坦為何培養恐怖分子》一文裏提到1893年阿富汗當局在英國高壓下，被迫承認「杜蘭線」的劃分。根據當時的協定，該線東南部的廣大普什圖族的生活範圍暫由英國殖民當局管理，百年後則歸還阿富汗。

1947年，英國勢力退出西南亞，臨走前推出個《蒙巴頓方案》，建議將該殖民地按「宗教屬性」劃分為巴基斯坦與印度兩個新國家。於是乎，原該於1993年歸還阿富汗的土地，劃進了巴基斯

坦領土範圍。該地區大體上也就是該國於1947年立國後，以「西北邊省」命名的原屬阿富汗的地區。

巴基斯坦在歷史上不曾以國家形式出現過。英國殖民時代，多將防衛力量集中在阿富汗，以對付自北南下的俄羅斯勢力。至於整個「巴基斯坦」地區，多採取支付「酬金」辦法，讓該地區的諸多部落領袖、郡主打理本地區的治安問題。

1947年巴基斯坦獨立時，雖然97%人口均屬伊斯蘭教徒，其眾多民族、部落、家族卻構成一個毫無國家認同觀念的百衲圖。無論是西部的俾路支省，南部的信德省，均與普什圖民族一樣，具有濃厚的分離意識。以俾路支省為例，不只是其占人口多數的布格蒂族爭取獨立，甚至該省境內人口眾多的普什圖族（30%），也有與俾路支省分家、自立門戶的傾向。

巴基斯坦當局自建國以來最為關注的問題，除了與印度爭奪喀什米爾地區之外，就是維護國家的完整，尤其是防止境內普什圖民族返回阿富汗的懷抱。

如前所述，阿富汗與巴基斯坦之間雖有明確國界（即杜蘭線），卻從來無法阻止普什圖民族的自然交往（商業、遊牧、探親）。全國範圍內，人口比例約占20%的普什圖民族不僅在經濟、文化領域扮演重要角色，甚至在政府、軍隊裏都有舉足輕重的影響力。鑒於此，巴基斯坦當局一向對普什圖民族的事務採取從寬態度；對阿、巴兩國的普什圖人之間的交往也從不敢進行過分干預。換言之，所謂的國界形同虛設。

普什圖民族在阿富汗又屬多數民族，1919年阿富汗擺脫英國統治、取得獨立地位以來，也一直由普什圖人在政治領域起主導作用。該因素又決定了巴基斯坦一向執行祖護阿富汗普什圖人利益的政策。結果是，巴基斯坦面臨著既要支持阿富汗的普什圖人，又得

防止他們提出「歸還巴基斯坦西北邊省」的尷尬場面。為求一勞永逸，巴基斯坦從1979年蘇聯對阿富汗進行軍事干預的一日起，便與美國、沙烏地阿拉伯、英國與中國一道，對抵抗蘇軍的阿富汗各個民兵組織進行全面的支援。非但如此，1989年蘇聯自阿富汗撤軍，並導致1992年左派政權垮臺後，巴基斯坦政府仍不斷支援塔利班勢力，促使他們於1996年成功地結束內戰、奪取政權。所謂「支援」，當然是指提供軍火、經援，同時也包括派遣巴基斯坦的普什圖遊擊隊。從巴基斯坦的角度看，只要與塔利班維持良好關係，就能夠確保西北邊省的領土主權。

巴基斯坦之於九十年代繼續干預阿富汗內政，自然還有一個重要國際因素，即美國、英國、沙烏地阿拉伯此際均看到中亞地區新獨立國家的重要性。為避免該地區的大量石油、油氣資源取道俄羅斯或伊朗出口，最妥善的辦法便是穩定阿富汗局勢，並建立一條經阿富汗，由巴基斯坦出海的通道。如此一來，不止是提升巴基斯坦的戰略地位，同時也能夠從中亞貿易取得巨大經濟利益。就此意義而言，透過巴基斯坦控制阿富汗，讓普什圖伊斯蘭教遜尼派勢力堵截伊朗的什葉派擴張，也切合美國的戰略佈局。

巴基斯坦對阿富汗塔利班的支持，直到2001年911事件發生、受到美國壓力後，方勉強中止。巴基斯坦支持塔利班的過程長達20多年，跨越前後兩個軍政府與介於其間的兩個民選政府。如今打扮為民主領袖、與伊斯蘭原教旨主義「劃清界限」的布托女士也難咎其責。那麼，究竟該政策又對巴基斯坦產生什麼後果呢？

巴基斯坦除了上文提及的民族問題外，更加無可救藥的其實是該國經濟領域的封建結構。簡言之，從立國之日起，直到今天，300多個權貴、封建家族控制著全國經濟命脈的狀況絲毫不見好轉，以至於6%年均增長率只能使上層社會受益，而勞苦大眾卻不

見生計改善。長期以來，任何政策、政令的推行，必須經過重重地方勢力的認可，如此，一方面製造了官員貪腐的溫床，又不得不依靠軍隊來維護國家的統一、安全與社會治安。國家武裝力量對內而言雖然是個不可或缺的穩定力量，為解決國際紛爭、對印度戰爭的再三失利，又使民眾對國家的信心喪盡。於是乎，當國家當局透過伊斯蘭教士學校（Madrassa），在上百萬阿富汗難民中積極招納、培訓遊擊戰士，並灌輸聖戰、殉道思想時，也同時吸收了大量巴基斯坦本地的激進青年。

　　其實，環顧世界，任何一個國家長期處於貪腐橫行、紛爭不息、戰事敗北、饑餓貧窮、公共教育失敗、前途絕望的當頭，均會產生內容與法西斯近似、形似不一的原教旨主義、清教徒運動。這種社會運動不論是否打著宗教旗幟，追求的都是清廉政治、平均主義、集體主義、軍國主義。因此，當巴基斯坦的原教旨主義青年於1996年成功地協助阿富汗民族兄弟建立了伊斯蘭教塔利班政權後，直接意識到的就是如何繼而改變巴基斯坦的政治生態。此際，恰好南斯拉夫土崩瓦解，一個個伊斯蘭教勢力（波士尼亞、科索沃、車臣等）非但不受遏制，反倒受到西方國家的全方位支持，由是更加助長原教旨主義的衝動。這時，他們不是順勢四下串聯、殺人放火，便是直接在喀什米爾向印度守軍發動大規模的攻擊。印度境內，尤其是旁遮普地區，也無可倖免地頻頻發生恐怖主義爆炸事件。喀什米爾的冒險行動並沒有取得預期的國際支持，個中原因不外是印度早已與俄羅斯疏遠，九十年代末甚至成為美國圍堵中國的「弧形包圍圈」的重要環節。這個包圍圈的建構，直到911事件打亂美國戰略部署的優先次序，才暫時擱置下來。

　　鑒於伊斯蘭教原教旨主義勢力的急劇擴張，終於觸發穆沙拉夫的軍事政變。然而，此時巴基斯坦西、北諸省已基本上與阿富汗南部結為不分你我、對巴基斯坦又是貌合神離的共生體。

　　本來，穆沙拉夫軍政府以一個維護穩定的超然態度，右手執槍、左手柔懷，還勉強為各方勢力所接受。然而911事件後，美國一方突然改弦易轍，對伊斯蘭教世界大張旗鼓進犯，並要求穆沙拉夫積極配合打擊原教旨主義勢力。如此一來，無非是讓穆沙拉夫選擇一個火坑。穆沙拉夫考慮再三，做出了投靠美國的選擇，其後也的確透過對紅色清真寺的掃蕩，向美國表明了他破釜沉舟的決心。經過此戲劇性的轉變，巴基斯坦頓然出現兩個水火不容的共生體，一個區域性局部問題終於擴展為典型的國際性問題。2007/11/30

第七章　十字路口的聯合國

一、從安南的改革建議談主權問題

　　本年3月21日，聯合國秘書長安南以《大自由：發展、安全和人權》（文件A/59/2005，以下簡稱「安南報告」）為題，向9月份召開的聯大會議提出了聯合國改革建議。

　　該報告提出後，尤其是安理會擴大問題引起諸多爭議，而無法達成任何共識，由是給人「胎死腹中」的印象。但是，如果對該報告作進一步觀察，即會發現其核心問題還不止於安理會的結構改革，甚至涉及國際法有關「主權不容干預」的重大變革。同時，由於大多數發達國家對該問題已基本達成共識，如今再通過安南報告的推波助瀾，今後即便一些弱小國家提出異議，仍有可能形成國際法的組成部分。

　　「安南報告」著重提及的「國際保護責任」概念，曾正式出現於2001年12月「干預和國家主權問題國際委員會」以《保護的責任》為題提出的報告（文件A/59/565）。加拿大政府於2000年9月之所以建立此「國際委員會」，為的是回應1999年及2000年安南在聯合國大會提出的緊急呼籲，而此呼籲的背景則是：90年代先後在索馬利亞、波斯尼亞和科索沃所發生的軍事干預，以及94年對盧安達種族滅絕事件的不干預，一直在國際上存在著激烈爭議。有些人認為新的行動主義是「人類良知國際化的體現」，另一些人認為它是「對國家主權不可侵犯性的破壞」，另外有些人認為真正問題是如何「確保強制性干預能起到明顯效果」，另一些人則認為「干預的合法性問題以及濫用武力的先例問題顯得更為凸出」。

及至1999年，尤其是北大西洋公約組織對科索沃問題的軍事干預，更是使這場爭議達到了白熱化的程度。安理會成員對此意見不一，有人聲稱「未經安理會新的授權而採取軍事行動具有合理性」，但是提不出充分的論證。有人認為「長達79天的濫炸所造成的屠殺與破壞要比它打算避免的問題嚴重得多，這給那些看似非常充分的人道主義理由蒙上了陰影」。還有人擔心，從此之後，北約組織越俎代庖，不只是侵犯了安理會的職權，破壞了北約組織「只允許在成員國境內進行自衛性軍事行動」的章程規定，甚至可能蛻變為美國霸權主義的戰爭工具。

於是乎，安南緊急呼籲國際社會設法一勞永逸地就如何處理這些問題達成新的共識。「國際委員會」經過一年的擬議，提出了「保護人民責任首先在國家，國家失責，則國際社會負有保護責任」的概念。但是，該委員會卻認為「國際社會對他國內政的干預應視為例外情況」；同時為了維護國際干預的合理性與聲譽，它建議採取任何軍事行動時必須遵循六個「決策標準」，即必須具有「合理授權」、「正當的理由」、「正確的意圖」、「最後手段」、「均衡性」和「合理的成功機會」。

「國際委員會」於2001年提出報告當頭，美國恰好發生9.11事件，並引發其政府的「反恐」、「先發制人」、「預防性攻擊」新政策，以及在此新政策指引下，開啟了無視安理會存在的阿富汗、伊拉克戰爭。該政策所造成的一系列法律、政治新問題自然超過「國際委員會」報告的內容範圍，基於此，安南又於2003年11月成立了「威脅、挑戰和改革問題高級別小組」，而該小組則於2004年12月呈交了題為《一個更安全的世界：我們的共同責任》的研究報告（文件A/59/565）。該份報告吸收了《保護的責任》的一些主要

觀點,其後又成為安南於本年提交聯大審議的改革報告,即《大自由:發展、安全和人權》的重要基礎。

介紹「安南報告」的緣由,反映出冷戰結束後國際局勢反而顯得更加動盪不安,原本就基礎薄弱的國際法規範甚至有讓叢林法、無政府主義取而代之的趨勢。以下,先就十七世紀以來即已存在、而目前受到衝擊最烈的「主權平等、不容侵犯」原則,加以討論。

針對此原則,「安南報告」第125段提出:

「在威脅並非緊迫而是潛在的情況下,《憲章》充分授權安全理事會使用軍事力量,包括為預防目的使用軍事力量,以維護國際和平與安全。至於滅絕種族、族裔清洗和其他類似危害人類罪,這些不也是對國際和平與安全的威脅?人類難道不應依賴安全理事會給予保護?」

繼而,安南在第135段中做出如此答覆:

「干預和國家主權問題國際委員會以及最近由來自世界各地16名成員組成的威脅、挑戰和改革問題高級別小組,都贊同「新的規範,即集體負有提供保護的責任」(見「國際委員會」報告,文件A/59/2005,第203段)。雖然我清楚這一問題的敏感性,但我堅決贊同這種做法。我認為,我們必須承擔起保護的責任,並且在必要時採取行動。這一責任首先在於每個國家,因為國家存在的首要理由及職責就是保護本國人民。但如果一國當局不能或不願保護本國公民,那麼這一責任就落到國際社會肩上,由國際社會利用外交、人道主義及其它方法,幫助維護平民的人權和福祉。」(見「安南報告」第135段)。

既然,安南如此明確提出「集體負有提供保護的責任」系「新的規範」,筆者似乎就有需要介紹:一、現行國際法對相關問題的法律規定;二、相關問題的國際法實踐在冷戰結束之前與之後的區別。

一、《聯合國憲章》的規定：

第2條第四款：「各會員國在其國際關係上不得使用威脅或武力，或以與聯合國宗旨不符之任何其他方法，侵害任何會員國或國家之領土完整或政治獨立。」第七款：「本憲章不得認為授權聯合國干涉在本質上屬於任何國家國內管轄之事件，」

第七章對於和平之威脅和平之破壞及侵害：

第48條：「一、執行安全理事會為維持國際和平及安全之決議所必要之行動，應由聯合國全體會員國或由若干會員國擔任之，一依安全理事會之決定。」

第39條：「安全理事會應斷定任何和平之威脅、和平之破壞、或侵略行為之是否存在，並應做成建議或抉擇依§41第四十一條及§42第四十二條規定之辦法，以維持或依附國際和平及安全。」

第41條：「安全理事會得決定所應採武力以外之辦法，以實施其決議，並得促請聯合國會員國執行此項辦法。此項辦法得包括經濟關係、鐵路、海運、航空、郵電、無線電、及其它交通工具之局部或全部停止，以及外交關係之斷絕。」

第42條：「安全理事會如認第四十一條所規定之辦法為不足或己經證明為不足時，得採取必要之空海陸軍行動，以維持或恢復國際和平及安全。此項行動得包括聯合國會員國之空海陸軍示威、封鎖、及其它軍事舉動。」

第46條：「武力使用之計劃應由安全理事會以軍事參謀團之協助決定之。」

第47條：「一、茲設立軍事參謀團，以便對於安全理事會維持國際和平及安全之軍事需要問題，對於受該會所支配軍隊之使用及統率問題，對於軍備之管制及可能之軍縮問題，向該會貢獻意見並

予以協助。二、軍事參謀團應由安全理事會各常任理事國之參謀總長或其代表組織之。聯合國任何會員國在該團未有常任代表者，如於該團責任之履行在效率上必需該國參加其工作時，應由該團邀請參加。三、軍事參謀團在安全理事會權力之下，對於受該會所支配之任何軍隊，負戰略上之指揮責任；關於該項軍隊之統率問題，應待以後處理。」

第51條：「聯合國任何會員國受武力攻擊時，在安全理事會採取必要辦法，以維持國際和平及安全以前，本憲章不得認為禁止行使單獨或集體自衛之自然權利。會員國因行使此項自衛權而採取之辦法，應立向安全理事會報告，此項辦法於任何方面不得不影響該會按照本憲章隨時採取其所認為必要行動之權責，以維持或恢復國際和平及安全。」

第103條：「聯合國會員國在本憲章下之義務與其依任何其他國際協定所負之義務有衝突時，其在本憲章下之義務應居優先。」

以白話概括，《聯合國憲章》相當明確地規定了：一、不得使用武力和武力威脅；二、不得侵犯任何國家的主權與內政；三、除了自衛情況外，唯有安理會可以出於維護和平目的、做出決定對侵略方進行武力制裁；四、安理會只有在非武力手段無效情況下，才能採取武力手段；五、安理會將設立軍事參謀團，以統籌、率領軍事行動；六、《聯合國憲章》具有最優先地位。

二、冷戰結束前後的國際法實踐

整個冷戰時期，基於以上的規範和諸多國際組織的斡旋，使得東西兩大軍事陣營的衝突降溫；使殖民主義問題基本獲得解決；南北對話和經濟援助得以展開；同時讓聯合國維護和平行動和賑災活

動取得大量經驗與成果。尤其重要的是，在這漫長的45年過程中，即便局部戰爭、濫用武力越軌事件始終不絕，但擅自採取武力行動的國家或團體，多以「自衛」、「受邀」、「處理團體內部糾紛」為藉口，來迴避「安理會授權」的國際法規定，而不曾明目張膽地向《聯合國憲章》有關「不得侵犯任何國家的主權與內政」的基本原則直接提出挑戰。

冷戰結束後，國際局勢發生了劇烈的變化。首先，蘇聯與華沙集團分崩離析，使得俄羅斯採取向歐洲聯盟靠攏的低姿態；中國，經歷了八九年事件後，對內埋頭發展經濟，對外則韜光養晦；美國為了趁機填補權力真空和佔領地緣、能源制高點，進行一系列單邊主義軍事行動，而英國則毫不掩飾地予以配合。也就在權力天平如此一邊倒的大氣候下，安理會對《憲章》第39條所提及的「和平威脅」的斷定上，分寸的拿捏遽然大幅放寬。例如：1991年，安理會視大批伊拉克庫德族難民的逃亡，為「對鄰國造成和平威脅」；1992年利比亞政府拒絕引渡恐怖分子嫌犯也構成「對世界造成和平威脅」；1993年波斯尼亞分離主義者與中央政府發生衝突，也屬「和平威脅」；1993年索馬利亞發生軍閥互相傾軋，又是國際社會無法坐視的「和平威脅」。

而恰好就因為這次以聯合國「維護和平」名義派遣至索馬利亞的美國部隊，不顧聯合國維和部隊一貫恪守中立的原則，支持一方軍閥打擊另一方而遭到挫敗，於是在狼狽撤軍後，其政府即做出「危城不入」的決定。因此，當次年盧安達危機四伏、眼看要發生民族清洗事件時，美、英兩國卻在安理會拒絕派遣維和部隊施以援手，由是客觀上鼓勵了突圖政府的暴行，並導致100萬圖西族人口的喪生。

　　從此之後，凡主張「人權高於主權」和「承擔國際保護責任」的衛道者，無不把盧安達事件作為其立論依據。儘管盧安達事件屬於極不尋常的個別情況，但在眾相援引的情況下，似乎「人道主義干預」就變成了國際社會不容推諉的「集體責任」。這種逐步凝聚的新觀點，無可避免地對國際法既定「不干涉內政」原則造成巨大衝擊，而其初步結果，便是像「干預和國家主權國際委員會」那樣，把「國際集體責任」當作「國家失責」的補救手段，並要求把該手段作為「應當受到嚴格控制的不干預原則的例外」列入國際法範疇（見《保護的責任》4.18）。

　　至於「安南報告」，甚至還更加激進地強調這種「保護責任」屬於「新的規範」，因為，「這一責任首先在於每個國家，因為國家存在的首要理由及職責就是保護本國人民。但如果一國當局不能或不願保護本國公民，那麼這一責任就落到國際社會肩上，由國際社會利用外交、人道主義及其它方法，幫助維護平民的人權和福祉。如果發現這些方法仍然不夠，安全理事會可能不得不決定根據《聯合國憲章》採取行動，包括必要時採取強制行動。」（「安南報告」第135段）。

　　如此一來，「集體責任」便不再是對例外事件的補救措施，而是可能對一切由聯合國斷定「失責」、「違反人權」的國家的內政進行干預。安南為了提升「國際集體責任」的地位，有意無意地給「國家存在的合理性」下了一個大膽的新定義，即「國家存在的首要理由及職責就是保護本國人民」。此「定義」，從理想主義出發，似乎是理當如此。然而從現實出發，則必須慮及，殖民主義時代以來，絕大多數的第三世界國家的統治階層都是帝國主義蓄意培植的「實力較為薄弱的部族或政治實體」。以阿拉伯國家為例，奧斯曼帝國瓦解過程中，所有新建立的12個阿拉伯國家均屬此類

（1916年英法「Sykes-Pikot條約」便曾明言要「建立易受控制的低能國家」）。其他，凡受西方列強扶持的拉美、非洲、亞洲國家，也少有例外。

　　一個最具代表性的現實例子便是擁有600個不同民族的蘇丹內亂。西方國家的態度明顯是支持那些在生活區發現石油資源的少數民族爭取獨立，而有意制裁的的是使用武力維持國家統一的伊斯蘭教中央政府。果真該國所有民族均為了爭奪資源大打出手，且問將由誰出面承擔「集體責任」？如何建立可能多至600個的新國家？另外，以阿富汗的情況為例：傳統上，該國一向由各大部族的領袖集體協商決定國家政策；而如今，不過是在領袖經美國挑選後，形式上再補上一道全民投票的背書手續（伊拉克也大體如此）。在眾多國家裏，只要社會結構繼續維持封建割據狀態，就不可能以民主選舉手段推選領袖，也不可能完全避免軍閥混戰和地方勢力互相傾軋。由是，一個明擺著的道理是：干預方往往出於私欲而介入干涉內政；而干預又經常是國內外私欲的勾搭結果；因此，不干預原則應當繼續受到國際普遍尊重；同時「不干預原則的例外」就更該受到嚴格控制。

　　九十年代除了放寬「和平威脅」的界定、加促對內政干預之外，另一特殊時代象徵便是在安理會授權基礎上「進行偷壘」。例如：1991年安理會針對伊拉克侵略科威特行為所決定的軍事行動目標為「迫使伊拉克撤軍」，而不是授權予美國為首的聯合部隊「摧毀伊拉克的軍事力量」，更沒允許聯軍對正在高速公路（後稱「死亡之路」）進行撤退的上萬名伊拉克士兵進行空襲和屠殺。此外，安理會的任何相關決議也不曾允許美、英、法（法國很快脫離此行動）單方面將北緯36度以北與33度以南地區劃為伊拉克的「禁飛區」，不曾授權破壞伊拉克全境的防空系統，更沒有批准美、英對

伊拉克進行長達12年的轟炸。然而，即便如此，安理會卻不曾出面制止美英的越軌行動。相反的，安理會甚至自覺地配合美英對伊拉克擁有「大規模毀滅性武器」的指控，長期對伊拉克實施經濟制裁，由是造成該國嚴重的經濟、社會問題和數十萬平民的死亡。

　　九十年代南斯拉夫的遭遇基本上也大同小異，先是若干民族的分離傾向導致武裝衝突，隨後便是國際上發出一片譴責之聲，指控中央政府進行「虐待與強姦」並以「萬人坑掩蓋濫殺無辜罪行」，接踵而至的便是北約組織對塞爾維亞一方進行軍事制裁，結果不止是導致南斯拉夫的分崩離析，基本設施的徹底破壞，甚至直到目前，科索沃的民族清洗仍在聯合國維和部隊的「監控下」繼續進行（科索沃境內的塞爾維亞族人口已有90%逃亡）。事後，經過多方調查，方始發現所謂「萬人坑」不僅是子虛烏有，甚至還是西方若干媒體和公關公司刻意泡制的「宣傳戰」。因此，就客觀意義而言，安理會不止是長期扮演了幫兇角色，甚至還於軍事行動造成既成事實後，通過決議（如安理會涉及科索沃的第1244決議和涉及伊拉克的第1483號決議），給予美、英及北約組織「管理當局」地位，從而把一個未經安理會授權的侵略行為合法化。也就因為安理會的縱容與失責，使得美英兩國認為其單邊主義行動已形成「國際慣例」，且從此便可在大西洋至歐洲範圍，讓北約組織取代安理會的作用；至於美英兩國，則可在全球範圍代理安理會的職責。由是，2001年與2003年，便公然否決定安理會的作用，堂而皇之地對阿富汗、伊拉克發動攻擊，甚至對阿、伊兩國最具關鍵性的民用設施肆意破壞。

　　1999年，安南眼看著北約組織未經安理會授權、對南斯拉夫進行長達79天的狂轟亂炸，意識到聯合國的存在危機已迫在眉睫。於是把美英拉回聯合國安理會的框架便成為聯合國的「解套」之方。

但是，「《憲章》充分授權安全理事會使用軍事力量，包括為預防目的使用軍事力量，以維護國際和平與安全。」，僅僅是解決了法律上的許可權問題，為了防止安理會及其成員本身濫用武力，還必須建立一套周詳的遊戲規則。因此，他接受了「干預和國家主權國際委員會」與「威脅、挑戰和改革問題高級別小組」的建議，要求安理會在考慮使用軍事力量時，就以下問題取得共同看法：如何衡量威脅的嚴重性；擬議的軍事行動的適當目的；不使用武力的手段有無可能遏制威脅；軍事辦法與面臨的威脅是否相稱；是否有合理的成功可能性。

為了對美國的「先發制人」單邊主義主張做出反制，為了把美、英和北約組織拉回聯合國安理會的框架，為了讓「國際集體責任」成為「國家失責」的補救辦法，並形成國際法的組成部分，同時為了使國際干預的實施更具合理性和不違背人道主義的初衷，安南有關「遊戲規則」的建議，毫無疑問的是其改革報告的最大亮點。

接著，必須探討的問題是：「安南報告」做出了刪除《聯合國憲章》有關「軍事參謀團」的所有內容的建議。就上文所援引的《聯合國憲章》第七章有關「軍事參謀團」的條文裏，不難發現它只是泛泛地指出安理會是個決定軍事行動的最高機關。至於實際統率、部署軍事行動的當局，則是「將有待安理會建立的軍事參謀團」。60年來，由於美國一向以「本國軍隊不接受他人領導」為由加以反對，同時聯合國本身又不具備自己的軍事力量，該參謀團便始終無法建立。出於此緣故，安理會過去所有的授權軍事行動均必須仰仗外界的「雇傭軍」，而受委託的聯合軍隊也經常為了「誰來統率」的問題爭執不休。如今安南顯然接受了「建立參謀團無望」的現實，乾脆建議把這個「過時」的章程規定給永遠取消。姑且接

受安南的建議，不再做建立參謀團的打算，那麼今後究竟由誰來統率國際聯合部隊呢？這點，他的報告頗像個潘多拉盒子，一旦開啟，釋放出來的便很可能是個主張「誰的拳頭大誰領導！」的妖魔。

其實，《聯合國憲章》作出「建立軍事參謀團」的安排，正是因為早年起草時期無法預見將來需要借助的軍事力量來自何方，因此認為軍事力量不論如何組合，必須首先由常任理事國代表建立軍事參謀團，以解決軍事行動的實際「領導」問題。冷戰時期，在兩大陣營對立的格局下，建立參謀團的計劃的確不易實現。然而，如今兩極對立既然已基本消除，實現該理想的條件應當遠較過去為佳。如果單單為了美國的暫時性單邊主義政策，便否定聯合國的遠大理想，則其客觀意義不啻為對美國作永遠的低頭。

筆者以為，與其更改《憲章》，不如促進軍事參謀團的早日實現。一個或可參考的辦法，便是鼓勵所有常任理事國，甚至非常任理事國各自改編一支能夠向安理會提供的快速反應部隊。只要中、法、俄、歐洲聯盟，甚至北約組織和英國願意合作，一方面，斷定「不干預原則的例外」事件必須從嚴；一方面，在即便得不到美國支持的情況下，互相間預先成立一個「准參謀團」，則至少能夠「與美國平行」地執行安理會的「軍事干預」決定。只要該「准參謀團」恪守上文提及的「遊戲規則」，並在國際上受到尊重與支持，相信遲早會把美國拉進一個正式的「軍事參謀團」框架。

言及斷定「不干預原則的例外」，值得一提的是「安南報告」還建議讓聯合國所附屬的「人權委員會」提升為「規模較小」、但卻屬聯合國三大理事會之一的「常設人權理事會」。其成員將不再由各區域選派自己的代表（人權委員會現有53名成員），而是由聯合國大會出席並參加表決的會員三分之二多數直接選舉產生（將有24成員，見「安南報告」第183段）。此項改革，固然可能提升該

組織的效率和「維護人權標準的最高規範」，但也擺脫不了蓄意減少第三世界國家參與的嫌疑。於是乎，這個可能蛻變為「發達國家俱樂部」的「人權理事會」，甚可能把自己的價值觀當作「普世價值」，而做出一些對落後國家缺乏同情心、容忍性的斷定與建議。

　　從第三世界的觀點看來，無論是資源分配問題，或國界的劃定與邊界糾紛，或經濟的落後，許許多多均是殖民主義造成的後果，甚至直到今日，仍然受到霸權主義、種族歧視與不平等貿易條件的不利影響。一個真正的普世規律是，任何社會為求發展、改革或振興，既需要和平國際環境、公平經貿條件，更關鍵的是當前缺乏的人文關懷、時間與機遇。

2005/11/27

二、從兩個國際刑事法庭的設立談美國的雙重標準

兩個法庭，兩種態度

　　4月11日，常設國際刑事法庭經第60個國家批准《國際刑事法庭羅馬規約》之後正式誕生。儘管，聯大秘書長安南表示，希望在此法庭成立後能使那些犯下戰爭罪、滅絕種族罪和其他危害人類罪的人士法網難逃，但由於美國、俄羅斯、中國、以色列與許多伊斯蘭教國家均非締約國，此法庭今後所能起的作用令人擔憂。

　　幾乎在該法庭成立的同時，南斯拉夫國會通過決議，認為引渡本國人至聯合國所設之前南斯拉夫國際刑事法庭（下稱「前南法庭」）不違反南斯拉夫憲法有關「不得將本國人引渡給外國當局」的規定，由是繞過了憲法規定，為前南法庭提出的引渡要求打開了

方便之門。隨後,受前南法庭通緝的前南斯拉夫內政部長為表示抗議而舉槍自盡……。

眾所周知,前南法庭為1993年美國政府積極倡議下、由聯合國安理會通過決議所設,目的在於防止與懲治戰爭罪、滅絕種族罪及危害人類罪,而國際刑事法庭也抱同一宗旨,為何美國卻厚此薄彼,持著雙重標準,一方面拒絕參加國際刑事法庭,一方面又支持前南法庭呢?為說明此問題不得不回溯到第二次世界大戰結束所舉行的紐倫堡大審。

紐倫堡大審與突破

二次大戰結束時,戰勝國根據1945年8月8日簽定的《歐洲國際軍事法庭規章》成立了歐洲國際軍事法庭,對前納粹領導人進行審判(即紐倫堡大審)。1946年1月19日又在東京設立遠東國際軍事法庭。紐倫堡大審起訴書包括四點:反和平罪,危害人類罪,戰爭罪及侵略罪。此次審判特點在於:改變過去視戰爭為合法行為的習慣,並引進了侵略戰爭的概念;改變了過去只能指控國家而不得指控個人觸犯戰爭罪和危害人類罪的作法,換言之,不得以「侵犯國家主權」為由,阻礙國際社會對本國涉案人的法律追究。

設立兩軍事法庭的用意在於突破國際法的舊框框,試圖通過新的法律秩序建立國際集體安全制度,但卻無法避免「戰勝者的司法」、違背「新法律不咎既往」、「法無明文不為罪」的法律基本原則,以及「彼此均犯戰爭罪」(例如盟軍對德國城市的狂轟濫炸)的指責。

國際刑事法庭的籌建

1946年12月11日聯合國大會通過《第95（Ⅰ）號決議》，確認了紐倫堡大審樹立的國際法原則，並委託國際法委員會擬訂國際刑事法和擬議國際刑事法庭的建立。國際法委員會於是著手為國際刑法草案和如今成立的國際刑事法庭進行籌備。

國際刑事法庭的籌備工作之所以拖延50年之久，原因除耗費大量精力明確若干定義外（如侵略戰爭、武裝衝突的界定），還為劃定管轄範圍進行反復的研議，而最大的障礙其實就在於美國反對本國公民接受國際刑事法庭的審判，同時也不願意讓國際刑事法庭的管轄範圍超越紐倫堡大審涉及的上述四大範圍。

1998年6至7月在南斯拉夫紛爭與盧安達事件的背景下，聯合國大會進一步通過了成立國際刑事法庭的《國際刑事法庭羅馬規約》。美國最初持不支持態度，但在柯林頓總統卸職之前突然決定簽字。布希政府主政後則正式表示將拒絕提交參議院批准，若干政府要員甚至還揚言不向該機構提供任何財務資助，兩星期前甚至正式宣佈撤銷簽字。中國政府不加入的考慮與美國雖有雷同之處，其實質性區別則有待下文另作討論。然而不論理由、動機為何，如今既然有美國出面反對，中國政府也就樂得靜觀其變。

美國的不支持態度

有趣的是，雖然美國對國際刑事法庭不表興趣，但對其《規約》的擬訂卻斤斤計較、寸土必爭。以第17條款為例，美國就埋下了「安理會可依情況要求國際刑事法庭停止調查、追訴某一案件12個月之久，同時該期限可繼續延長」（大意）的伏筆。一個組織上與聯合國無關的國際中立法庭的訴訟程序竟然隨時可受作為行政機

構的安理會的干預，今後處境之困難、中立性之難於維護便可想而知。美國政府一方面拒絕對國際刑事法庭進行資助，另一方面卻透過安理會動用行政干預挖其牆腳，用心之「良苦」的確讓人扼腕。

己所不欲施於人的前南法庭

以下，必須探討的是，美國既然不贊同設立國際刑事法庭，那麼為何又積極支持設立前南法庭？

就「己所不欲」方面，美國後冷戰時期的態度尤其明朗，無論是拒絕簽署《京都議定書》、《國際刑事法庭羅馬規約》、《禁止或限制使用某些可被認為具有過分殺傷力或濫殺濫傷作用的常規武器公約》（主要指地雷）或廢止《限制反彈道導彈系統條約》，其動機不外是避免國際法大於美國國家法，避免本國政府行為能力受國際條約約束。

至於設立臨時性的、針對某一國家、特定事件的國際刑事法庭（如前南法庭）則既可迴避本國主權受到約束，又可達到對不合作國家的威懾、報復、懲治效果。美國對己、對人持雙重標準一向為人詬病，如今在前南法庭問題上尤其是一覽無遺。

設立前南法庭的法理依據

就成立前南法庭的法理根據而言，它係依據1993年聯合國安理會所通過的《第808號決議》，與同年5月25日安理會通過附有《前南國際法庭規約》的《第827號決議》成立的，宗旨在於制止違反人道主義行為。

值得注意的是，前南法庭的設立並非依據國際條約，也沒有聯合國大會某項決議的授權，而是由安理會援引《聯合國憲章》第7

章的條例作出決議而成立。根據第7章條款內容，安理會為達到維護和平目的，可採取適當經濟制裁與軍事強制措施，而並沒有「可以設立國際法庭」的權力。有鑒於此，前南法庭的法律基礎與上文述及的由聯合國大會決議產生的國際刑事法庭截然不同，嚴格說來前者純係安理會越權的結果，因此米洛舍維奇譏之為「非法機構」並不為過。美國一向標榜三權分立的優越性，可是在此重大國際問題上卻犯上了「行政建立司法」的毛病，這就難怪前南法庭的法官的產生是由安理會提出候選人名單，而不像聯合國國際法院那樣，由國家團體提出法官候選人名單。迄今為止，單單從米洛舍維奇所遭遇的長期單獨拘禁、新聞封鎖、對外聯絡的限制以及全天候的電眼監視，便可從違反人道主義的側面證實，如此一個缺乏中立性、如此一個不擇手段的「國際」法庭不會作出公平的裁決。

　　從《前南國際法庭規約》的權力規定觀之，該法庭所擁有的權力遠遠超過紐倫堡軍事法庭：它既可在所有國家進行調查；發佈的逮捕令又對所有國家有效；引渡要求優先於一切引渡條約；判決效力超過所有國家的司法當局；可對任何國家司法當局的審理案件進行干預……。與1998年7月17日通過的《國際刑事法庭羅馬規約》加以對比，不難發現《羅馬規約》（參見「導言」）對加入國的國家法僅具「輔助」作用，而前南法庭的設立非但是公然的越俎代庖，嚴格說來甚至是美國政府的「輔助工具」。除此，《國際刑事法庭規約》必須得到加入國的簽署與批准方對加入國起約束作用，而《前南國際法庭規約》卻霸道地取消了這起碼的民主程序。俄羅斯與中國作為安理會的成員在南斯拉夫問題上對美國讓步如此，似乎也只有從該兩國於1993年前後所面臨的尷尬內政、外交處境加以解釋。問題是，讓美國為所欲為的先例一開，今後無論對國際刑事法庭的推展或國際刑法的完善化都不免造成嚴重傷害。

前南法庭的資源與傾向性

前南法庭的運作經費極其龐大。2002年的預算就高達近1億美元，主要原因是舉證、檢控工作極其複雜、廣泛。至於經費來源，並非如《前南法庭規約》第32條所述，「來自聯合國經常預算」，而是由北約組織成員國和沙烏地阿拉伯之類的國家提供其中的80%，聯合國則僅負擔8.6%。北約組織如此積極與慷慨，動機不外是藉前南法庭來證實，1999年春北約組織在未經聯合國安理會授權情況下，對南斯拉夫進行長達79天的狂轟濫炸是維護人間正道而非侵略行為。因此當南斯拉夫當局向前南法庭控訴北約組織觸犯侵略罪、違反日內瓦公約（破壞公路、橋梁、水電廠、可造成嚴重污染的化工、煉油廠等民用設施，濫殺非武裝人員，如炸死電視臺17位工作人員）、戰爭罪（使用貧鈾彈等非法武器）之時，前南法庭調查委員會竟作出「與法庭主旨無關」與「無說服力」的結論。所謂「無關」，無非係指法庭職權不包括審議北約軍事行動是否非法，同時北約介入南斯拉夫紛爭不涉及國與國之間的侵略。果真如此，不宣而戰的軍事侵略與非自衛性的非法軍事行動便應當從所有國際法庭的「侵略罪」管轄範圍內取消，而回復到「一切戰爭為合法行為」與「不需要國際法庭」的境地。至於「說服力」方面，前南法庭顯然是聽信北約組織的辯解，即維護人道主義的軍事行動難免「波及無辜」（collateral damage）。依此邏輯，貧鈾彈在今後上萬年甚至數十萬年半衰期所造成的放射性破壞也不可能在北約戰略家的意料之中。毫無疑問，前南法庭的一面倒態度的確為「霸權、金權與說服力成正比關係」提供一個最好的例證。

前南法庭的程序瑕疵

從前南法庭的辦案程序角度觀察，自發佈通緝令逮捕前南斯拉夫若干涉案軍政人員之後（全部「黑名單」未經公佈），南斯拉夫憲法法院正式作出判決「不得將本國人引渡給國外機構」。此際美國一方面運用「拒絕提供經濟援助」作為要脅，另方面卻於憲法法院宣判的第二天，偕同塞爾維亞地方政府首腦金吉奇，調派美、英軍機將米洛舍維奇綁架至設於荷蘭海牙的前南法庭拘留所。此行動既反映出對南斯拉夫主權國家的藐視，又不顧南斯拉夫司法當局並沒喪失行為能力的事實，更不能舉出南斯拉夫司法機構有意偏袒被告的證據。另外，既然已發佈部分通緝名單，技術上毫無保持黑名單的必要。公佈全部名單，既可鼓勵被通緝人士自首達到減輕刑罰目的，又可節省執法開銷。而前南法庭卻將名單秘而不宣，並四下進行秘密堵截、逮捕，其動作之蠻橫倒是與黑手黨近似。

數年前美國轟動一時的辛普森殺妻案便曾為了程序瑕疵（某警員有栽贓舉動）而使辛普森無罪釋放。該事件說明，英、美法一向具有重視程序公正的傳統。此外，從美國國會再三彈劾的「對候選人獻金」事件也看出美國社會非常忌諱民主政治受金權干擾。然而一旦涉及國外事件，則所有法律精神、民主理想盡皆拋之腦後，忽而協助土耳其當局在肯尼亞將庫爾德族領袖奧查蘭綁架至土耳其，忽而對南斯拉夫進行要脅、賄賂和綁架，忽而以「自衛戰爭」為由對阿富汗不宣而戰，忽而又不肯承認「陷入敵軍手中」的阿富汗「戰鬥定員成員為戰俘」（1929年《日內瓦規約》即達如此共識），並拒絕依法給予戰俘人道待遇。與此同時，竟然還期待敵對方給予己方人道待遇，或盼望敵方採取法律途徑而非恐怖主義手段對待美國，其思維之單純實在是令人費解。試想如果類似事件發生

在美國，即美國公民遭外國當局秘密綁架，則美國政府的反應必然是，要麼要求外國當局立即將被綁架人士遣返；要麼不由分說地對該國進行轟炸，不論如何，總是不會認為還有任何國際司法機構會比美國政府更加有效地伸張正義。

走筆及此，不能不得出如下結論，即「前南法庭實際上是繼北約轟炸南斯拉夫之後的政治、法律轟炸的延續」。為保證起訴效果，首席檢察官德蓬特一口氣向米洛舍維奇舉出六十多條罪狀。動機無他，不外是用地毯式轟炸的辦法，期待至少有一條控訴能夠僥倖擊中目標。然而經過長期的取證和與超過500個證人的接觸，眼看著無法按預期計劃取得充分證據結案，於是突然在兩個月前發動駐紮在波斯尼亞的聯合國維和部隊，進行圍捕其他前南領導人（如卡拉奇奇和馬拉地奇），目的在於及時找個有利證人出賣米洛舍維奇。無奈維和部隊折騰半天未果，又得由美國出面，於是再次要脅南斯拉夫將「停止經濟援助」，最後導致南斯拉夫國會的「用國會決議推翻憲法規定」的驚人之舉，以及前內政部長的自殺悲劇……。

中國的選擇

統而言之，美國通過翻雲覆雨之術，已把百年來建樹的國際法體系破壞得遍體鱗傷。這種知法犯法的行徑與中國「閉關自守」的出發點有實質上的區別。前者是自覺地踐踏國際司法以達到霸權目的；後者則是高舉過時的「主權至上」旗幟迴避法律責任。考慮到當前絕大多數國家（尤其是中西歐國家）均已意識到局勢的動亂，而積極支持較具中立性的國際刑事法庭，中國似無必要躲在美國的背後給人沆瀣一氣的口舌。如果認為不加入國際刑事法庭、同時據

有安理會地位便能使自己高枕無憂，則萬一國際刑事法庭胎死腹中，中國的國際地位將不免更加孤立，同時與其放手讓美國破壞國際法律秩序，最終似乎也不能使中國倖免，不如及時通過法制的建立，與國際社會一道尋求法律途徑，盡可能地約束美國的胡作非為。

2002/05/28

國家圖書館出版品預行編目

反恐戰略與文明衝突 / 俞力工著 . -- 一版 . --
臺北市：秀威資訊科技 , 2008.03
面； 公分 . -- (社會科學類；PF0026)
ISBN 978-986-6732-75-1(平裝)

1. 國際關係 2. 恐怖主義 3. 文化衝突
4. 戰略
578.18 　　　　　　　　　　97001926

社會科學類　 PF0026

反恐戰略與文明衝突

作　　者 / 俞力工
發 行 人 / 宋政坤
執行編輯 / 林世玲
圖文排版 / 黃莉珊
封面設計 / 蔣緒慧
數位轉譯 / 徐真玉　沈裕閔
圖書銷售 / 林怡君
法律顧問 / 毛國樑　律師
出版印製 / 秀威資訊科技股份有限公司
　　　　　台北市內湖區瑞光路 583 巷 25 號 1 樓
　　　　　電話：02-2657-9211　　傳真：02-2657-9106
　　　　　E-mail：service@showwe.com.tw
經 銷 商 / 紅螞蟻圖書有限公司
　　　　　台北市內湖區舊宗路二段 121 巷 28、32 號 4 樓
　　　　　電話：02-2795-3656　　傳真：02-2795-4100
　　　　　http://www.e-redant.com

2008 年 3 月 BOD 一版
定價：380 元

讀 者 回 函 卡

感謝您購買本書，為提升服務品質，煩請填寫以下問卷，收到您的寶貴意見後，我們會仔細收藏記錄並回贈紀念品，謝謝！

1. 您購買的書名：＿＿＿＿＿＿＿＿＿＿＿＿＿＿＿＿＿＿＿＿

2. 您從何得知本書的消息？

　　□網路書店　　□部落格　　□資料庫搜尋　　□書訊　　□電子報　　□書店

　　□平面媒體　　□ 朋友推薦　　□網站推薦　□其他＿＿＿＿＿＿

3. 您對本書的評價：(請填代號　1.非常滿意 2.滿意 3.尚可 4.再改進)

　　封面設計＿＿　版面編排＿＿　內容＿＿　文/譯筆＿＿　價格＿＿

4. 讀完書後您覺得：

　　□很有收穫　□有收穫　□收穫不多　□沒收穫

5. 您會推薦本書給朋友嗎？

　　□會　□不會，為什麼？＿＿＿＿＿＿＿＿＿＿＿＿＿＿＿＿＿

6. 其他寶貴的意見：＿＿＿＿＿＿＿＿＿＿＿＿＿＿＿＿＿＿＿＿

　　＿＿＿＿＿＿＿＿＿＿＿＿＿＿＿＿＿＿＿＿＿＿＿＿＿＿＿＿

　　＿＿＿＿＿＿＿＿＿＿＿＿＿＿＿＿＿＿＿＿＿＿＿＿＿＿＿＿

　　＿＿＿＿＿＿＿＿＿＿＿＿＿＿＿＿＿＿＿＿＿＿＿＿＿＿＿＿

讀者基本資料

姓名：＿＿＿＿＿＿＿＿＿　年齡：＿＿＿＿　性別：□女 □男

聯絡電話：＿＿＿＿＿＿＿　E-mail：＿＿＿＿＿＿＿＿＿＿＿

地址：＿＿＿＿＿＿＿＿＿＿＿＿＿＿＿＿＿＿＿＿＿＿＿＿＿＿＿

學歷：□高中(含)以下　　□高中　　□專科學校　　□大學

　　　□研究所(含)以上 □其他＿＿＿＿＿＿＿

職業：□製造業 □金融業 □資訊業 □軍警 □傳播業 □自由業

　　　□服務業 □公務員 □教職　□學生 □其他＿＿＿＿＿＿

To：114

台北市內湖區瑞光路 583 巷 25 號 1 樓

秀威資訊科技股份有限公司　　　收

寄件人姓名：

寄件人地址：□□□

(請沿線對摺寄回,謝謝!)

秀威與 BOD

BOD（Books On Demand）是數位出版的大趨勢，秀威資訊率先運用 POD 數位印刷設備來生產書籍，並提供作者全程數位出版服務，致使書籍產銷零庫存，知識傳承不絕版，目前已開闢以下書系：

一、BOD 學術著作—專業論述的閱讀延伸
二、BOD 個人著作—分享生命的心路歷程
三、BOD 旅遊著作—個人深度旅遊文學創作
四、BOD 大陸學者—大陸專業學者學術出版
五、POD 獨家經銷—數位產製的代發行書籍

BOD 秀威網路書店：www.showwe.com.tw
政府出版品網路書店：www.govbooks.com.tw

永不絕版的故事・自己寫・永不休止的音符・自己唱